U0785322

商务印书馆文库
THE COMMERCIAL PRESS LIBRARY

普通语音学纲要

（修订本）

罗常培 王均 著

商務印書館
创于1897 The Commercial Press

图书在版编目（CIP）数据

普通话语音学纲要 / 罗常培，王均著. — 修订本.
北京：商务印书馆，2002（2022.3 重印）
（商务印书馆文库）
ISBN 978-7-100-02570-6

Ⅰ. ①普…　Ⅱ. ①罗…　②王…　Ⅲ. 语音学
Ⅳ. H01

中国版本图书馆 CIP 数据核字（2001）第 13650 号

权利保留，侵权必究。

商务印书馆文库

普通话语音学纲要

（修订本）

罗常培　王均　著

商　务　印　书　馆　出　版
（北京王府井大街 36 号　邮政编码 100710）
商　务　印　书　馆　发　行
北京艺辉伊航图文有限公司印刷
ISBN　978-7-100-02570-6

1981 年 12 月第 1 版　　开本 880×1230　1/32
2002 年 2 月修订版　　印张 8⅞
2022 年 3 月北京第 6 次印刷

定价：45.00 元

《商务印书馆文库》编纂大意

本馆自1897年始创，即着意译介西学，编纂课本，以昌明教育、开启民智为务。

迨五四新文化运动起，学界亟需高等书籍，本馆张元济、高梦旦诸先生乃与蔡元培、梁启超等学界前辈擘画宏图，组编诸科新著，以应时需。是为本馆出版学术著作之始。

尔后数十年，幸赖海内外学人伐山开辟，林林总总，斐然可观。若文学，若语学，若史学，若哲学，若政治学，若经济学，若心理学，若社会学以及其他诸科学门类，多有我国现代学术史上开山之著、扛鼎之作。学术著作的出版使本馆进一步服务于中国现代教育事业的培植和民族新文化的构筑，而分享中国学界的历史光荣。

五十年代以后，本馆出书虽以移译世界名著、编纂中外辞书为先，而学术著作的出版亦未曾终止。近年来已先后有多种问世，今后拟更扩大规模，广征佳作，以求有为于未来中国文化的建树。

转瞬百年。同人等因念本馆素有辑印各种丛书的传统，乃议无论旧著新书，凡足以反映某一时期学术思潮、某一流派学术观点、某一学科新的建树、某一问题新的方法以及其他足资长期参阅的作品，均拟陆续选汇为《商务印书馆文库》而存录之，俾有益于文化积累而取便学林。顾兹事体大，难免力不从心，深望各界读者、学界通人共襄助之。

商务印书馆编辑部

1997年10月

目　　录

序

这本书的初稿曾经用田恭《语音学常识》的名义，在《中国语文》上，从1954年1月到1955年5月连载了14期。现在又重加修订、增删，编成这本小书。

从1934年我到北京大学教书以来，曾经开过好几次语音学的课，但是始终没有编成过完整的讲义或教本。直到1952年秋季，我和王均同志在北京大学语言专修科合开语音学，才打算把历年积累下来的资料增订补充分工合作地编成一本教科书，为培植青年同志打下一个基础。这本书就是实现这一部计划的成果。

这本书的体例是应用语音学的一般原理，联系中国语言的具体实际，所举的例子以普通话为主，普通话没有的然后举各地方言，汉语没有的再举兄弟民族的语言，为补充中国语言所没有的音，或为比较上的便利，才引用一些外国语言的例子，以资参证。关于语音学理论方面尽量采用苏联的先进学说，同时也吸收了其他各国语音学著作中一些好的部分。

在我们合作的过程中，我害了相当长期的慢性病，王均同志出的劳力比较多；后来王均同志参加壮文工作队，又由王辅世同志帮忙起草了"语音的变化"一章。每期付印前我虽然都参加修改，最后也把全稿重看了两三遍，但是还恐怕难免有些疏漏、甚至错误的地方没来得及一一改正或完全一律化。希望读者们发现这些地方随时加以指正，我们将一致地诚恳感谢。原定计划本来还想补写“调查语言和方言的方法”一章，因为付印时间促迫，我们一时又不能交卷，只好等再版时追加了。附录周殿福同志的“介绍几种简单的语音学仪器”可以略窥实验语音学的一斑。书中许多插图也是承他帮助做成的。最后，付印前后的编校工作承宁榘同志帮了许多忙，我们也在这里谢谢！

罗常培

1956年5月16日

第一章　导　言

一　语音和语音学

语言是人类最重要的交际手段，是通过语音来表情达意的一套约定俗成的信号系统。自从有了人类社会就有了语言。语言必须借声音表达出来，有声语言是帮助人类从动物界划分出来的重要力量之一，语言里的词是声音和意义的结合体。甚至在咱们思考或“默”读的时候，也就是当咱们的语言活动不把声音读出来的时候，咱们也还是在思想中通过词的声音来复现这个词的。所以说，语言的声音是语言的物质外壳。

当我们听北京人说“中华人民共和国”的时候，首先是ㄓㄨㄥㄏㄨㄚˊ ㄖㄣˊㄇㄧㄣˊ ㄍㄨㄥˋㄏㄜˊㄍㄨㄛˊ几个声音连续地传到我们的耳朵里，然后或者与此同时，是这一串声音给我们传达了它们的内容，或者更正确地说应该是：这一串声音的刺激影响，引起了我们的第二信号系统高级神经活动，我们才懂得了这些声音的意思。这样，语言就借它的声音体现出了它的交际功能。咱们管语言中的这些声音叫做语音。

在咱们的日常生活中，虽然咱们天天说话，一般地对某个句子有几个字音（音节），到是不难说清，可是，对于每个字音含有几个成分——音素，各个音素间有什么异同，方言的差别究竟在哪里，一般人差不多都不大注意。倘若我们听到声音以后，立刻去仔细分析它，那就可以发现：“华” ㄏㄨㄚˊ跟“和” ㄏㄜˊ、“共” ㄍㄨㄥˋ跟“国” ㄍㄨㄛˊ的起头儿部分相同；“中” ㄓㄨㄥ跟“共” ㄍㄨㄥˋ，“人” ㄖㄣˊ跟“民” ㄇㄧㄣˊ的末了儿部分相同；“中” ㄓㄨㄥ、“华” ㄏㄨㄚˊ、“共” ㄍㄨㄥˋ、“国” ㄍㄨㄛˊ的中间部分相同；还有“华” ㄏㄨㄚˊ、“人” ㄖㄣˊ、“民” ㄇㄧㄣˊ、“和” ㄏㄜˊ、“国” ㄍㄨㄛˊ的调子相同；而跟“中” ㄓㄨㄥ、“共” ㄍㄨㄥˋ两个字的调子不同。再进一步，还可以分析ㄇ、ㄓ、ㄖ、ㄍ、ㄨ、ㄥ几个声音是从几个不同的地方发出来的。ㄓ跟ㄖ，ㄍ跟ㄏ的发音究竟怎么不同？ㄣ跟ㄥ的区别到底在哪儿？经过这样一番科学分析，咱们再去反复模仿它，并且用一种精确的符号去记录它，那么，比起囫囵吞枣地去学习一种语言或方言自然要容易得多了。假如我们再拿上面的例子跟别的方言来比较，单就“中国”两个字来说，广州人念做ㄗㄨㄥㄍㄨㄛㄍ，厦门人念做ㄉㄧㄛㄥㄍㄛㄍ，上海人念做ㄗㄨㄥㄍㄛ，无论起头儿部分，末了儿部分和中间部分都跟北京音有显著的不同。汉语的各个方言本来是同一语言的支流，它们彼此间的读音不同，正可以表现语音在方言中的变化。

语音学是就构成语言的声音材料一方面来研究语言的。它研究语言的声音系统（声音的成分、声音的结构）和变化以及变化的规律。它训练人们学会听音、辨音、发音、记音的技术，并教会人们怎样去分析研究语音的系统和变化，发现语音变化的规律。

语音学首先要说明语音的性质跟一般声音或乐音有什么不同；其次还要顺序说明语音是怎样构成的，它有多少类别，每类怎样发音，各类语音怎样结合，怎样变化。此外还要说明音势的轻重强弱，音调的高低抑扬等；而音素的分析研究跟音素的结合规律尤其是研究语音变化的必要前提。最后，就某一具体语言而论，咱们要从这个语言社会的观点来研究它的全部语音系统，这就需要着重讲述音系学的理论。因此，语音学所要讨论的包含有以下几个问题。

1. 语音的基础（物理的、生理的、社会的）；

2. 语音的分类（元音和辅音以及各个音素的定性描写）；

3. 语音的结合；

4. 语言的节律；

5. 语音的变化；

6. 音系学的理论和方法。

有人说，音系学（原先叫音位学）跟语音学分别是两门独立的学科，只有音系学才是语言学的分支学科，而语音学则是语言学以外的一门单独的学科。我们不同意把这两者割裂开的观点。两者密切联系，语音学是音系学的基础，而具体语言中的语音系统和变化规则，音系学中的音位和音位变体等等又需要语音学的描写说明和解释。

二　语音学的功用

学习语音学有什么用处呢？大致说起来有以下几点：

1. 语音学可以帮助咱们学好标准音，有利于汉民族共同语的推广

一个民族必须有统一的民族语言作为全民交际的共通形式，而把带有地域特点的方言作为从属的非正式的交际用语。咱们的国家是一个已经在各方面实现了历史上所没有过的高度统一的国

家，祖国各民族的共同交际语——汉语，是世界上说的人最多、最发达、最重要的语言之一。可是汉语方言分歧的情况有时严重到使两个地方的人无法交流思想。这种情况往往造成工作上的困难和损失，是跟祖国社会主义现代化建设的要求不相适应的，而且对人民的政治、经济、文化的发展也非常不利。汉语方言的分歧主要表现在语音上，方音对思想交流的阻碍比词汇、语法的差别更显得严重，所以推广汉民族共同语的标准音——北京语音，成为推广汉民族共同语的一个最重要的环节。

推广标准音自然可以通过广播、电视、电影、话剧等各式各样的办法来进行，但是最主要的还是依靠系统的语音教学。学过语音学，明白标准音发音的原理，就可以在科学知识的指导下通过自觉的练习来掌握发音，就可以使说不同方言的人们较快较准地学会以北京语音为标准音的普通话，使咱们已在形成、发展中的汉民族共同语更快地推广到全国汉族地区去。比方说，南方人学北京话，有许多地方的人把“政治”读成“赠字”，把“长处”念成“藏醋”，“山少”念成“三嫂”等等，就因为他们不会发ㄓ、ㄔ、ㄕ的声音。假如告诉他们读这几个音的时候舌头的部位应该怎样向上翘，就会有一大批的字纠正过来。浙江省某些地方常有人把“贫民”念成“平明”，把“根本”念成“耕绷”，那是ㄧㄣ、ㄧㄥ和ㄣ、ㄥ没有分清，要是把念这些字时舌头抬起的部位说清楚，也就没有问题了。王力《江浙人怎样学习普通话》、《广东人怎样学习普通话》能够帮助江浙人或者广东人比较有效地学习普通话，就在于他利用了语音分析和方言比较的方法，把北京话和这些方言的异同点做了比较系统而深入浅出的说明。

2. 语音学是从事方言研究的必要工具

方言的调查研究能够帮助各地人掌握方言和普通话(标准语)之间的语音对应关系,有效地学习普通话。这是很明显的。但是方言调查的意义并不限于帮助推广普通话。咱们知道,方言是语言的分支,语言的地方变体;它反映着语言随着社会历史的发展而发展的历史道路,反映着民族语言的历史形成的过程。亲属语言和方言的研究对于语言的历史比较研究甚至民族迁徙和人种学的研究等等都有重大的意义。汉语方言是研究汉语史的一部分极其宝贵的材料,可以和书面材料相印证,并补充书面材料的不足。语言或方言调查首先是从记音入手,然后才能根据这个方言的记音材料去分析它的语音系统,研究它的词汇和语法。记音得有语音学的记音符号才能记录得精确细致;听音、审音、模仿发音和对记音材料的分析、处理,必须依靠语音学理论的指导才能审辨入微,处理恰当。

3. 语音学能对咱们的文字改革工作予以技术上的援助并在方案产生之后帮助语文教学

汉字改革是咱们祖国文化建设的一个根本问题,也是一项极其艰巨的工作。汉字改革必须走拼音化的道路。新的拼音文字产生之前必须有一套好的拼音方案。这套方案必须在语音学的科学理论指导下进行设计,才会是科学的、完善的方案。事实上咱们正是这样做的。比方说,咱们的拼音方案是以北京话为标准音而设计的,在设计方案时,由于按照音系学的理论,考虑了北京音系的音节构造方式,共有多少音位,以及各音位间的搭配关系,这样设计出的方案就比较经济、合理。例如,拉丁字母的元音字母只有a、e、i、o、u五个,而北京话里的元音音素比较多,就可以利用它们的搭配关系归纳成若干音位来解决。比方说,过去注音符号的ㄧ和ㄭ,由于出现在不同的声母条件下,新的汉语拼音方案就可用同一个字母i来表示;又如现在拼音方案的同一个字母e,紧挨着i或ü的(ie、ei、üe中的e)都念ㄝ,在n或ng前面(en, eng)以及单独做韵母的e都念ㄜ;r在音节开头时是声母ㄖ,出现在音节末了时是词尾儿。虽是同一个字母念不同的音,由于读音是有条件有规律的,所以不难掌握。又如北京音系中的ㄐ、ㄑ、ㄒ三个音只出现在ㄧ和ㄩ的前面,现在汉语拼音方案用j、q、x来表示这三个声母,因而出现在j、q、x后面的ㄩ(ü)就可以省去u上面的两点。这样的拼音方案,是经济而便于学习使用的。有了拼音方案以后,要帮助各方言区的人民去学习它,解决他们自己方言跟北京话语音差异的矛盾,就可以根据各方言跟北京音系的比较研究,指出它们间的语音对应关系来,使人在科学的指导下能够自觉地掌握这些规律。

4. 研究少数民族语言,帮助少数民族创立、改进或改革文字和发展标准语的工作必须要有语音学的科学理论指导

我国是一个多民族的国家。帮助少数民族发展其语言文字是党和人民政府一贯实行的民族政策的具体内容之一。1949年中国人民政治协商会议《共同纲领》中即已规定各少数民族均有发展其语言文字的自由。其后的历次有关民族事务的文件中,1954年公布的《中华人民共和国宪法》和1955年公布的《发展国民经济的第一个五年计划》中,都对发展民族语言文字的问题给予了具体

的规定。

要帮助各民族创立、改进或改革文字，首先得调查了解他们的语言和分布在各地的方言，弄清楚各民族语音和方言的异同关系，以及声音结合和变化的规律。必须整理出语言中存在的音位，也就是说整理出用来区分意义和词的形式的基本语音。如果事先对那些还没有文字的语言的各个方言未作研究，那就不能解决文字的基础方言和标准音的问题。制定正字法和术语首先要严格地估计到语音的特点，当然也得估计到词汇和语法结构的特点。创制民族的文字是发展民族标准语的第一步，这些问题的正确解决和各民族的政治、经济、文化建设工作的关系是血肉相连的。假如从事这种工作的人没有受过语音学的训练，那怎么能完成这样的任务呢?

5. 语音学可以帮助咱们学好别的语言，或更有效地对其他民族进行汉语文教学工作

为了祖国的社会主义建设，咱们要学好科学技术先进的国家的语言文字；为了帮助各兄弟民族进行各项建设事业，咱们要学会少数民族的语言；为了和世界上一切国家的人士进行交往，咱们还要学习更多国家的语言文字。同时咱们也有义务帮助各兄弟民族和兄弟国家的人民学好汉语，因为在我们这个时代里，汉语已经成为全国各民族和全世界各国人士注视着的一个伟大民族的语言。无论是我们学习别的语言，或是帮助别的民族学汉语，咱们都可以利用语音学的知识给语言教学以有效的帮助。

学习外国语的最大困难就是怎样才能掌握这种语言正确的发音。比如学俄文咱们往往学不好б、д、г、з、р、ы这类字母以及俄文

腭化辅音的声音，于是常常把бить（打）读成пить（喝），把голос（声音）读成了колос（穗），把до（到）读成了то（那）……。同样地，假如你请一位只会说俄罗斯语的苏联人试说个"王老二"，你会一听就听出来，那个ван（王）字跟э（二）字不对头。又如英语的"th" [θ]音，中国学生大部分模仿不好，所以把当厚薄的"薄"讲的thin不是误念做fin（鱼鳍）就是误念做sin（罪恶）。法语的"b""d""g"和"p""t""k"，有些中国学生也分不清楚，所以"面包"（pain）可以代替"洗澡"（bain），"温和"（doux）变成了"一切"（tout），"滋味"（gout）也成了"脖子"（cou）了！像这类的例子一时真举不完。假使有了语音学的知识，咱们就可以找出错误所在而设法纠正它。马学良说："教学少数民族语文工作时语音学是一门重要的知识。尤其对少数民族教员来说，如能掌握语音学的知识，在教学工作上会有很多的便利。"①不论汉族人学习外国语或少数民族语，或是咱们教外国留学生或少数民族学生学习汉语，根据各有关方面的经验总结，都证明语音学知识在学习语言上的重大作用。

6. 语音学是研究音韵学的必要工具

汉语音韵学也可以说是语音学当中的一个特殊的部门——汉语历史语音学。前人讲汉语音韵学，所以弄得那样乌烟瘴气，玄虚笼统，就因为没有语音学的知识。所以人家说有些音韵学家的那一套东西简直是看不懂的天书！事实上也难怪，你看：讲平仄就

① 马学良：《中央民族学院语文系民族语文教学的情况和经验》，1955年民族语文科学讨论会报告稿。

说什么钟鼓木石[1]，舌头舌腹，急气闭气[2]；论清浊就说什么天地阴阳[3]；甚至拿五方、五行、五脏来牵合五音[4]，依“河图洛书”来配列字母[5]……。本来按声音的高低抑扬跟发音方法或部位的不同能够讲得清清楚楚的东西，这么一纠缠，倒弄得“不讲还罢了，越讲越糊涂”了！这样讲法，音韵学怎能不让人感觉“神秘”呢？假如有了语音学的基础，凡是从前讲不明白的许多问题，都能科学地说明。至于古音的读法，古音演变的规律，也都只有拿语音学做根据，才能解释得清楚。

7. 语言学的研究依仗语音学

语音学跟语法和词汇的研究都有关系。虽然这些方面作为科学部门的系统研究是在19世纪以后最近一百多年以内的事，可是它们之间关系的存在，却是很早就被人注意到了。我国古代学者在这方面也下过不少的功夫。唐朝的陆德明在他的《经典释文》“序录”里说：“夫质有精粗，谓之好恶并如字；心有爱憎，称为好恶上呼报反下乌路反。当体即云名誉音预，论情则曰毁誉音余。及夫自败蒲迈反败他补败反之殊，自坏呼怪反坏撤音怪之异：此等或近代始分，或古已为别，相仍积习，有自来矣。”实际上这就是利用语音的变化造成表

---

① 江永：《音学辨微》，第1页：“平声音长，仄声音短，平声音空，仄声音实；平声如击钟鼓，仄声如击木石”。

② 王鸣盛：《十七史商榷》卷10，汉书四，内言条：“同一声也，以舌头言之为平，以舌腹言之为上，急气言之即为去，闭气言之即为入。”

③ 江永：《音学辨微》，第12页：“清浊本于阴阳；一说清为阳，浊为阴，天清而地浊也……。”

④ 刘鉴：《切韵指南》总括五行分配例：“见等牙肝角木东，舌心征火喻南风……。”

⑤ 参阅江永：《音学辨微》，第29、31页，《论图书为声音之源》。

示不同语法作用的新词罢了。像咱们今天的：好人(ㄏㄠˇ形容词)——好哭(ㄏㄠˋ动词)，凉水(ㄌㄧㄤˊ形)——凉会儿(ㄌㄧㄤˋ动)，床铺(ㄆㄨˋ名)——铺被(ㄆㄨ动)，背脊(ㄅㄟˋ名)——背包袱(ㄅㄟ动)，扇子(ㄕㄢˋ名)——扇风(ㄕㄢ动)，担子(ㄉㄢˋ名)——担起来(ㄉㄢ动)，得到(ㄉㄜˊ动)——得去(ㄉㄟˇ助动)，畜生(ㄔㄨˋ名)——畜牧(ㄒㄩˋ动)，学校(ㄒㄧㄠˋ名)——校对(ㄐㄧㄠˋ动)，等等，这是利用语音的变化来表示不同词类的新词的；又如：磨豆腐(ㄇㄛˋ)——磨刀(ㄇㄛˊ)，看见(ㄎㄢˋ)——看守(ㄎㄢ)，颠倒(ㄉㄠˇ)——反倒(ㄉㄠˋ)，转圈儿(ㄓㄨㄢˋ)——转弯(ㄓㄨㄢˇ)，等等，是利用语音的变化来表示同词类不同语义的派生词的。

清朝的学者钱大昕在两百年前就已经说过："古人以音载义，后人区音与义而二之。音声之不通，而空言义理，吾未见其精于义也！"[①] 这句话说得很正确。英国的语言学家斯威特(H. Sweet)曾经说过："有好几个这样的例子可引：因为观察者缺乏语音学的训练，重要的语言事实和定律不是让人忽略了，就是让人说错了。""施来歇尔(Schleicher)不单没能看出立陶宛的重音，甚至于教库尔沙特(Kurschat)给指出来以后还不能明白，这件事是个最突出的例子。"[②] 他说，"语音学跟语言的关系就同数学跟天文物理的关系一样。"这句话并不是夸大的。咱们知道19世纪西方的语言学大师雅可布·格林姆(J. Grimm)还闹过这样的笑话：他说，"比方在咱们的Schrift(字)这个字里，咱们就用的是七个符号，代表了八个声音，

① 《潜研堂文集》卷24，《诗经韵谱序》。

② 亨利·斯威特(Henry Sweet)：《语音学手册》(Handbook of phonetics)序言，1887年。

因为f代表ph。”[①]他没有想到德文的sch只代表一个ㄕ音，却注意到了一个ㄈ音没有用ph两个字母去表示，而他居然说是一个f符号代表了ph两个音！所以说，语言学是从“字母的科学”进到“声音的科学”，比较语言学才开始独立起来。苏联语言学家契科巴瓦（A. C. чикобава）说：“没有考虑到语音的变化，就不可能科学地提供词汇的、语法构造的历史。而要了解语音的变化，就不可能没有关于语音特性的知识。”“如果没有历史语音学，就不可能有历史比较语法和历史语言学。如果说多亏语音学，语言学才开始成为最精确的社会科学中的一门科学，这也不会是夸大其词。”[②]

8. 语音学对于文艺活动及其他方面的关系

此外，语音学对民间文艺的创作和表演、诗律学、诗歌朗诵、戏剧台词、散文和韵文的创作和朗诵、歌剧的配谱和唱词都有密切的关系。聋哑教育的设计和推行、速记学的原理和应用……也得有语音学的帮助。在医学上，语音学对于语音机能病理学（以消除说话的病态，治疗言语错乱为任务的医学部门）的意义也是大家所公认的。

三　语音学的类别

为了说明声音是怎样发出来的，有些什么特点，可以从说话者

① 雅可布·格林姆（J. Grimm）：《德语语法》（Deutshe Grammatik）（1.3），引见叶斯柏森（O. Jespersen）：《论语言》（Language），伦敦，1947年，第46页。

② A. C. 契科巴瓦：《语言学概论》第一编，下册，高等教育出版社，1955年，第132页。

的观点分析每个音素的发音生理过程(所谓发音生理学),又可以从听话者的观点分析声音的音响的物理特性(所谓音响学)。当一个人发f音的时候,他自己可以觉得这是一个用上齿咬住下唇而把气息自口内送出来的音;但是在听者一方面却可以并不细辨它是否齿唇音,而觉得它是一个好像"风吹树梢"或"轻车曳柴行于路"的摩擦音,和[θ][s]一类的音性质相似。我们管前一种叫做声音的器官的感觉;管后一种叫声音的声学的感觉。一向把语音学作这样的分类:从发音生理的观点来研究语音的,叫做生理的语音学或解剖的语音学;它所讨论的是发音器官的组织、作用和活动等,实际上跟生理学或解剖学相联系。传统上"口耳相传"的语音分析和习得,着重在这一方面。从音响学的观点来研究语音的,叫做物理的语音学,或音响学的语音学,实际是物理学声学或音响学的一个分支;但也涉及生理学或解剖学里的听觉器官一部分,跟耳的构造和作用,以及人的神经系统活动和心理学等种种关系密切,属于心理感知语音学。语音学的研究对象是人类所发出的、人类所听到的声音,这就决定了语音的发音生理学比起语音的音响学来,具有主导的作用,因为了解发音器官的活动可以帮助咱们发出或是辨别出不同的音素,而任何语音的音响特点是由发音器官的活动来决定的。

此外,声音是客观存在的物理现象,因此咱们可以靠声学仪器如X光线、假腭、音浪计(kymograph,或称浪纹计)、示波器(oscilograph)、频谱仪(spectrograph)、语图仪(sonagraph)等的帮助来研究发音器官起作用的部位和活动状况以及声音的频率、振幅、波形等等,也就是说,靠仪器的帮助去精密分析上述两种现象的,叫做实验语音学。应用上述生理和物理的两种研究的常识,靠标音符号的帮助去记录语言的叫做实用语音学。又有人把关于描述单个音的性质的理论叫做定性的语音学；把关于声音长短、高低、强弱的理论叫做节律的语音学或节律论。

人们听音，怎样由耳到脑，感知和理解这些声音，跟耳的构造和作用，以及人的神经系统活动和心理学等等关系密切，这属于听觉语音学或心理感知语音学的范围，这还有待相关专家进一步的探索研究。

近些年来对于实验语音学的要求和成就显然就比从前大有进展了，西方某些语言学家根据语音的生理、声学特征，归纳出一些对立关系，如发辅音时声带的有声、无声，元音声谱中共振峰位置的分散、集聚等，作为区别语音的尺度，称为“区别特征”。以后又有人应用这种理论创立了语言学中的一些新领域（例如生成音系学）。现在有人利用电子计算机技术研究语音的分析、识别和合成。语音学已经再不是简单的“口耳之学”了。

总起来说，语音学是语言学的一个部门，它的实际功用也是属于语言学的。无论是生理的研究或是物理的研究总应该不离语言学的出发点。咱们要观察、分析语音，是可以而且也应当从这些方面去观察、研究的。可是，那是不可以把这许多方面相互孤立、互相隔离起来的，更不应该片面地夸大语音特性的某一方面而去抹杀排斥另一方面。语音学是一个整体。它的各个方面是互相依存、密切联系的。决不可以把它们割裂开来。要记住研究语音是研究作为人类社会交际工具的语言的声音，决不能忘记它的社会功能，离开了作为社会科学一个部门的语言学的立场去探讨语音。特别重要的是要教人学会在这样的基础上，极其慎重认真地考虑某一语言的全部语音特点和变化规律以后，能够最准确地了解所研究的那种语言的语音系统，从这个语言的全部语音成分里区分出哪些是它的基本单位，哪些是这些基本单位的变形，判断出能在这个语言社会的交际活动中起显著作用的语音有哪些个单位，研究语言中语音的结构系统和变化规律，这就是音系学理论。音系学之所以受人重视，正因为它是从语音的社会功能方面着眼去研究语音的。

所以我们还应该从实用语音学入手，以音系学的观点来研究语音。先根据发音器官的动作定出一套音标来，大体上可以概括各种语言里的各类语音。等这套音标练习熟了以后，先把自己本地语音所有器官的和音响学的感觉从非意识的弄成有意的和分析的；然后再逐渐推广到已学过的外国语或未学过的新语言。关于生理的和物理的研究只论到他们和实用有关的部分；关于实验的方法也以语言学的观点为重，拿它来作耳听方法的辅助。

至于语音学的分类，我们认为，除了上面提到的发音（生理）语音学、音响（物理）语音学和感知（心理）语音学以及为使上述语音学获得更确切的数据和更深入进展的实验语音学以外，目前照以下这样的分科是比较恰当的：研究人类语言的声音的叫做普通语音学，研究个别语言的声音如汉语、俄语、法语的叫做汉语语音学、俄语语音学、法语语音学等。研究语音的历史演变的叫历史语音学，比较几种语言语音的异同的叫比较语音学。语音学的历史比较研究方法的运用是研究语言发展内部规律的重要的一环。

四　语音的符号

研究语音学不得不用一种符号来标音，就像研究数学不得不用一种符号来演算一样。咱们要研究一种语言的声音系统、声音结构和变化的规律，首先必须培养咱们的辨音能力。能够辨音，然后在听音、发音、记音时才能做得准确、细致。辨音是要以精确的记音符号做工具的，那么，现有的一些文字或字母，能不能用做研究语音学的工具呢？

1. 能不能用方块汉字或注音字母？

方块汉字是表意系统的意音文字，且不说它的形体复杂，难学难写，单就汉字的特点来说，它就不适于标音；因为它不能表示语音结构的成分——音素，所以不能精确细致地做分析描写的工具。加以汉字所能代表的音很有限，无法对付我们所要接触到的各种各样的语言里许许多多汉字里所没有的音，所以汉字标音既不精确，又不够用。我国古代用汉字标音，无论是新译旧译的佛经，东汉隋唐至于明清的反切直音，想尽了种种办法，总不免模糊笼统，扞格不通。近代的翻译译音也是问题重重。这就充分暴露出方块汉字不适于标音的先天缺点。

至于近几十年来国内推行的注音字母，也有许多缺点：

首先，注音字母并不全是音素字母。像ㄞ、ㄟ、ㄠ、ㄡ、ㄢ、ㄣ、ㄤ、ㄥ这些字母，每一个符号都代表了两个音素。理想的音标应该是“一个符号只代表一个音素，一个音素只用一个符号来代表”。

其次，现在注音字母的拼法，是不准确的，如ㄢ=ㄚㄋ而ㄧㄢ=ㄧㄝㄋ≠ㄧㄚㄋ，ㄣ=ㄜㄋ而ㄧㄣ=ㄧㄋ≠ㄧㄜㄋ，ㄩㄣ=ㄩㄋ≠ㄩㄜㄋ，ㄥ=ㄜㄫ而ㄧㄥ=ㄧㄫ≠ㄧㄜㄫ，ㄩㄥ=ㄩㄫ≠ㄩㄜㄫ，ㄨㄥ在跟声母相拼时（如“东”ㄉㄨㄥ=ㄉㄨㄫ）同没声母时不同（如“翁”ㄨㄥ=ㄨㄜㄫ≠ㄛㄫ）。这种宽式字母在音位学上自然也有它一定的道理（详后），可是在不知道一种语言的音位时就用它来记音，那就很难达到精确的程度了。

再有一点不能忘记的，注音字母所能代表的音是很有限的；一出北方话的范围，问题就来了。比方说，咱们要想利用注音字母把广州话里的“不、养、金、鸡”几个字的声音标注出来，就办不到。过去有人单为国内方言拟制“闰音字母”，就显得相当技穷。要拿它来标记少数民族语言或用它做各国语音比较研究，那是很不够的。

为了学术上的交流，为了各种语言的比较研究，我们需要有一套统一的、大家公认的、大家都明白的共同记音符号。注音字母还不够这个条件。

2. 西方的拼音文字怎么样？

照理论讲，西方语言用字母拼音，它的拼法应该能代表真正的语音，它的字母应该是一个符号代表一个声音的了。可是不然。现在西方拼音字母用得最多的，一种是拉丁字母，一种是斯拉夫字母；这两种字母都从菲尼基字母变来。由菲尼基传到希腊，稍有一些增益，后来一方面由希腊传到埃脱鲁利亚(Etruria)，再传到罗马，成为今天的拉丁字母；另一方面从希腊字母变成基利耳字母(кириллица)，传到俄罗斯，成为斯拉夫字母。但这两种字母都是用来标写当时(古代)的音的。后来各民族语言有所发展，它所包含的音素不能都找到相当的符号来标写，不得不设法补充；又加上文字的拼法跟不上语音的演变，就拿这种沿袭下来的俄、英、法文来讲吧，这些文字的拼法同实际的语音就有一些出入。例如：俄文的труд(劳动)跟трут(火绒)同音[trut]，英文的I(我)跟eye(眼睛)和aye(赞成)同音[ai]，法文的saint(圣)、sain(健康)、sein(胸膛)、seing

（签名）、cinq（五）完全同音[sɛ̃]……。在语源上固然各有来源，可是从语音学的观点来看，这种拼法是不能准确拼写现代实际语音的。这些现有文字的缺点可以列举如下：

（1）同样的符号不表示同样的声音。例如：俄文的хорошо[xərʌˈʂɔ]（好），一个字里三个“o”，就读了三个不同的音。英文的一个“a”，在gate[geit]（门）、father[ˈfɑːðə]（父亲）、fall[fɔːl]（降落）、any[eni]（任何）、fat[fæt]（肥）、watch[wɔtʃ]（表）六个字里就代表了六个不同的声音。法文的“c”，在car[kaːr]（因为）跟cent[sã]（一百）里也不同音。

（2）同样的声音不用同样的符号来表示。例如：俄文里的что[ʂtɔ]（什么）、штора[ˈʂtɔrə]（窗帘）、нож[nɔʂ]（刀），一个[ʂ]音用了ч、ш、ж三个不同的符号；英文里一个[ou]音竟有这许多不同的写法：owe[ou]（该欠）、so[sou]（如此）、sew[sou]（缝）、sow[sou]（播种）、beau[bou]（花花公子）、toe[tʰou]（脚趾）、though[ðou]（虽然）、oh[ou]（哎呀）。法文里mot[mo]（字）、tôt[to]（早、快）、beau[bo]（美丽）、gauche[goːʃ]（左）、curaçao[kyraso]（橙皮酒），种种不同的拼法也可以同样表示一个[o]音。

（3）用两三个字母表示一个声音。例如：英文的thin[θin]（薄）、this[ðis]（这个）、she[ʃiː]（她）；法文的champ[ʃã]（野）、thé[te]（茶）、德文的Schrift[ʃrift]（字）等。

（4）一个字母表示两个相连的音。例如：俄文的я、ю、е、ё当不在辅音之后时，念成[ja、ju、jɛ、jɔ]，以及英、法、德文的x（念成[ks]或[gz]等）。

（5）有时候空有字母，并不表示什么声音。例如：俄文сердце（心）中的д，известный（著名的）中的т；英文thought（思想）中的gh， knit（编织）中的k；法文nez（鼻子）中的z，hôtel（旅馆）中的h等。

（6）同一字母在不同语言里表示的音值不同。例如："j" 在英文一般念[dʒ]：judgement[dʒʌdʒment]，在法文念[ʒ]：jugement[ʒyʒmã]（裁判），在德文念[j]：Jagd[jaːkt]（打猎）；"ch" 在英文念[tʃʻ]：chamber[ˈtʃʻæmbə]（卧室），在法文念[ʃ]：chambre[ʃãːbr]（房间）等。当然，在别的词里也还有别的读音。至于俄文的p、e、y、x等字母的发音跟英、法、德文不同，因为是两套体系，都还没有估计进去。

这种由历史上沿袭下来的拼法，总是有缺点的，所以我们不能拿它当作研究语音的根据。难怪英、法、德文都有语言学家呼吁要进行正词法的改革。虽然也有些文字如西班牙文、波兰文等表音的方法比较简单，但是即使算是其中最好的也不见得完全；即使在实际上不至于发生误会，但拿它来做研究各种语言的工具还是不够的。

这就是说，世界上没有，也不可能有一种语言，包含世界上一切语言的全部音素。也绝没有一种现成的文字，它的字母能够表示一切语言里的全部音素。每一种语言总有它所特有的音素。要作语言调查，必须有一套比较完备的语音学的字母。因此从前的学者也曾各出心裁，拟订了许多种语音学的字母。

3. 前人创制的语音学字母

有一派人，想完全离开传统的拼法习惯，另创一套字母系统。例如英国的贝尔（A. M. Bell）的 "视识语"（Visible Speech，1867）。他根据分析发音器官的部位和动作所得的结果，作成一种 "象形指事" 式的音符。这套字母，一个字母所表明的不是一个音，而只是发音时发音器官的形状和情境，它只注意到器官，而忽略了声觉。例如他用半圆形表示辅音，用竖笔表示元音，一个c符号可以印成ᑕ、ᑐ、ᑎ、ᑌ四个方向，一个ɑ可以印成ɑ、ᗡ、ᗝ、ᗜ四个方向。结果造了61个形式，119个字母；细是细了，可实在不合用！贝尔的学生斯威特曾经根据它重订了一种“器官的字母”，并在《语音学初步》和别的著作里应用过，但是毕竟没有行得开。

还有一种离开传统字母系统的音标，就是叶斯柏森(Otto Jespersen)的“非字母式音标”。那就更钻到牛角尖儿里去了。他把每个声音用一串类似化学方程式的符号来代表。每一个符号并不代表一个声音，只是代表一个声音的元素；如某一声音的构成在发音器官的哪一部分，以及口腔开闭到什么程度之类。例如：m=α0δ2ε1。α0表示双唇全闭，δ2表示后腭低垂，ε1表示声带颤动。这样繁琐的音标，自然没有人敢领教。

1927年刘复(半农)草创了一种“图式音标”，也是属于这一系统的。他一共定出了50条条例，大体是用叶斯柏森的原理，参酌贝尔的字形，把音的成素分析出来，再用象形指事的方法把它画出来。[①]譬如他用图式音标所拼的“刘复”两字是这样：

“刘复”
(按北京音)

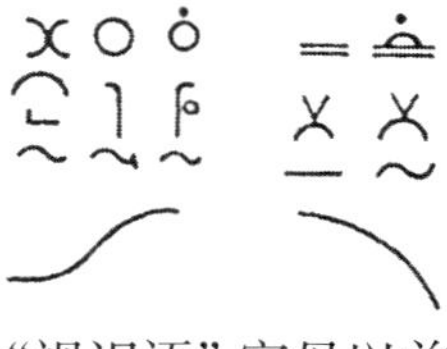

其实，早在英国的贝尔设计“视识语”字母以前400多年，1444年，朝鲜学者就根据朝鲜语的特点创制了一套拼音字母，辅音字母

① 《清华学报》第4卷，第2期。

既照顾到发音部位和方法，元音字母又突出了朝鲜语的元音和谐律，叫做"训民正音"，于李朝世宗二十八年(1446)公布推行，1524年崔世珍修订作《训蒙字会》，就是朝鲜"谚文"。这是拼音字母设计中东方人的一大创造！

语言是用来表达思想、传递信息、进行交际的。可见语言是手段，不是目的。作为语言的物质外壳的语音，也只不过是工具，人类借它来表达词语的意义，语音也不是目的。咱们辨音，是应该很细致精确的，应该除了听感以外，同时意识到发音器官的情况。但是记音跟分析、解释音的性质之类是两回事。记音符号只要社会上使用这套工具的人承认就行，要紧的是必须简单明了，便于使用。对于符号可以另外解释，却不需要"寓解释于符号"。水的分子组成是H_2O，但是咱们日常讲话并不管"水"叫"氢二氧一"；同样地，在语音方面只要社会上公认某一套符号可以代表某一些声音，也就没有用方程式的符号的必要了。过分着重语音在器官方面的情况，而忽略了语音符号在实用方面的要求，把语言、语音了解为似乎是纯自然现象的结构公式，完全忘记了语言最重要的作用——人们交际的工具，交流思想的工具，人类社会斗争和发展的武器，这就走入歧途了。

再有一派是就传统的字母修改而成的。大多数语音学字母都属于这一类。

1855年德国科学家列普秀斯(Lepsius)制定的一套"标准字母"[①]，是当时以拉丁字母为基础制定国际音标的第一个成功的试

① 参见列普秀斯(Lepsius)：《世界语言通用字母》(*Das allgemeine Linguistische Alphabet*)，1855年，柏林版。

验。在他之前，1844年俄罗斯学者邵格连(А. М. Шёгрен)院士曾经以俄文字母为基础给奥塞梯语创造了字母。在《奥塞梯语法》的序言里，邵格林就提出了“一母一音、一音一母”的原则[1]，这正是语言学对制定字母的基本要求。

1878年瑞典方言学家龙德尔(J. A. Lundell)制成一套“瑞典方言字母”，是用拉丁字母及其变形而很少用补充符号的字母。原则也是“一音一母”。

1887年俄国东方学家拉德洛夫(В. В. Радлов)、瓦西里耶夫(В. П. Васильев)和扎列曼(К. Г. Залеман)等制定了以俄文字母为基础的“世界语言通用字母”。

1888年伦敦国际语音学协会公布了以拉丁字母为基础的国际音标(International Phonetic Alphabet)，简称IPA。

这些字母符号虽然基本字母的基础不同，但它们的制定原则基本上是一致的。这就是：(1)一种读音只有一种写法；(2)一种写法只有一种读音；(3)特殊的区别发音的符号只表示一种作用；(4)各有一套基本字母做基础，可以加入一些别的字母作补充符号，这样就可以减少附加符号，增加基本字母。下面我们专门介绍国际音标。

4. 国际音标

国际音标是国际语音学协会拟订的一套语音学符号。这个协会起先是在1886年由欧洲各国语音学家斯威特(Henry Sweet，英

---

① А. М. Шёгрен:《奥塞梯语语法》，1844年，圣彼得堡版。序言，材料根据谢尔久琴柯《有关苏联各民族文字创制史的问题》第9章，第75页。

国)、叶斯柏森(Otto Jespersen，丹麦)、费约托(Wilhelm Vietor，德国)、巴希(Paul Passy，法国)、谢尔巴(Л. Щерба，俄国)等组成的，他们共同研究人类发音器官的部位和所发现的各国语言里的各种语音；并且每一个声音拣一个符号来代表它。1888年，为把各国语言精确地标注出来，议决公布了他们所制定的各种符号的初稿，这就是所谓“国际音标”。按照协会会章的规定，会员可以按实际的需要添制新符号或修改原有的符号。国际音标初稿公布以来，虽然经过不少次的修订，但是基本音标100年来保持不变。

这种符号的优点是：

第一，一个符号只代表一个声音，既不能借用，又没有变化，因此可以免去含混的毛病。

第二，大部分是拉丁字母小写的印刷体，不敷用的时候，或利用合体字母(如æ、œ)，或用小写尺寸的大写字母(如ᴇ、ᴀ)，或把某些字母倒排(如ə、ɔ、ɟ、ɯ)，或用草体来补充(如 ɑ)；至于借用希腊字母(如β、θ、Φ、γ)或改变旧字母的原形另造新符号(如ŋ、ɲ、ʃ、ʒ)或添用附加号(如ɨ、ç、ã)的，都不太多，所以懂得欧洲文字的人总容易认，容易记。

第三，从公布到现在，已经各国的语音学者和教育家所公认，应用它做出来的工作很多，不论哪一国都可以通用。我国语言调查研究的著作向来也都使用这一套符号。在各种音标当中，它是通行得比较广的一种。自然，在文字方案上，为了适应各个语言具体情况，也还可以有所变通。

完备的国际音标符号和它的音值我们以后再陆续详细介绍。

这里先把北京话里所有的音素按注音字母的顺序写在下面：*

注音字母 声母	汉语拼音	国际音标 严式	国际音标 宽式	注音字母 声母	汉语拼音	国际音标 严式	国际音标 宽式
ㄅ	〈b〉	[b̥]	(p)	ㄐ	〈j〉	[ȡ̥ʑ̥]	(tɕ)
ㄆ	〈p〉	[pʰ]	(pʰ)	ㄑ	〈q〉	[ȶɕʰ]	(tɕʰ)
ㄇ	〈m〉	[m]	(m)	(ㄬ)		[ȵ]	(ȵ)
ㄈ	〈f〉	[f]	(f)	ㄒ	〈x〉	[ɕ]	(ɕ)
(ㄪ)	〈v〉	[v]	(v)	ㄓ	〈zh〉	[ɖ̥ʐ̥]	(tʂ)
ㄉ	〈d〉	[d̥]	(t)	ㄔ	〈ch〉	[tʂʰ]	(tʂʰ)
ㄊ	〈t〉	[tʰ]	(tʰ)	ㄕ	〈sh〉	[ʂ]	(ʂ)
ㄋ	〈n〉	[n]	(n)	ㄖ	〈r〉	[ɽ]	(r)
ㄌ	〈l〉	[l]	(l)	ㄗ	〈z〉	[d̥z̥]	(ts)
ㄍ	〈g〉	[g̊]	(k)	ㄘ	〈c〉	[tsʰ]	(tsʰ)
ㄎ	〈k〉	[kʰ]	(kʰ)	ㄙ	〈s〉	[s]	(s)
ㄫ	〈-ŋ, -ng〉	[ŋ]	(ŋ)	ㄧ- (音节首)	〈y〉	[j]	(j)
ㄏ	〈h〉	[x]	(x)	ㄨ- (音节首)	〈w〉	[w]	(w)
				ㄩ- (音节首)	〈yu〉	[ɥ]	(ɥ)

* 编《罗常培文集》时增加了1958年通过的汉语拼音方案。我们把它放在尖括号〈 〉内；本书〈 〉里的字母就是汉语拼音字母，好同方括号[ ]里的国际音标相区别。

注音字母 单纯韵母	汉语拼音	国际音标 严式	国际音标 宽式
ㄭ	〈-i〉	[ɿ]	(ɿ)
	〈-i〉	[ʅ]	(ʅ)
ㄧ	〈i〉	[i]	(i)
ㄨ	〈u〉	[u]	(u)
ㄩ	〈ü〉	[y]	(y)
ㄚ	〈a〉	[ᴀ]	(a)
ㄛ	〈o〉	[ɔ̝]	(o)
ㄜ	〈e〉	[ɤ, ə]	(ə)
ㄝ	〈ê〉	[ɛ]	(e)
ㄦ	〈er〉	[ə˞]	(ər)

注音字母 复合韵母	汉语拼音	国际音标 严式	国际音标 宽式
ㄞ	〈ai〉	[aɪ]	(ai)
ㄟ	〈ei〉	[ei]	(ei)
ㄠ	〈ao〉	[ɑʊ]	(au)
ㄡ	〈ou〉	[ou, əu]	(ou)
鼻尾韵母			
ㄢ	〈an〉	[an]	(an)
ㄣ	〈en〉	[ən]	(ən)
ㄤ	〈ang〉	[ɑŋ]	(aŋ)
ㄥ	〈eng〉	[ɜŋ]	(əŋ)

结合韵母	汉语拼音	严式 IPA	宽式 IPA
ㄧㄚ	〈ia〉	[iᴀ]	(ia)
ㄧㄛ	〈io〉	[io̞]	(io)
ㄧㄝ	〈ie〉	[iɛ]	(ie)
ㄧㄠ	〈iao〉	[iɑʊ]	(iau)
ㄧㄡ	〈iou〉	[iəu]	(iou)
ㄧㄢ	〈ian〉	[iæn]	(ian)
ㄧㄣ	〈in〉	[in]	(in)
ㄧㄤ	〈iang〉	[iɑŋ]	(iaŋ)
ㄧㄥ	〈ing〉	[iᵊŋ]	(iŋ)

结合韵母	汉语拼音	严式 IPA	宽式 IPA
ㄨㄚ	〈ua〉	[uᴀ]	(au)
ㄨㄛ	〈uo〉	[uo̞]	(uo)
ㄨㄞ	〈uai〉	[uaɪ]	(uai)
ㄨㄟ	〈uei〉	[uei]	(uei)
ㄨㄢ	〈uan〉	[uan]	(uan)
ㄨㄣ	〈un, uen〉	[uən]	(uən)
ㄨㄤ	〈uang〉	[uɑŋ]	(uaŋ)
ㄨㄥ	〈-ong, weng〉	[uᵊŋ]	(uəŋ)
ㄩㄝ	〈üe〉	[yɛ]	(ye)
ㄩㄢ	〈üan〉	[yæn]	(yan)
ㄩㄣ	〈ün〉	[yn]	(yn)
ㄩㄥ	〈iong〉	[iʸʊŋ]	(yŋ)

五　研究语音的方法

语音学是口耳之学，理论一定要结合实际。研究语音绝不能离开实际的语言，单谈抽象的理论。跟我们最切近的语言莫过于本乡本土的方言，可是一个广东人不见得就把广州话的语音分析清楚了，正好像一个北京人未必懂得北京话的音韵系统一样。因为语言是人类日常生活中一会儿都离不开的东西，只要它能完成交际工具的任务，谁还管每个字包含几个音素，每个音素怎样发音呢？不过，你要是打算研究语音学，首先就得学会有意识地分析自己的语音所有的特点，而不是无意识地和模糊地使用它，然后才可以由近到远、由此及彼地逐渐推广到别处方言、少数民族语言和外国语言。现在我们略微谈一谈研究的方法和步骤。

1. 分析和“搬家”

要想分析语音，第一步先得学会从整个语词里把所含的音素一一地切分成不可再分的单元，让每个音素都能离开它的左右邻居，随便再跟任何声音拼合都不会改变念法。比方说：“中国”的“中”字含ㄓㄨㄥ三个音素，“国”字含有ㄍㄨㄛˊ三个音素。我们把每个音素隔离开以后，先分别地各念若干遍，然后再进一步地认识“中”字起头儿的音跟“张”ㄓㄤ、“珍”ㄓㄣ、“珠”ㄓㄨ是一样的，“国”字起头儿的音跟“敢”ㄍㄢ、“改”ㄍㄞˇ、“过”ㄍㄨㄛˋ是一样的；“中”字后一部分的音是跟“公”ㄍㄨㄥ、“同”ㄊㄨㄥˊ、“工”ㄍㄨㄥ、“农”ㄋㄨㄥˊ一样，“国”字后一部分的音跟“啰”ㄌㄨㄛ、“唆”ㄙㄨㄛ、“过”ㄍㄨㄛˋ、“多”ㄉㄨㄛ一样，“中”“国”两个字中间的音跟“追”ㄓㄨㄟ、“随”ㄙㄨㄟˊ、“水”ㄕㄨㄟˇ、“准”ㄓㄨㄣˇ一样。假使有人单提一个ㄜ音来问它跟"歌"ㄍㄜ、"磕"ㄎㄜ、"喝"ㄏㄜ哪一部分相同,我们也应该能毫不犹豫地给它一个正确的答案。能够这样把音素搬来搬去,而不至于迷惑,那就做到研究语音学的第一步功夫了。

方块汉字是看不出音素的痕迹来的。可是,如果能够把一个汉字音拖长了缓读,即使没有音标的帮助,也不难把它所含的音素分析出来。明朝的沈宠绥已经见到这一点了。他把一个字音分作"字头"、"字腹"、"字尾"三部分。例如"萧""皆"两个字,照他说,"萧"由"西""鏖""呜"三音拼成,"皆"由"几""哀""噫"三音拼成,"西""几"两音是"字头","鏖""哀"两音是"字腹","呜""噫"两音是"字尾"。[①] 当初沈氏所举的"鏖""哀"两个字固然还不是单纯的音素,可是就他那时所有的工具来说,已经算是难得的了。我们现在要是不会分析汉字的音素,最好也用度曲家缓读慢唱的方法试一下,等到学会用音标做记音的工具,自然就不至于感觉困难了。

2. 审辨音值

学会了分析和"搬家"以后,第二步还得辨别各个音素的准确读音——就是所谓"音值"。要想审辨音值,不单要懂得理论的知识,而且得自己去实际体验,才能知其然又知其所以然。例如俄语的фаза[ˈfazə](阶段)和ваза[ˈvazə](花瓶),英语的fain[fein](喜欢的)和vain[vein](无益的),法语的fin[fɛ̃](精细)和vin[vɛ̃](酒),上海话的"飞"ㄈㄧ[fi˥]和"微"ㄪㄧ[vi˥],在说这种语言的本地人,只要会分

① 重订曲苑本《度曲须知》,第24—27页。

析音素就可以知道每对字间的分别是由于[f]跟[v]的不同。不过，我们只能解释[f]跟[v]是“清声”和“浊声”的分别，那还没有用处；必须自己感觉到这种分别，才算能够审辨。比方说，一个上海人从“飞”字里把[f]音隔离出来，并且延长成[fff]音，同时又从“微”字里隔离出[v]音来，也把它延长成[vvv]音。这时他若是反复体验，就可以觉察出[f]只受一个地方节制——就是气流从上齿和下唇间摩擦而出的结果；[v]受两个地方节制——唇齿之间和喉咙。假如他把两个手指头压在喉头或喉结上，或是紧塞住两个耳孔，就可以感觉到由[v]所生出来的颤动，而[f]没有。在发[v]音时，他若把唇从上齿移开，还可以听得见一种同性质的“呃”的声音；发[f]音时要是照这样办，却只听见一种几乎听不见的歔欷的声音。反过来说，假如一个人照平常的样子呼气而把下唇和上齿凑合在一块儿，就可以发出[f]音；若是先作“呃——”的声音再把下唇和上齿凑拢，发出来的音便不是[f]而是[v]。仿照这种方法还可以把[s]和[z]一类相对的音反复练习；先把它们分开了念，然后一口气把两个音颠倒着念——s，z，sszz，zzss一直等自己确能感觉到这种分别所在，并且要发哪一个音立刻可以得到哪一个音，那时才算成功。

懂了辅音清浊的基本区别和声带动作的关系以后，还得去体验念元音时舌和唇的运动。例如，北京人说“枇杷”两个字的时候，自己可以感觉到它们的后一部分是舌头从前而高的位置变到后而低的位置。假使他再念“希奇语句”“骑驴嘘气”一类的字，那时他可以感觉到舌头的位置没有什么变动而发“希奇骑气”时的唇态却和“语句驴嘘”不同。要从不自觉到自觉，知道嘴唇的开闭圆扁，舌头的升降前后等。又如北京话“心细”和“身世”两个词里起头儿的部分，一个是拿舌面抵前腭的，一个是翘舌跟齿龈后相阻碍的。广东人就该特别注意这一层。还有在"劳碌连年""尽心静听"两个短句里，前四个字起音都拿舌尖抵住齿龈，不过念"劳碌连"时软腭抬起来挡住鼻腔的通路，捏着鼻子照样可以念得出来，念"年"字时软腭下垂，气从鼻子出来，捏着鼻子音就念不出来。自己能感觉到这种区别自然可以知道l跟n两音为什么不同了。后四个字的尾音可分两组："静听"是用舌根抵住软腭所发的鼻音，"尽心"是用舌尖抵住齿龈所发的鼻音；这就是鼻音韵尾n跟ŋ的不同。江浙人学北京话应该体验后一句的区别，上江人学北京话应该体验前一句的差异。只有随时审察，处处留心，把自己乡音所有的音素都体验清楚，再进一步去学普通话或其他方言、兄弟民族语言或外国语，就容易多了。专靠理论知识而不从实际中去体验是不行的。

3. 两种帮助分析语音的文字游戏

我国古代的诗人早已注意到字音前后各部分的异同现象，因而有一些双声叠韵诗留传到现在。例如，温庭筠《李先生别墅望僧舍宝刹作双声诗》：

栖息消心象，檐楹溢艳阳，
帘栊兰露落，邻里柳林凉，
高阁过空谷，孤竿隔古冈，
潭庭同淡荡，仿佛复芬芳。

照北京话念起来，第一句每个字起头的音是〈x〉(依中古音应读〈s〉，第二句是〈y〉，第三、四句是〈l〉，第五六句除"空"字外都是〈g〉，第七句前三字是〈t〉，后两个字是〈d〉(依中古音这句全是浊音的[d])，第八句是〈f〉。

又如高季迪的《吴宫词》却是一首叠韵诗：

筵前怜婵娟，醉媚睡翠被，

精兵经升城，弃避愧对泪。

拿北京话念起来，第一句每个字后一部分的音是〈ian，an，üan〉；第二第四两句是〈uei，ei，i〉；第三句是〈iŋ〉和〈eŋ〉。这种东西在文学里虽然是游戏笔墨，在审音上对初学者却有帮助，可以作为辨音的辅助手段。

此外，还有所谓绕口令，也是利用近似的声音编成的。这种玩艺儿中国各地方言里都有。这里先举北京话的一首作例：

会糊我的粉红活佛龛，

来糊我的粉红活佛龛；

不会糊我的粉红活佛龛，

不要胡糊乱糊糊坏了我的粉红活佛龛。

这是拿〈h〉和〈f〉两类字组成的，要叫湖南或江西的人念起来，不是“粉红”变成了“混红”，就是“活佛”变成“佛佛”了。

专为语言教学用，也有人仿照这个方法把近似的声音编成几句话的。例如：

你晓得有多少商店，

出售香水扇子。

这是为分辨〈x〉和〈sh〉的；

莲漏难留恋，南楼辇路凉；

年年来念汝，两泪落牛郎！

（刘厚坤的《七夕诗》）

这是为分辨l和n的。还有：

芜湖徐如玉，出去屡次遇大雾。

曲阜苏渔庐，上路五度遇大雨。

是为分辨〈u〉和〈ü〉的不同；

真冷、真正冷，

人人都很冷，

猛的一阵风，更冷！

是为分辨〈en〉跟〈eng〉的。

这类玩艺儿外国语言里也有。例如：

She sells seashells on the seashore;

The shells she sells are seashells, I'm sure.

For if she sells seashells on the seashore,

Then I'm sure she sells seashore shells.

这是故意把s、sh两个声音掺杂起来使人迷乱的，初学应当体验这两个声音发音时的舌端差异，仔细地把它们分辨清楚。还有一首是为区别短[ɪ]跟[e]的。例如：

Peter Piper picked a peck of pickled pepper,

A peck of pickled pepper Peter Piper picked,

If Peter Piper picked a peck of pickled pepper

Where is the peck of pickled pepper Peter Piper picked?

像这一类的例子还多得很。总之，要分析语音，第一步先得从整个语词里把音素切分出来，然后再用种种方法体验音值的差异。必须使自己对于一向"习焉不察"的本地语音有了清晰的认识，慢慢才能去作进一步的研究。

4. 综合的研究

以上所说，纯粹是从分析的观点来研究语音的。这样一来，好像每一个声音的本身就是一个静止的、孤立的元素了。可是在实际的语言里，声音是联结在一块儿来构成语词或语句的，有些声音只在一定的结合下才能发生。这些声音是连续的、活动的，从发音器官的一部分移转到另一部分，或者从甲种发音状态变到乙种发音状态，是很快的。同时，一个音在跟别的音结合或连续地发出时，也很容易受到前后邻近音素的影响，产生所谓“过渡音”，或“连音变化”，所以综合的研究跟分析的研究一样重要。分析的研究就每个声音本身做定性的研究；综合研究还要看它在变动不息的“语音之流”中的地位，要看这个声音跟别的声音的配合、联系和变化。好像化学中对元素的认识，理解其性质特征等，是基本的；但对分子的结构和元素的配合、变化的研究，同样是很重要的。例如，北京话的“关门”（ㄍㄨㄢ，ㄇㄣˊ → ㄍㄨㄚㄇ̣ ㄇㄣˊ），福州话的“课程”（ㄎㄨㄛ，ㄊㄧㄤ→ㄎㄨㄛ ㄌ̣ㄧㄤ），厦门话的“新妇”（ㄙ̀ㄧㄣ，ㄅㄨ→ㄙ̀ㄧㄇ̣ ㄅㄨ），临川话的“蜈蚣虫”（ㄫㄨ，ㄍㄨㄥ，ㄊㄨㄥ→ㄫㄨ-ㄥ̣ ㄍㄨ ㄊ̣ㄨㄥ），单念跟连念时就不相同。福州土话的“伓”字，在“伓别”（ㄇ̣ ㄇㄞ），“伓是”（ㄋ̣ ㄋㄞ），“伓去”（ㄫ ㄫㄚ）三个短语里念成了三个声音。北京话的“一”字，单念是高平调（读若衣），可是在“一̣（读若移）月”“始终如一̣（读若衣）”“那一̣（读若意）天”，“他一̣（读若移）个人一̣（读若意）口气儿念完了一（读若意）本书”这句话里，同一个“一”字却有三个不同的调子。这些变化是在什么条件下造成的？咱们必须做进一步的研究。此外，如英国土话把chimney（壁炉）念成[tʃʰimblei]，把Henry念成[hendrə]或

[henəri]，为什么在m后面会把n变成了bl，n和r之间多了一个d或ə？俄文里的сегодня(今天)[sʲɪˈvɔdʲnʲə]，为什么字母 г 念成了в的声音？像这一类的现象都不是在分析研究时所能发现的。假如说各种语言或方言的本地人先把自己语音里的相连变化一一体验清楚，那么，对于别种语言的类似现象自然也就容易发现了。

第二章　语音的基础

一　语音的物理基础

1. 声音是怎样发生的?

唐朝的文学家韩愈说:“大凡物不得其平则鸣”,咱们只替他改一个字:“大凡物不得其静则鸣”,就可以形容声音发生的道理了。怎么讲呢? 钟的发音是需要敲的,鼓的发音是需要打的,弦子的发音是需要弹的,笛子的发音是需要吹的。这些乐器原来都是静止的东西,经过敲、打、弹、吹的扰动,使它们由静止而颤动,颤动的速度或一定时间内颤动的次数达到一定的标准,就发生了声音。由此可见,声音的构成由于物体的颤动。这种颤动体振荡它周围的空气或别种媒介物,就形成了一种疏密相间的音波。这种音波传播到人的耳朵里,耳朵里的鼓膜也跟着空气照样地颤动,经过了一定的程序,刺激咱们神经系统中掌管听觉的部分,于是就成为咱们所听到的声音。

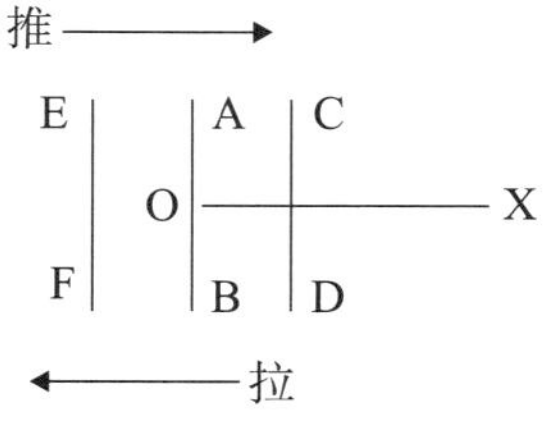

图1

就图1来讲,假定AB是钟的一小部分,它受了外力敲打以后,在EF和CD的中间往返颤动就构成了音波。

音波是从发音体的每个往返完全的

颤动发出来的。拿音波跟水波来比较，水的波陵恰好跟音波的密部相当，水的波谷恰好跟音波的疏部相当。水波叫做“横波”，空气中的音波叫做“纵波”。

音波传播的速度，因媒介物而不同，在空气中当摄氏表0° 时是每秒331.3公尺；在水里的速度每秒1400公尺；在铁里每秒5100公尺。音波在空气中传播的速度随温度俱增：温度每升摄氏表1°，音的速度约增60公里。

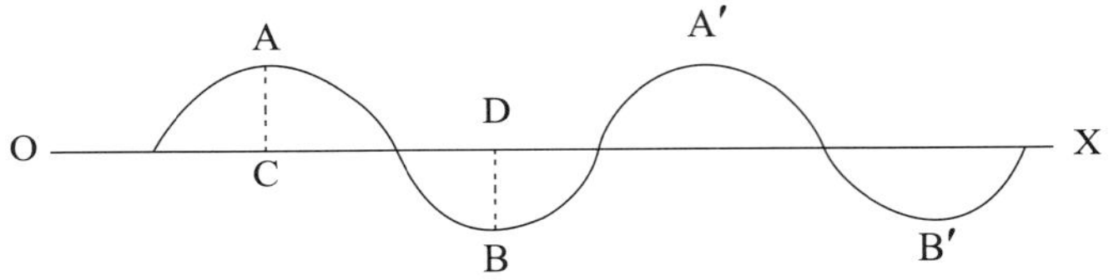

图2

就图2来讲，A、A′ 叫“波陵”，B、B′ 叫“波谷”；A—A′、B—B′ 叫“波长”，从A、A′ 或B、B′ 到O—X线的距离A—C、B—D……叫“波幅”。

2. 辨认声音的四个要素

咱们耳朵所能听到的声音千变万化，究竟凭什么来认识它们，辨别它们呢？现在可以从底下几点去分析：

（甲）**音高**——声音的高低，从声学的观点来看，是由于在一定时间里音波数或发音体颤动数的多少来区辨的，多的音高，少的就低。发音体在一定时间内的颤动数叫做“频率”，因此也有人管音高叫做“音频”。音频的单位是周/秒（又叫“赫兹”或“赫”，写做Hz）。比如有两个音：甲音在一秒钟内颤动100次（频率是100Hz，也就是说，在一秒钟内发生100个音波），乙音在一秒钟内颤动150次，那么，乙音就高于甲音。这种声音的频率可以用音浪计或音谱计一类的仪器实验出来。人耳所能听到的声音是每秒颤动16赫到20000赫之间的声音。每秒钟的颤动数在1500至3000赫之间的音是最好听的。

物体发音所以有高低的区别，有种种的原因。最普通的是：大的或长的东西发音低，小的或短的东西发音高；松的东西发音低，紧的东西发音高。因为大的、长的、松的东西颤动得慢，颤动数少，也就是频率小，所以音低；小的、短的、紧的东西正好相反。所以钢琴里头低音的弦是粗而长的，高音的弦是细而短的。胡琴的弦也是一样，粗的是低音，细的是高音；同时在拉胡琴的时候，咱们把弦转紧些，或是把手指头按低些，也就是说，当发音的弦短一些的时候，声音就变高了，当弦放松或手指向上按的时候，弦颤动的部分长了，声音就变低了。吹喇叭或者吹箫也是一样，声音随着按孔上下的开闭而发生高低的变化。这种声音高低的变化是由“频率”大小的不同造成的。人类的声带正好可以拿胡琴的弦来做比方，女人和小孩的声带比较短而薄，所以声音高；男人的声带比较长而厚，年老的更松弛，所以声音低。同是一个人而发音有高有低，是因为发音时，咱们有绷紧或放宽声带的能力。以上所说，无论弦、管、声带哪一种，声音高低的变化都是音高的变化，也就是频率的变化。

音高在语言中的作用是构成声调和语调。

（乙）**音势**——音势又叫做“音强”或“音量”，即声音的强弱，是由于它达到耳朵鼓膜的力量来断定的。它跟音波的长短没关系，可是跟波幅的大小有关系。音波的长短是横里的事，波幅的大小是直里的事(参看图2)。波幅的大小跟声音的强弱成正比例，波幅大音就强，波幅小音就弱。我们还拿乐器来做比方：

同一根弦不变它的长度，或是同一个钟，同一只铃儿，它的频率或音高总是固定不变的，但当我们重拉或重敲、重摇的时候，它的声音就响些，轻拉或轻敲的时候，就比较不响。前者叫做音势强，后者叫做音势弱。人类说话声音的强弱就决定于呼出的气流压迫声带或发音器官其他障碍处的压力。振幅的单位是分贝(dB)。

音势的强弱跟音高的高低是两回事。有些不懂音乐的人往往把洪大的声音叫做高，细弱的声音叫做低，于是说戏台上大花脸的声音高，青衣花旦声音低；大喇叭的声音高，唢呐、笛子的声音低。其实这是大错。一个音高较低的声音尽可以比一个音高较高的声音音势更强些，黑头的音势尽可以比青衣强，但是音高还是不如青衣的高。可以用一个试验来说明它：用一根绳子系一个小锤儿悬在天花板下，把悬着的小锤儿向旁边一拉一送，让它摆动，摆动幅度的大小跟拉小锤儿的远近和推送力的大小成正比。但是，尽管摆动大小不一样，每一个来回所需的时间总是不变的，除非咱们把绳子的长短改变了。声音的频率跟发音体每秒钟颤动的次数有关，声音颤动的幅度可以拿小锤儿摆动的幅度相比。这可证明音高跟音势不是一回事。音势在语言中的作用是区别重音，语调也同音势有关。

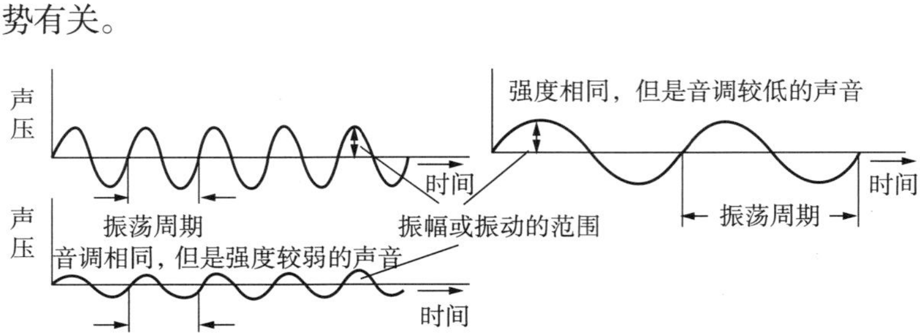

图3　频率和振幅跟声音高低强弱的关系

这里所说的音势是指声音的强度。另外，还有所谓“响度”或“盈耳度”（听得见的程度）是跟强度并行的。响度是听觉器官对于感受各种声音的敏锐度。在其余情形相同的时候，一个音越强就越听得见。在一定限度之内越高也越听得见。另一方面，同样的强度跟音高，有的语音本质就比别的音容易听得见，大约照这样一个渐大的次序：t×d×s×z×n×l×i×a。用语音学的术语来说，元音比辅音响，浊音比清音响，擦音比塞音响一点，鼻音、边音比擦音响一点。在元音里，低元音比高元音响一点；展唇元音比圆唇元音响一点（这些个术语咱们以后都要详细地说明）。中国语言里两拼和三拼的复元音最多，音节中的核心元音有时在前有时在后，所以研究汉语语音学时，声音的响度也是不可忽视的一个要点。

（丙）**音长**——音长决定于颤动时间持续的久暂。这个辨音的要素比较简单；就是不问声音的高低或强弱，也不问别的，只问一个音自始至终所延长的总时间。音长的单位是毫秒(ms)。就是以千分之一秒为单位。

音乐上用拍子计长短，声学上却用时间。拍子原是代表时间的，但因艺术上的需要可以把它伸缩，所以有快板慢板的分别；而时间的标准却是绝对的。在语音中，元音的音长比辅音长，辅音之中彼此之间又互有音长的差别。但那就更不是拍子所能说明得了的问题了。有的方言或语言中，轻重音的区别，表现在音长的区别上，超过音势的区别。北京话就是。

（丁）**音色**——这是指声音的品质、色彩来说的，也就是声音的个性。也有人管它叫做“音质”或“音品”。咱们可以把胡琴、笛子、笙等等调成同样的音高，按同样的旋律、同样的音势来合奏。听起来虽然是一个调子，但是咱们依然能够分辨，哪是胡琴的声音，哪是笛子或笙的声音。不同乐器所发出的声音的“个性”，这就是它们的音色。同样地，让我们发三个声音：a、o、i，即使同一个人用同样的高低，同样的强弱、长短发音，也能听出它们的显著不同，这也是由于音色的不同。用声学的术语来说，音色就是颤动形式的不同，或者说，是由于音波的式样不同，波纹的曲折不同。咱们可以给声音颤动的方式打一个比方[①]：假如咱们把声音的颤动比做一个人在一条街上不停地从这头走到那头，又从那头回到这头，那么，颤动的大小好比一个来回的街的长度，颤动的速度好比走一个来回所需的时间。现在让两个人同时从街的一头出发，规定他们都得在每十分钟之内走完全街一个来回，这样，正好比颤动的大小快慢都是相同的。这两个人虽然一定可以每隔十分钟在他们的出发点相会一次，可是在路上并不一定两人总在一起。可能有一人在路两头走得慢而中间走得快，有一人去时快而回来时慢，或许走完一个来回之后休息三分钟，然后放开脚步在剩下的七分钟之内走完一个来回（最后一种走法恰好能代表人说话时声带的颤动方式）。总之，这两个人所走的路程远近和时间长短虽然相同，但在一路之上，他们还可以各有各的走法。这种不同的走法就相当于颤动的方式。发音体颤动的形式决定于它的基音跟陪音之间的相互关系（下面我们就讲到）。

音色之所以不同，第一，由于发音物体的不同，所以古人说“丝不如竹，竹不如肉”。第二，由于使物体发音的方法不同，所以同是弦音，用手弹跟用弓拉，所发出来的声音不同。第三，由于物体发音时自身所有的状况不同，或发音以后所遭遇的环境不同，所

① 参看丁西林：《乐音与语音》，载《中国语文》1952年7月号。

以同是人的口里发出的声音，呻吟声、咳嗽声、说话声，完全不同；同是说话的声音，开口的a跟合口的u，由舌边流出的l跟由鼻腔通过的n、m、ŋ，也完全各不相同。

语音中音色的变化，因为发音时口腔的状况可以任意变化，鼻腔的开闭，咽腔和咽头的紧松，气流的强弱也都可以由人控制，实际上是由人的神经和肌肉所控制的共鸣腔的变化。所以语音音色的复杂多样不是现在任何乐器所能比拟得上的。

辨认一个声音不外乎上面所说的这四个要素：音高由于颤动次数的多少，音势由于颤动波幅的大小，音长由于颤动的时间，音色由于颤动的形式。留声机片上的刻纹就记录了声音的全体。把它放大了来看，它的疏密表示声音的高低，刻纹幅度表示声音的强弱，长短表示声音的长短，曲折表示音色。

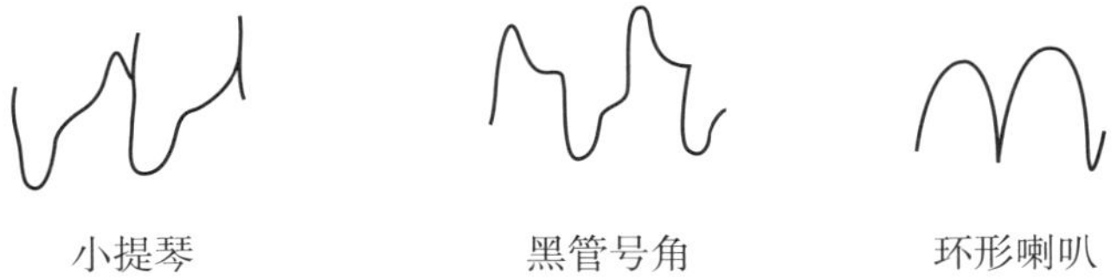

图4　各种乐器的音浪曲线

3. 乐音和噪音

一切声音可以统分为两类：乐音和噪音。从声学来讲，乐音是由一定数目有周期性的音波所构成的声音。所谓“有周期性”，就是说经过恰好相等的间歇时间又反复地回到原来的情况，也就是说，从发音体发出来的颤动或音波具有绝对规律的间隔。反之，没有周期性波动的声音叫做噪音。音叉所发的声音最近于纯粹的基本乐音；长啸声、哀号声、枪响、雷鸣、风吹树梢、泼水地上、用锤打铁、拉锯锯木等等的声音都是噪声。乐音是有一定频率的，也就是有规律的音波；噪音是同时传来的许多不规律的音波的混合，没有一定的频率。它们的高度和强度变换得越快，越剧烈，听起来也就越刺耳。图5所示，甲乙两条线代表乐音，丙线代表噪音。*

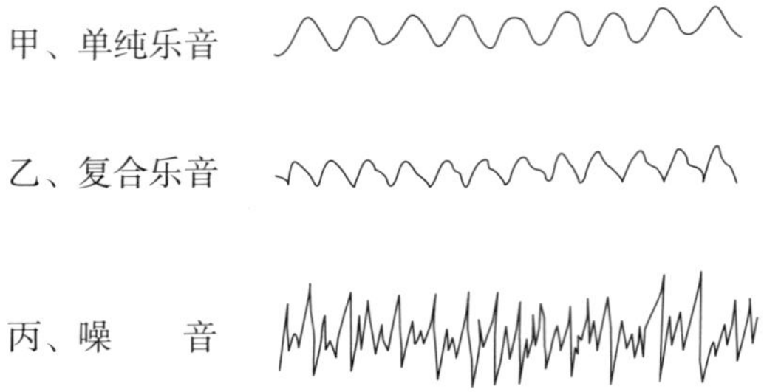

图5　乐音和噪音

4. 基音和陪音

图5里甲乙两条线的波纹不同：甲代表单纯乐音，乙代表复合乐音。咱们耳朵所能听到的乐音往往不是单纯音而是复合音。各种乐器或语音中的元音一定不会形成甲线一类的波纹，而要形成比乙线更复杂的各式各样的波纹，这是由于在甲线所示的"基音"以外还有种种"陪音"的缘故。

咱们试用软槌敲一下音叉，它就会发生一开一合的颤动，并且发出一种非常沉闷单调的声音。这种非常沉闷单调的声音就是所

* 近来，由于语音实验仪器的发展和利用，表现在语图上的振幅曲线、窄带频谱、时间波形和宽带频谱语图能更好地说明问题。可参看吴宗济、林茂灿主编的《实验语音学概要》。

谓“简谐颤动”（又叫“谐波”）的音色。简谐颤动在各种颤动的形式中是简单的，同时也是最基本的。因为乐音的一切颤动——任何一种音色的颤动，都能利用高等数学把它分析成若干个音高不相同的简谐颤动。在这些简谐颤动里，通常有一个频率最低的颤动，这个频率最低的颤动所发生的声音叫做“基音”，其他的叫做“陪音”。

乐音的这些陪音的频率是很有规律的，它们一定是基音频率的整数倍数，就是二倍、三倍、四倍、五倍等。噪音所包括的每种频率不同的颤动不能有这样的简单整数比例的关系，所以是不和谐的。但是每一个复杂的颤动经过分析之后，不一定有这些陪音的全体，可能只有其中的某些部分，而且有的音是其中某些个陪音强些，有的音是另外一些个陪音强些。如钢琴的声音是前几个陪音强些，喇叭是后几个陪音强些。这些陪音的有无，以及各个陪音音势的配合就构成一个复合乐音的音色。咱们说某一个复合音的音高是怎样时，实际只是说它基音的高低，不大管它的陪音。前面我们说可以把胡琴、笛子、笙等等调成同样的音高，是说这几种乐音在每秒钟内颤动的次数相等，主要就是说它们基音的频率相同。为什么咱们的耳朵一听上去就知道哪是管子的声音，哪是弦的声音，哪是簧的声音呢？同是人口里的声音，为什么a、o、i等又各有自己的“个性”呢？那就因为它们的颤动形式不同。除了基音之外，它们各有各的陪音，其中陪音的强弱又各不相同，所以形成不同的音色。

5. 共鸣

同样的音叉发音，带共鸣匣的音叉比不带共鸣匣的音叉响，因为共鸣匣里的空气按音叉的颤动而颤动，这就是“共鸣”。如果在

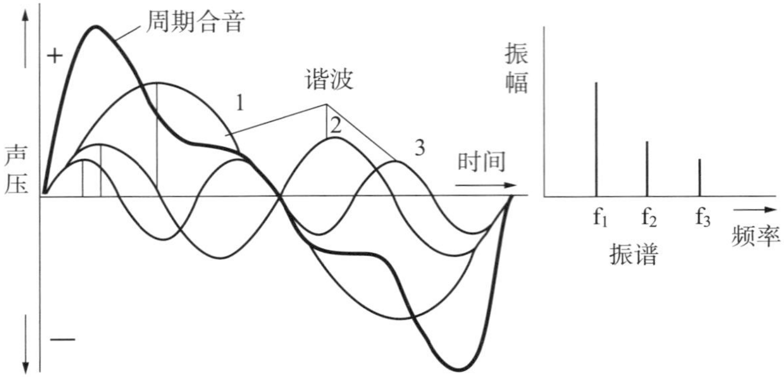

图6　由三个陪音(谐波)所组成的周期合音及其振谱

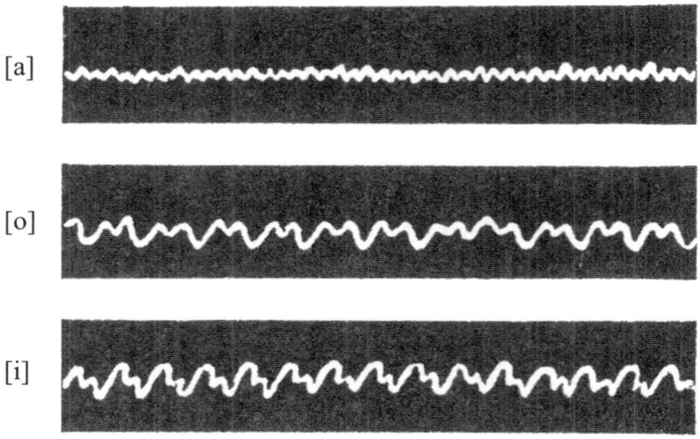

图7

桌子上放几个带共鸣匣的音叉，其中两个音叉的频率相同，而使其中一个音叉发音，这个音叉的声音停止后，就可以听到跟它频率相同的音叉的声音，这也是“共鸣”。所以说，直接的音波跟间接音波相合而使声音加强的现象，发音体感受颤动数跟自体相同的音波而自然发音的现象，都叫做“共鸣”。音的波长跟使音加强的空气体积有一定的关系。把颤动数不同的音叉放在一个可以自由伸缩的铜筒前面，每敲一个音叉时，把铜筒里的空气柱的体积调节得跟音叉的颤动数适合，铜筒自己就可以发音，这个铜筒是一种共鸣器，咱们管它叫“共鸣筒”。根据共鸣的原理，利用适合于各种颤动数的共鸣器可以把各个乐音所包含的陪音识别出来。

共鸣器在发音方面有很大的作用：胡琴如果没有绷着蛇皮的竹筒——它的共鸣器，琴弦只能发出很微弱的声音，有了竹筒就增强了弦的声音，准确地重复着颤动体的颤动。所以差不多每一件乐器都有颤动体跟共鸣器两个部分。

共鸣器形状的变化会影响复合音中基音跟陪音的强弱比例，所以音色的形成也与共鸣器有关。人类的发音颤动体是人们的声带，语音的音高是由声带的颤动造成的，但是语音中各个音素的音色还得靠共鸣器的节制。人类发音的共鸣器是口腔、鼻腔和咽腔。口腔的张合、舌位的前后升降、软腭的起落，可以变化发音器官中共鸣器的形状，造成各个陪音的不同比例，这就形成语音中不同音素的特殊的音色(人类声带的颤动造成非常丰富的陪音，这些陪音经过口腔和鼻腔时，大部分被吸收了，只有其中的某几个或某几组滤了出来，这就是咱们所听到的语音的音色)。人类发音器官的共鸣器的构造是复杂的，作用是灵活多变的，它受着人们神经系统的控制，所以人类能够利用语言来做交际工具。

6. 语音的物理的性质

人的发音器官是一个巧妙的乐器，可是它跟一般的乐器是不相同的，因此，人类的语音跟一般的乐音也有所不同。从它们相同的地方来说，语音和一般乐音的发生都是由于发音体的颤动。所以咱们研究一般乐音要用音高、音势、音长、音色四个要素来衡量它，研究语音也得从这几方面去分析它。前面我们也分别谈了一些。从它们不同的地方来说，语音的目的在乎真，在乎把每个音发准确了，使人听了可以懂，这样才能使语言起交际工具的作用；乐音的目的在乎美，在乎调谐悦耳，使人听了愉快感动。语音的基本特性是由它的社会属性规定着的，但是不能否认语音的物理基础。因此咱们先就它的物理方面的性质来分析。

咱们先就辨认声音的四个要素来比较语音跟乐音的异同，并且指出它们在语音上的应用。

语音跟乐音一样有音高，可是拿语音的音高跟乐音的音高来比较，它们中间有两点差异：第一，高低间过渡的方法不同；第二，高低的界限不同。

当咱们唱歌时，声音很稳定地从这一个音移到另一个音；所用的各音是特地选定了的，使它能成为一个和谐的整体。在唱歌时，从这一个音移到另一个音，除了用滑音的场合，它的经过几乎完全是在音阶上一跳，中间并没有过渡音。在语言里声音却并不黏着在一定的音符上；它并不直接从某一音转入某一音，而只是沿着音阶滑动，是在不知不觉间渐渐地变。因此，咱们可以认定：乐音往往是跳的，语音是滑的。这也可以说，乐音高低间的转变是直线式，语音高低间的转变是曲线式。

其次，唱歌的时候因为从一个音过渡到下一个音是跳的，为求旋律的美，邻近的两个音的距离（我们管它叫音程，或起落线）不会很长，可是说话时语调高低的起落线是很长的。有一件值得注意的事情，就是一般人在唱歌时发不出来的高音或低音，在语言中可是有的。这起落线究竟有多长，应当拿说话时的情况做标准。普通在朗读式的语言里，比在谈话式的语言里长；说话人兴奋时它比较长，严肃时就比较短。

语音的高低在汉语和汉藏语系的少数民族语言里关系十分重要。因为在这些语言里“声调”是能分辨意义的，而声调的构成，音高是它的主要因素。这一点等到以后再详细地说明。

乐音中有强弱，语音中也有强弱。说话时遇到不很要紧的字就随便说过，音势就弱；遇到关系重要的字，就着力地说，音势就强。学习俄语或英语的时候，必须注意它的重音，不能把词的重音念错，重音不同，也就成了不同的词；比方，俄语мукá（面粉）—му́ка（痛苦），стóит（值）—стои́т（站立）；英语ˈinstinct（本能、直觉）≚insˈtinct（充满……的）等。重音是跟音势密切联系的。

音势强弱在汉语里也可作为分辨语义的因素。例如北京话里的（字下加·的是重音）：*

两字并重	**前重后轻**
大爷　纨袴子弟。	大爷　伯父，老伯。
造化　自然造化（文言）。	造化　福气。
第一音重	**第二音重**
大姑娘　第一个女儿。	大姑娘　已成年的女孩子。
小人儿　男对象。	小人儿　画的或泥捏成的小人儿。

乐音有长短，语音也有长短。说话说得慢时各字所占的时间长，说得快时各字所占的时间就短。这本来是很容易明白的。可是它们中间也有些不同：乐音是长短需要用拍子计算，语音却不

---

* 据新近的研究，北京话的轻重音，音长起着更重要的作用。轻声字比重读的字音约短一半。参看吴宗济、林茂灿主编《实验语音学概要》第九章，高等教育出版社，1989年；林焘《探讨北京话轻音的初步实验》（《语言学论丛》第10辑，1983年）；曹剑芬《普通话轻声音节特性分析》（《应用声学》，1986年第5卷第4期）。

能。因为语音中长短的变化，严格地说，比乐音细微复杂得多，没有法子也没有必要用拍子计算。

在某些汉语方言或其他一些语言里，音的长短也是分辨意义的一个重要因素。例如，在广州方言里“三” saːm 跟“心” sam，“艰” kaːn 跟“巾” kan，元音本身的细致差异（短 a 近于 ɐ）甚至还不及元音长短不同那么显著。在龙津壮话里，baːt“疮”：bat“闷”，daːŋ“身体”：daŋ“鼻子”，diːp“爱惜”：dip“生”（不熟），faːi“桨”：fai“火”，jaːp“粗硬”：jap“一会儿”，kiːm“镯”：kim“咸味”，也因为元音长短不同而形成了不同的语词（这里所举相比的字，声调都相同，音标中的两点“ː”表示它前面的符号念长音）。这些事实是值得咱们重视的。

至于语音的音色跟一般的乐音不同，前面我们已经指出。人的发音器官跟一般乐器不同，因此一般乐器只能各有一种固定的音色，人的发音器官可以有各种各样的音色。人类发音说话的能力是在人类社会生活劳动的历史长流中逐渐形成发展起来的，所以乐器只能奏乐，人的发音器官却能说话。一般乐器共鸣器的形式是固定的，而人的发音器官的共鸣器则变化多端，非常灵活；各个语音里基音跟陪音的比例非常复杂，“元音”尤其厉害。咱们要想了解元音的品质，就该懂得共鸣和基音、陪音的道理。

乐音跟噪音的区别也可以说明“元音”跟“辅音”的性质。以后我们讲元音跟辅音的时候就要说明这件事。

二　语音的生理基础——发音器官

1. 发音器官的三部分

前面说过，人的发音器官是一个巧妙的乐器。现在还拿乐器来比。一切声音的构成由于物体的颤动，物体的颤动总有一个原动力。胡琴不拉不响，笙笛不吹不鸣，拉胡琴、吹笙笛都是使胡琴的弦和笙簧笛膜颤动的原动力，人类发音的原动力是呼吸的气流；因此，人类发音器官的第一部分就是呼吸器官。

一般地说，气流虽是发音的原动力，但还不是发音体的本身。跟胡琴的弦和笙簧笛膜相当的人类发音的颤动体是喉头里的声带。声带是使气流乐音化的器官，是人类发音器官的第二部分。

人的发音器官跟乐器一样，除了颤动体还有共鸣器。人在说话的时候，主要的共鸣器是口腔。常常用得着鼻腔，有时也用得着咽腔。上一章说过，人体发音的共鸣器，构造复杂，形状不规则，而且变化多端，因此形成人类说话跟任何乐器不同的特殊音色。口腔以及鼻腔、咽腔和喉头是人类发音的共鸣器，同时是节制声音、形成各种音素的重要器官，这是发音器官的第三部分。

2. 呼吸器官

呼吸的气流是声音的原动力，所以呼吸器官是声音的发动机。语言的发音和呼吸是分不开的，关于呼吸器官不能不谈一谈。

呼吸器官是一连串的管道，从鼻腔、口腔开始，经过咽头，通到喉头，再向下由气管、支气管到达肺脏。肺脏是呼吸气流的总仓库，它在发音方面的作用相当于风琴中的风袋。肺的外面是一架鸟儿笼子似的胸廓（由肋骨前连胸骨、后接椎骨构成），下面是一层横膈膜。肋骨和横膈膜因筋肉的作用，可以上下伸缩推动，协助肺部的呼吸。

呼吸器官中的肺和气管对于呼吸的作用比较明显，用不着细说。肋骨和横膈膜的作用也是不宜忽视的。咱们吸气的时候胸部一定得扩大，呼气的时候胸部自然得缩小。胸部怎会扩大或缩小呢？这就在乎肋骨和横膈膜的作用了。在肋骨之间有所谓“肋间内肌”和“肋间外肌”。肋间外肌收缩可以把肋骨提起而使胸腔增大，帮助吸气；肋间内肌收缩可以让肋骨下降而使胸腔缩小，帮助呼气。横膈膜的膈肌也是行呼吸作用的主要肌肉，当它收缩时，横膈膜就给拉下去，因而胸腔扩大，可以协助吸气；它一松弛，横膈膜又缩上去了，因而胸腔缩小，可以协助呼气。好像拉风箱一样：你把风箱的拉手一抽，里面的空间大了，外面的气自然就会流进去；你把风箱一推，里面的空间小了，风箱里的气就会被驱逐出去。肋肌和膈肌对呼吸的作用就是这样。以上肌肉的运动由肋间神经和膈神经管理。胸部的扩大或缩小，有时肋骨跟横膈膜同时起作用，有时是其中之一起作用。横膈膜起作用比较容易，所以我国唱旧戏的人讲究所谓“丹田之气”，学声乐的人也主张多练腹式呼吸，就是这个道理。（试把手放在腹部之上，或胸腔外边，连发a音；轻重相间，你会感觉那筋肉或肋骨的动作。）

3. 喉头和声带

人类发音器官的颤动体——声带——藏在喉头里边。这一部分对于语音的重要性是不用讲的了。咱们且来看看喉头的构造：

从外表看，颈部正中突起的一块，就是喉头。这一部分上通咽喉，下接气管，是由许多软骨衬着一些黏膜互相连接起来造成功的。这些软骨的名字是：甲状软骨，环状软骨，杓状软骨（又称披裂软骨或破裂软骨）。

甲状软骨是喉头最大的软骨。这块软骨卫护着喉头，像个盾甲，所以叫做甲状软骨。左右两片，略成方形，在脖颈的前部正中的地方合而为一，可以用手摸到。男人因为角度较尖，特别突出，称为喉结（北京话叫“颏勒嗉”）。左右两边各有上下两个角。甲状软骨的上面有一块像马蹄铁样的骨头，叫做舌骨。

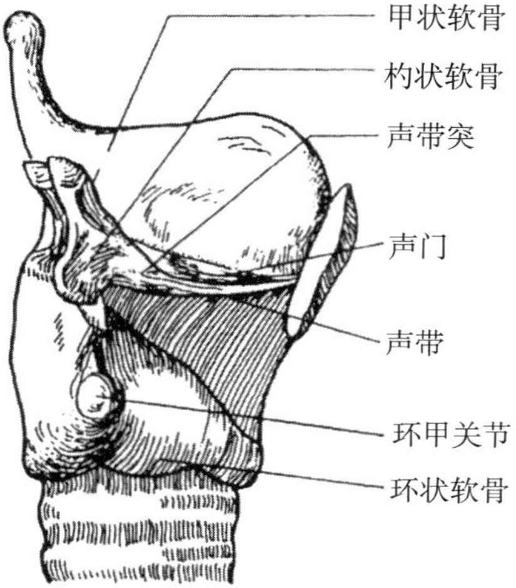

图8 喉的侧面（甲状软骨的右半已除去）

环状软骨前低后高，像个带着印章的指环，前面在甲状软骨底下，纤维把它跟甲状软骨连在一块儿；下面纤维又把它跟气管的第一节软骨环连接起来。

杓状软骨在环状软骨后面那个印章似的板状部分的上边，左右各一，有点儿像两个椎形的杓儿。它的前角叫做声带突，声带就附着在这里。

在甲状软骨的后边还有一块树叶儿形的软骨，叫做会厌软骨。会厌软骨好比一扇活门，可以开关自如。会厌软骨的柄附着在喉结内壁，当咱们呼吸或说话的时候，它就升起，使气流容易出来；当食物下咽的时候，会厌软骨就被推弯，盖住喉门，不让食物走错了道儿，跑到气管里去。咱们说话跟咽东西的时候就可以看出喉头一上一下地活动。这一套软骨（包括甲状软骨、环状软骨、杓状软骨和会厌软骨）筑成一个很精巧的筋肉的小室，这个小室当中就是咱们发音的颤动体——声带。

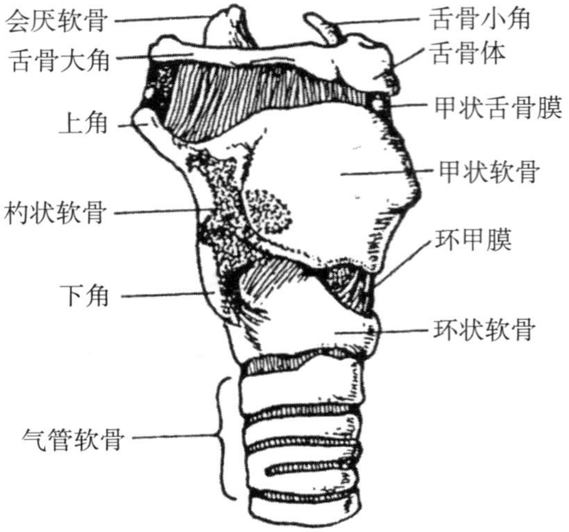

图9　喉软骨侧面

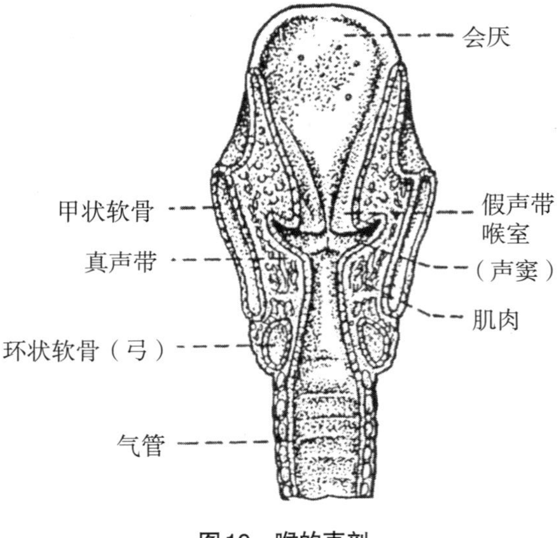

图10　喉的直剖

喉部两旁的黏膜并不是平坦得像个筒儿似的。有两处皱起，做成皱襞，形成两对门户，上一对门户关不拢，在发音上也不很重要，叫做假声带；下一对形似两唇，是发音上最重要的器官，这就是咱们上面说的，人类发音的颤动体——真声带。这一对声带，左右能分开，也能并合。中间的通路叫做声门，依声带的张缩而开闭；在真假两声带之间，左右还各有一个小窦，叫做喉室，也可以叫做声窦，从声门出来的声音在这两窦间能够发生反响。

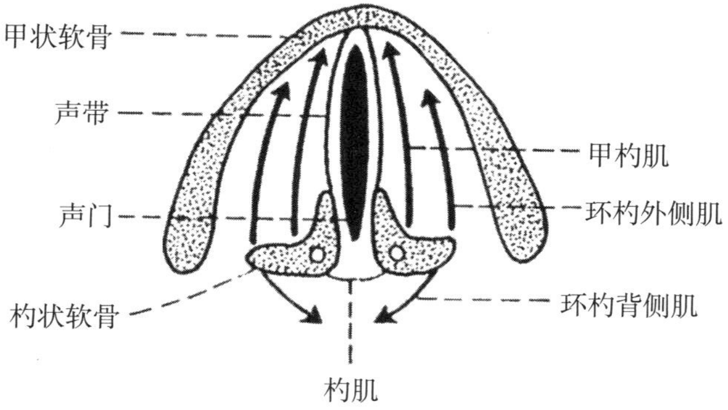

图11　声门及喉肌的作用(横断面)

以上所讲的声门还可分为两部分：(1)音声门——靠前而窄，前端接于甲状软骨，长度约相当于真声带三分之二。(2)气声门——靠后而宽，刚好在两块杓状软骨的声带突之间，长度约相当于真声带三分之一。男人跟女人的声带长度不同，大约男人的比女人长十分之三弱，所以女人的声音比男人高。

在喉头各软骨之间有各种肌肉，这些肌肉的作用，能牵引杓状软骨转动，使声带或紧或松，声门也随着呈现出不同程度的开闭状态。

1.声门闭紧，暂时气息完全不通，忽然急激地冲出气来，就发出破裂的声音，最剧烈的就是咳嗽。

2. 平时呼吸时因环杓背侧肌的作用，使杓状软骨往外推，声门就张开。一般地，声门略呈三角形，深呼吸或喘气时差不多就扩大成菱形。

3. 耳语（打喳喳）的时候，因甲杓肌的作用，使声门的前半关闭而后半相接近。这时，气流由声带的后部，气声门的间隙中出来，接触到声带的边缘发出细致的音响，就是耳语。

4. 发声音时因杓肌的作用，使音声门和气声门一齐关闭，气流通过声门时得从声带当中挤出来，因而使声带颤动，这时发生的声音是清晰响亮的，和前面所说唏嘘的气息、细微的耳语完全不同。声带紧而短的时候发高音，松而长的时候发低音，作为人类交际工具的语言主要得靠这种乐音化的声音。

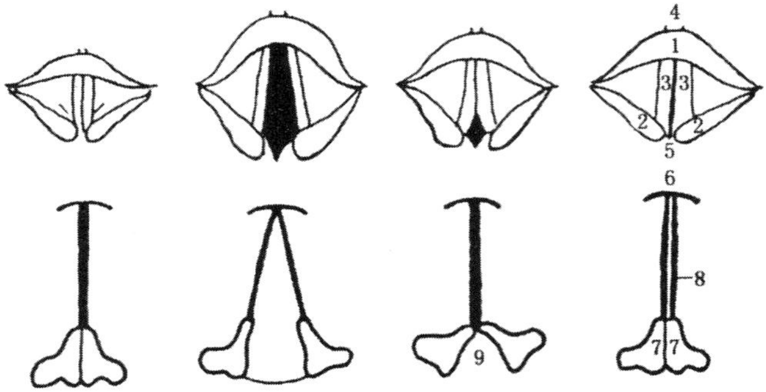

（1）咳嗽前　（2）呼吸时　（3）耳语时　（4）发声时

图12　声带的状况

（上图表示喉头镜中所见喉的入口的一部分，下图表示甲状软骨与杓状软骨之间声带开合的情况）

1. 会厌　2. 会厌破裂　3. 声带　4. 前联合　5. 后联合

6. 甲状软骨　7. 杓状软骨　8. 音声门　9. 气声门

4. 口腔和鼻腔

人类的语言跟鸟兽的啼叫不同，是因为语言作为人们交流思想的工具，不仅能表现情感，而且能表达思想。人类的语音所以能用来作为交流思想的工具，全由于不同的音素结合起来，在约定俗成的情况下表示出一定的意思。鸟兽也能发音，但是它们发出的声音很少变化，不像人类能发出多种音素的复杂声音。人类语言里多种音素的不同，无论是乐音化的声音还是没有乐音化的气流，都是由于在它们通过口腔或鼻腔的路程上受到节制，发生种种变化。口腔和鼻腔不仅是人类发音的共鸣

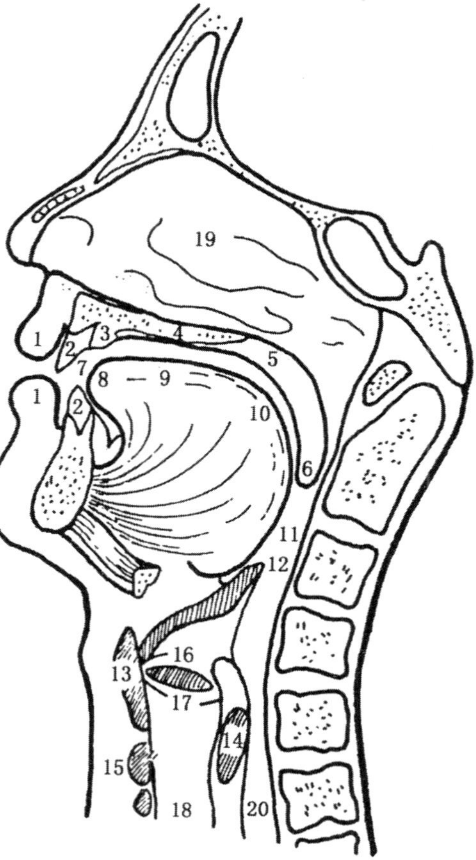

图13 发音器官部位图

1.上下唇 2.上下齿 3.齿龈 4.硬腭 5.软腭 6.小舌 7.舌尖 8.舌叶 9.舌面前部 10.舌面后部 11.咽腔 12.会厌 13.甲状软骨 14.环状软骨(后板) 15.环状软骨(前弓) 16.假声带 17.声带 18.气管 19.鼻腔 20.食道

器，而且是不同音素的制造厂。（当然，有些音素喉头也起节制作用，以后咱们还要讲到；但绝大多数的音素的节制作用是在口鼻。）

咱们可以把口腔分做三部分来讲：一部分是口壁，包括唇、齿、齿龈、上腭、小舌；一部分是舌；一部分是咽头。

口腔的大门是上唇和下唇。小孩儿开始学话，最先能学会的词就是“妈妈”“爸爸”，因为a是容易发的元音，而别人发双唇音[p]和[m]的动作是看得见的，这也是最容易发的两个辅音。

上齿和下齿是口腔的二门，也是一张开嘴就看得见的。再从牙齿往里看，紧靠着上齿的稍微凸出的部分叫齿龈。上齿龈往里是口腔的天花板，咱们管它叫上腭，又叫口盖。上腭前部坚硬，叫硬腭；后部柔软，叫软腭，软腭后边连着一个小肉坠儿，叫做小舌，又叫悬壅垂。

口腔下部最活动的一部分是舌头，舌头是很灵活的，人们所以能发出各种不同的声音，主要就因为舌头的活动造成口腔形式各种各样的变化。

舌头又可分为舌尖、舌叶、舌面、舌根四部分。

舌尖是舌的尖端。

舌叶是舌头放平时，在舌尖的靠上靠后的一部分。

舌叶还可细分为前舌叶和后舌叶两部分。

舌面在舌叶之后。舌面还可分为舌面前、舌面中、舌面后三部分。当舌头自然平放时，舌面前部和舌面中部正在硬腭的下面，舌面后部正在软腭的下面。过去我国的习惯，称舌面后部为舌根，实际舌根是在舌面后部的下后方。

口腔的后面有一个管状的三叉路口，上通鼻腔，中通口腔，下通喉头，这就是咽腔。咽腔在发音上也是共鸣室的一部分。咽腔的后面叫做咽壁。

口腔上面是鼻腔，鼻腔也是人类发音的一个共鸣室。假如把上腭比做楼板，那么鼻腔是楼上的共鸣室，口腔是楼下的，软腭跟小舌有些像一个活动的楼门。咱们呼吸的时候，小舌悬在当中，既不靠舌根，也不碰到咽壁，这时咽头的三岔路口大开，气流可以分别从口腔和鼻腔直通喉头。咱们咽食物的时候，软腭伸直，挡住咽头上部（所谓鼻咽部）的通路，舌根向下压，把喉头的会厌闭起来，就把食物送进食管，使它不致误入气管。说话的时候如果软腭小舌伸直，抵到咽壁那儿，挡住鼻腔的通路，气流只能从口腔出去，这时发出的声音就是单纯的口音；如果软腭下垂，口腔有一个部位闭塞起来，气流只能从鼻腔出去，这时就会发出一种鼻音来；如果三条路都通，从下面来的气流可以同时从口腔跟鼻腔两路出去，这就造成一种口鼻音（或称半鼻音、鼻化音）了。

唇、舌、软腭，小舌、声带，是发音器官中活动的部分，也是发音器官中最主要的部分，有人管它们叫发音器官中的主动器官。此外，下腭的动作和口腔的开合也颇有关系。人类语言各个音素的造成是跟它们的活动分不开的。

在学习语言的各个音素以前，咱们一定得把发音器官的部位弄清楚，进一步理解并且学会控制咱们的发音器官，才能正确地发出所要发的音来。最好随身带一面小镜子，发音时注意观察它们的活动部位。镜子里看不到声带，有一种语音学仪器，叫做喉头镜，可以用来观察声门开闭的情况。此外，为检查舌头和口盖接触的地带，还可以利用假腭。理解每个音素发音器官的部位是掌握正确发音的必要条件。

三　语音的社会基础

1. 语音的社会性质

语音具有一切声音所共有的那种物理属性，可以从声学的角度去分析它；同时语音的发音过程又是人类发音器官的一种生理活动，可以从发音器官活动的部位以及活动的方式等方面去分析它；并且在这些基础上——语音的物理基础和它的生理基础——去认识它。但是这样地认识出的语音特征或性质只是把它作为一个客观存在的自然物来认识的，这是必要的，但是还远不够。语音还有它的另一面，也可以说是最重要的一面，那就是语音的社会属性。有人说，语音学有它自己明确的范围，它只研究语音本身的性质、形态和变化规则，教会人们去听音、辨音、分析描写，用一套大家公认的统一的记音符号国际音标去记音，并对记音中遇到的问题能够予以解释。至于语音的社会性质，那是因语言而异的，与语言学习使用者的心理、印象、习惯等等有关，它应该属于音位学（后称音系学或音韵学）的范围，是语言学的一个分支学科，不能把二者混为一谈。这话不能说完全没有道理。但我们认为，为了实用的目的，我们仍倾向于把两者结合起来，而且强调：不能把一个人的说话看做一个单纯的自然过程——生理器官的活动和音声物理现象的过程，咱们还把它看做一个社会的过程，在一定社会中人类思想表达和认知理解的过程。

2. 从语音的民族特性或地方特征来看语音的社会性质

语音的社会性质表现在哪里呢？强调语音的社会属性，对于语音学的研究有些什么重大的意义？

首先，每个民族甚至各民族的各个地方方言都有它自己的语音特征。各民族以及它们的各个地方方言的语音特征是一定地区的人类社会集团中历史地形成的结果。这样的现象只有用语音的社会性质来解释，同时在研究各个具体语言的语音时，也必须特别注意它的这一方面。比方说，在北京话里，“拔”跟“爬”、“搭”跟“塌”、“刮”跟“夸”、“夹”跟“掐”、“扎”跟“插”、“砸”跟“擦”等，每一对前后两个词的不同是由于它们语音的开始那一个成分不同。根据语音学的分析，它们都是闭塞音（“夹”以下各字是闭塞的成分跟摩擦的成分紧相结合的），发音的时候声带都不颤动，咱们叫它做“清闭塞音”；它们的不同是前一个音不送气，而后一个音是送气的。每一个汉人都能把这些音分辨得很清楚；要发这些音，也不会感到有什么困难。可是汉族学生要学习分辨以及发准俄语里пыл、был、пил、бил和пыли、были这些词，困难就多了。п和б的不同是前者发音时声带不颤动而后者声带颤动；и跟ы的不司是舌头的位置前后不同；ль跟л是前者舌面中部向上抬起，后者舌面中部下凹而舌面后部向上抬起。一个俄罗斯人要发准上面所说俄语里的这些词的声音是丝毫也不费事的，可是他们要学习分辨和发准汉语里前面所举的那些个字音，也会像汉族学生学俄语п和б，и和ы……等一样地感到很不简单。咱们刚学话的小孩儿就会叫“姐姐”，当然很难理解为什么俄罗斯人发不好这个音。同样地，咱们有人俄文学了两三个月还念不好俄文рука（手）的р，自然也就怪不得俄罗斯人奇怪了。可是这是为什么呢？——咱们话里头有的音，咱们就容易发，容易分辨它；咱们话里没有的音，咱们就发不出来，分不清，或者很难发准，分辨起来很费劲。现代汉语辅音除个别方音外，一般没有带音的浊塞音，却都有相对应的送气和不送气的两套清塞音。俄语辅音没有送气不送气的分别，可是有相对应的清音和浊音，有相对应的硬软两套辅音作为辨义的单位，各人只对自己语言里有分别的音素特别敏感，这些正是汉语和俄语的一些语音特征。人类发音器官的构造是差不多的，客观存在的具体的声音，从物理的性质方面来讲，同一个音不能有不同的性质；从生理的活动方面来讲，具备同样发音生理机能的人，按理说对于同一个音的发音能力不应该因地而异。可是事实上，各地人们对同样音素的敏感程度和发音能力是不相同的。而他们听和说的能力恰好可以从他们这个语言社会的语言特征里得到答案。这是因为咱们听觉的反映跟发音器官的动作是由咱们的神经中枢支配着的，掌握某种语言的声音是和人们大脑的一定反射有关的，而这种反射的造成和巩固，必须追根溯源到社会集团的语言交际活动。

恩格斯说："劳动的发达必然帮助各个社会成员更紧密地互相结合起来，因为它使互相帮助和共同协作的场合增多了，并且使这种共同协作的好处对于每一个人都一目了然了。简单讲来，这些在形成中的人已经到了彼此间有什么东西非说不可的地步了。需要产生了自己的器官：猿类不发达的喉管，由于音调的抑扬顿挫之不断加多，缓慢地然而一定不移地改造起来了，而口部的器官也逐渐学会了连续发出一个个清晰的音节。"[①]"首先是劳动，而后是语

① 恩格斯：《自然辩证法》，人民出版社，1955年，第139页。

言和它一起成了最主要的推动力，在它们的影响下，猿的脑髓就逐渐地变成人的脑髓……和语言的逐渐发展同时发生的必然是听觉的相应完善化。”[①]由此可见，最初在形成中的人类由于在劳动中的互相结合和共同协作，由于他们“已经到了彼此间有什么东西非说不可的地步”，才产生了语言。语言一开始就是作为人与人之间的交际工具出现的。就连掌管语言活动的脑髓和接受声音的听觉器官，也是在劳动和语言的推动下，跟语言的发展一同日趋于完善化的。孩子从他的母亲和其他家庭成员那里学话，他每天听那些音，学发那些音，经过多次的模仿，久而久之，才熟悉了那些音，掌握了它，把它巩固在自己的大脑皮质反射活动之中。不为周围环境所理解的声音不能成为语词，不是这个语言的语词里所能有的声音也不成其为这个语言的语音。

3. 从语音的系统性来看语音的社会性质

其次，每个民族的语言或方言，它的语音成分及其结构的方式都有它自己的系统性，这就是这个语言或方言的语音系统。

语音成分的系统性表示在这里：咱们每天说话，语里出现的音素是多种多样的；但是咱们把它从语言里分辨清楚最后提出来的语音单位的数目，总是有限的。原因是有些细微的分别咱们认为可以不必去管它。这种语音单位我们称它做“音位”。值得注意的是：这个民族语言或方言认为可以忽略的语音差别，在另一个民族语言或方言里却必须分做两个音位。比方，汉语里的送气音和不送气音不能不分，因为汉语“爸爸”和“怕怕”的不同就差在这一

① 恩格斯：《自然辩证法》，人民出版社，1955年，第140页。

点儿送气成分上；俄语要把папа念成送气音顶多听起来不大顺耳，意思不会变，你要随便念，也就罢了；但如你把俄语的баба念成папа，“农妇”就变成了“爸爸”，那可要闹笑话！苏联朋友听咱们把пыль(灰尘)念成пил(喝了)准会来纠正错误；可是也许他又不一定会同样认真地来指摘你把шар(球)念成шяр的错误，因为俄语里头没有跟ш相对立的软辅音音位шь……。因此也可以说，语言里值得注意的语音单位——音位，是在辨别词的意义上有作用的那些最简单的语词构成分子。各个民族语言或方言各有自己的音位系统。“每个音位首先是由把它同该语言中其他音位区别开的东西所规定的。因此，每一种语言的全部音位形成了一个相对立的统一的体系，在这个体系里，每个成分是由各种各样的相对立的音位系列或音组的系列来决定的。”[①] 近年来咱们语言学界非常重视语言的音位系统和语言学的音位理论，是从语言的交际功能即语言的社会性质出发的，这是非常正确的。

各民族语音结构的方式也是互不相同的。通常一般人最容易觉察的语音单位是音节。(比方，汉语词的结构单位是字，一个字音就是一个音节。)不同民族语词中的音节构成，各有自己的系统和特点。比方说，汉语音节的构成，要受严格的语音规律的限制，也就是说，语音成分的配搭要服从一定的格式。有许多音位在汉语中只能出现在音节的开头(我们管它叫声母)，而不能出现在音节的末尾(我们管它叫韵尾)；能做汉语的韵尾的只是有限的几个音(北京话只有i、u、n、ŋ、r五个)；同时汉语声母里除送气音和塞擦音

① 谢尔巴(Л. В. Щерба)：《法语语音学》(фонетика французского языка)，1953年，俄文版，第21页。

如p^h、t^h、tʂ、$tʂ^h$是作为一个不可分的整体而外，再没有几个辅音音素结合为一个复合体的现象。因此，在汉语里就不可能出现像俄语здравствуйте、класс、英语spring、stuff这样形式的语音结构。汉语音节的高低升降在表达意义上起着重大的作用，"妈、麻、马、骂"四个不同的词的语音差别就在它的高低升降上，我们管它叫声调。声调在汉语或其他汉藏语系的语言里是语音结构中不可缺少的成分之一，可是在别的好些语言里，声音的高低升降不能成为词的辨义因素，因而它在词中的地位也就不能和汉语的声调相比。谢尔巴说："念疑问小品词'a'时，可以大声点儿念也可以小声点儿念，可以用低音也可用高音。这样，它们在物理和生理方面自然是完全不同的声音。但从语言学的观点来看，这完全是同一个小品词，同一个语音。"①像汉语语音结构的方式要服从一定的格式，要严格估计声调在词的语音中的辨义作用等等，也是汉藏语系其他语音的共同特征。当然它们也还各有自己的特点，比方，北京话的"开、齐、合、撮"四呼（一个音节的韵母元音前没有介音或是有i、u、y介音）就不是同系各语言，甚至也不是全部汉语方言的共同特征。此外，突厥语族诸语言有元音和谐律（同一语词的元音必须同是前元音或后元音，同是圆唇的或展唇的，等等），印欧语系诸语言辅音和元音结合方式的自由灵活（但也各有其自己的结构规律）和重音地位的重要性（有的语言重音有定位，有的无定位，有的虽无定位而有规律性，等等），以及各个语言语词内不同的音节划分原则等等，这一切都显示了：各民族语音结构的方式，是各有各的系统和特点的。所以成了这样，是从远古以来，从人类最初氏族

---

① Л. В.谢尔巴：《法语语音学》，1953年，俄文版，第20页。

社会的氏族语言起，长期发展演变，逐渐形成的。这里没有什么生理上的必然，只能从社会历史的条件下找到这些语音结构系统的答案。

4. 从语音的变化来看语音的社会性质

语音的变化我们将在本书第六章里详细讨论，这里我们只是简单地提一下。

语音的变化是跟语音的结构系统相联系的。结合中的语音是互相制约、互相影响的，由此发生了音变。语音的变化服从于一定的变化规则。但是同样的一些声音在不同的语言或方言里并不同样地变化。比方汉语北京话k、k^h、x或ts、ts^h、s在i的前面都变成了tɕ、tɕ^h、ɕ，广州话就不服从这个规律，所以北京话“轻”跟“青”是同音的，都是tɕ^{h}iŋ，广州音却是不同音的，“轻”是hiŋ，“青”是tʃ^{h}iŋ；另一方面，同样语音环境之下的一个音，在同一个地点，也不是在任何时候都发生相同的变化的，而是在一定的时代，可能有一定的变化。比方古代汉语声母有p、p^{h}和带音的b，而没有f，所以“疯、夫、飞、发”等字的古代读音声母都是p，后来才念成了f声母的。由此可见，语音变化并不具有物理规律的特点，也不是生理上的必然，语音变化只服从一定社会在一定时期内的音变规律。此外，语音结构的系统跟语音结合的变化也不是一成不变的，语言或方言的交流，也就是人类社会交际行为范围的扩大，可以使它发生变化。比方，北京话的k、k^{h}原来是不跟单元音a相拼的，所以，“加、家、假、嫁”都念做tɕia(声调不同)，“卡、恰、掐、恰”都念tɕ^{h}ia，可是由于吴语的影响，“轧账”的“轧”、“尴尬”的“尬”都念ka了，由于英语、法语等的影响，“咖啡”的“咖”，“卡车”“卡片”的“卡”也念k^ha了。足见不是北京人没有念ka、k^ha的能力，只不过是在某一个时期这地方的语言社会没有发这个音的习惯罢了。这也证明语音的社会性质是无可否认的。

5. 语音本身不结合成语词就没有表义的功能

前面咱们谈到语音的表义功能时曾经说过，语音只有结合为语词才能表达意义。这一点必须强调。曾经有人根据英语little（小）、bit（少量）、tip（尖尖儿）、thin（薄）等字都带一个短元音i，都有"小"的意思，而认为语词音素的本身可能跟一定的意义有一种自然的关系。但这种说法是没有根据的，早就有人拿也带有短元音i的big（大）、thick（厚）、fill（充满），或small（小）、broad（宽广）之类的例子反驳了它了。[①]语词是通过语音来表达意义的，但是表达意义的是整个的语词的声音，而不是构成语词的个别音素。语词的意义不是那些语音成分——音素——的意义的总和，没有结合成语词的个别的音素也不能有什么意义。比方说，汉语的"怪"字由g、u、a、i四个音素组成，这四个音素并不分担"怪"的意义。假如咱们把这四个音素换掉或去掉了一点儿什么，或是另行组织一下，咱们就根本破坏了"怪"这个词，而不是改变了它的意义的一部分，比方去掉其中组成部分的u就是gai"盖"，去掉i是gua"挂"，去掉g和u是ai"爱"，去掉ai是gu"顾"，去掉g是uai"外"，uai倒转来是iau"要"，g换成x是xuai"坏"，i换做n是guan"惯"，a换做e是guei"贵"，等等，但这都是跟"怪"全不相干

① 参看巴默尔（L. R. Palmer）：《现代语言学导论》（*An Introduction of Modern Linguistics*），1936年，第7页。

的语词，这些词的意义也都是整个词的语音结合整体的意义，你说“怪”不“怪”？——语音音素本身没有表义的功能，除非它结合成语言中的词，而词的意义则是人类社会给予它的，这也说明了语言的社会性质。

第三章　语音的分类

一　元音的分类

1. 元音和辅音

人类的语音可以分做元音和辅音两大类。咱们已经说过，呼吸的气流通过声带之间的声门，再受到口腔、鼻腔的节制或共鸣，就构成了语言的音素。当声带放松，声门敞开，气流能从声门自由通过的时候，声带是不颤动的，发出来的声音就是不带音的噪音；当声带靠拢，气流从声门的狭缝挤出的时候，声带就发生颤动，发出来的声音经过共鸣就是带音的乐音。一般地说，平常说话，元音总是乐音①，只有耳语的时候元音才完全不是乐音；辅音有的是不带音的，也有的是带音的，因此有的是纯粹的噪音，有的是噪音而兼带或多或少的乐音成分的。从听感来说，元音总比辅音清晰、响亮。

元音只受口腔开合、舌体升降或嘴唇圆展的节制和共鸣，气流出声门以后，在口腔的通道上受不到发音器官任何部位的阻碍；各

---

①　元音的基础是乐音，虽然严格地说，它也带有很微小的噪音成分，而乐音成分是主要的，那很微小的噪音成分可以不计，所以我们说元音总是乐音。

种辅音却是由气流经过口腔或鼻腔，受到发音器官不同部位的阻碍而形成的。

区分元音和辅音的标准有三个因素：(1)元音的气流在口腔遇不到什么阻碍，而辅音的气流得克服它所遇到的不同形式的阻碍才能通过；(2)发元音时发音器官(包括共鸣器的全部腔壁)是均衡地保持紧张的，而发辅音时只有克服阻碍的那一会儿遇阻的那一部分是紧张的，其他的部分并不紧张；(3)元音的气流较弱，而辅音，特别是不带音的辅音，气流较强。[①]这里，发元音时发音器官没有障碍气流的阻碍是主要的，因为噪音是由于阻碍形成的；同时也正因为没有阻碍，所以发音器官中就没有某一部分特别紧张的现象，气流能自由送出，也就比发辅音时要弱得多了。

过去的语言学家曾经用不同的标准来分辨元音和辅音：器官的标准(气流通路的通塞、宽狭等)、听感的标准(响度或有无摩擦成分等)和前后结合的标准(某个音素在音节中的地位或上下文的连读情形等)；可是用这些标准衡量出来的结果，所包括的范围又不一样，事实上元音跟辅音的界限有一部分并不是那么严格的，[②]比方，咱们说"五一"两个字，有时候把气流的通路放宽些不教它发生摩擦，念出来的是[u]和[i]两个元音；有时候舌面稍稍向上抬一点儿，就会发生轻微摩擦，成了辅音性的[w]、[j](我

---

① 发元音跟辅音时气流的强弱可用下法验证：点一支香或一支蜡烛放在嘴面前，依次念三个音：不带音的辅音f，带音的辅音v，和元音a，你可以看出念第一个音时香的烟或烛焰摇动得最厉害，念第三个音时摇动得最轻微。

② 比方，派克(Kenneth L. Pike)的《语音学》(Phonetics，密西根大学，1943年)第五章"分类的标准"，就曾经以整章的篇幅评论各家区别元音跟辅音的困难。最后他给制订了两个新术语：vocoid和contoid——他说vocoid是气流通过口腔时在舌上中间的部分遇不到阻碍，并且在口腔不形成摩擦的声音(包括通常称为"元音"的音以及像[ɹ][w][j]之类的"元音音渡"和[h])；别的就叫contoid(见该书第五、七两章)。

们管它叫“半元音”）后边拼着元音的[wu]和[ji]。究竟气流的通路狭到什么地步就会发生摩擦成为辅音，是一个问题。还有，有人提出，要说[i]是元音而[l]是辅音，仿佛元音[i]的气流通路却也并不见得能比[l]的通路宽些（不过[l]的气流是从舌的两边流出的）；就听感论，似乎[i]的响度也未必胜过[l]；要论前后结合的情形，[la]是一个音节，[ia]也还是一个音节。此外，像鼻音m、n、ŋ等不但都像元音一样听不出显著的噪音的成分，而且气流尽管在口腔某一部位遇到阻碍，照样能从鼻腔自由通过，照样可以自成音节（如上海话的“呒”[m̩]、“五”[ŋ̍]，金华话的“五”或崇明话的“你”[n̩]等）。

实际上，鼻音、边音、半元音等，跟塞音、擦音、塞擦音的区别比较明显。有人把前者归在一起，叫做“**响音**”，而把后者称做“**阻音**”。其实元音也在响音的范围以内。不过，在语音学中，习惯上还是分做元音和辅音两大类。

2. 从三个方面来分析舌面元音

通常咱们提到元音都是指舌面元音，舌面的状态、舌体的进退跟元音音色关系很密切。

不同的元音是由不同的口腔形式造成的，口腔的形式又跟唇舌的状态密切地联系着。口腔的开闭、舌位的高低前后、唇的平展圆敛等不同程度的变化造成不同式样的共鸣器，于是就形成了各种元音特有的音色。**每一个元音可以同时从这三个方面来分析：（1）口腔的开闭或舌头的升降，（2）舌头部位的前后，（3）双唇的圆展状态。**

为说明这三个方面，咱们不妨先试发几个处在极端地位的元音：舌尖抵住下齿背，把舌面的前部尽量向前硬腭提升，到刚刚可以避免发生摩擦的地步为止，嘴唇向两边伸展，软腭和小舌升起，堵住鼻腔的通路，这时发出的元音[i]（像北京话的“衣”）是一个极端。舌尖照样抵住下齿背，软腭照样上升，张开嘴唇，把舌面前部尽量向下降，这时发出的元音[a]（像北京话“安”“哀”起头儿的元音）又是一个极端。这是舌头前部升降的两个极限。以后再把舌头往后缩，把舌面的后部尽量向软腭提升，到刚刚可以避免发生摩擦的地步，两唇尽量合拢成一个小圆孔，这时发出的元音[u]（像北京话的“乌”）是另一个极端。若是把嘴唇大张，把舌头尽量向下降，向后缩，这时发出的元音[ɑ]（像北京话“昂”“熬”起头儿的元音）又是一个极端。这是舌头后部升降的两个极限。把这四个极端的四个点联成一个四角形图，图的上下表示舌的高低，左右表示舌的前后，这就是人类能够发出的舌面元音的大致范围（看图14元音舌位图）。在这个范围内，舌头的部位、嘴唇和口腔的形状可以有种种的不同。不过某一个语言或方言所有的元音总是有限的，咱们先按发音的方法掌握住某几个音做标准，然后把新遇到的音拿来跟它比较，就可以有一个尺度了。因此有人管图14所列的八个元音称为“标准元音”。

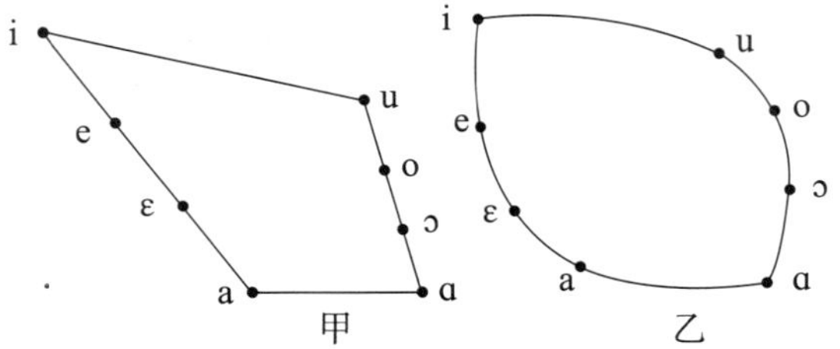

图14　元音舌位图

甲图和图上的八个所谓“标准元音”是采取琼斯（D. Jones）的说法。乙图是根据X光所摄各元音舌头顶点联成的图形，见鲁塞尔（O. Russell）的《元音论》。

认识清楚[i][a][ɑ][u]四个元音的部位以后，咱们就可以按照上面所说的三方面进一步分析更多的元音了。

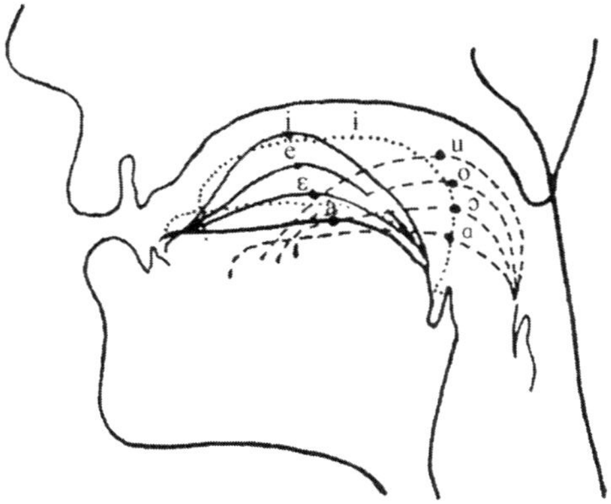

图15　元音舌位图

——前元音　------后元音　······混元音

（一）依口腔的开闭或舌位的降升来分类[①]，可以有：

（1）高元音或闭元音：口腔开度很小，同时舌面抬高，接近上腭，到刚刚不至于发生摩擦的程度，使气流的通路很窄。像北京话的“衣”[i]、“乌”[u]、“迂”[y]，汕头话的“余”[ɯ]，俄文字母ы的读音[ɨ]。

（2）次高元音或半闭元音：比闭元音开一些，或者说比高元音低一些。像北京话“耶”、“月”或无锡话“梅”的第二个音素或法国话été（夏）、thé（茶）的元音[e]，厦门“窝”或苏州“沙”的韵母或法语beau（美）的元音[o]，上海“干”的韵母或法语deux（二）、peu

① 口腔的开闭跟舌头的升降是相应的：口腔开，舌头自然降；口腔闭，舌头自然升。有人把口腔开闭和舌头升降作为元音分类的两个方面。我们为说明两项的密切关联，把它们并做一项。

（少量）的元音[ø]，北京话的“俄”〈e〉[ɤ]。

（3）次低元音或半开元音：比开元音闭一些，或者说比低元音高一些。像厦门的“乌”或英语saw（看见）的元音[ɔ]，广州“爹”或宁波“三”的韵母，法语même（同样的）的ê[ɛ]，广州“靴”或浦东“卒”的韵母，法语Bœuf（牛）、peur（恐怖）的元音[œ]，松江“色”的韵母或英语but（但）、much（多）的元音[ʌ]。

（4）低元音或开元音：口腔开度最大，舌头也下降到最低的程度，音流的通路最宽。像北京话的“啊”〈a〉[ᴀ]，宁波话“鞋”的韵母[a]，上海口语“太”的韵母[ɑ]，南京话“大”的韵母[ɒ]。

（5）中元音：口腔不太开也不太闭，舌头不太高，也不太低。像北京话“你的”“来了”中轻读的“的”跟“了”的韵母[ə]。发元音[ə]时，口腔呈最自然的状态。此外，如常熟“梅”的韵母[ᴇ]，丹阳“木”的韵母[o̞]，则是舌体靠前或靠后的中元音。

以上的分类并不能概括人类语言中所有的元音。舌头的部位跟口腔的开闭，活动的范围是很大的，可是都可以从比较中决定它的地位。比方说，丹阳跟常熟“海”的韵母或英语at（在）、hat（帽）的a[æ]是一个介乎[ɛ]与[a]之间的元音，因而咱们知道它是一个比次低元音稍低或比半开元音稍开的元音，那就没有必要为它另立一个名目了。

（二）依舌头部位的前后来分类可以把元音分做三类：（1）前元音，（2）后元音，（3）央元音（有人采取“混元音”的名称）。比方说，北京话的“乌”[u]跟“迂”[y]，同是高（闭）元音，嘴唇的形状也一样，所不同的只是舌位的前后不同：念[y]时舌头前伸，舌尖下垂并靠着下齿，舌面前部升近硬腭；念[u]时舌头向后缩，舌尖离开下齿并保持下垂，舌面后部升近软腭，所以[y]是前元音而[u]是后元音。俄语的 ы[ɨ]舌面整个地向上腭上升，而舌尖也稍稍向前上伸，是介于前元音跟后元音之间的央元音。[①]

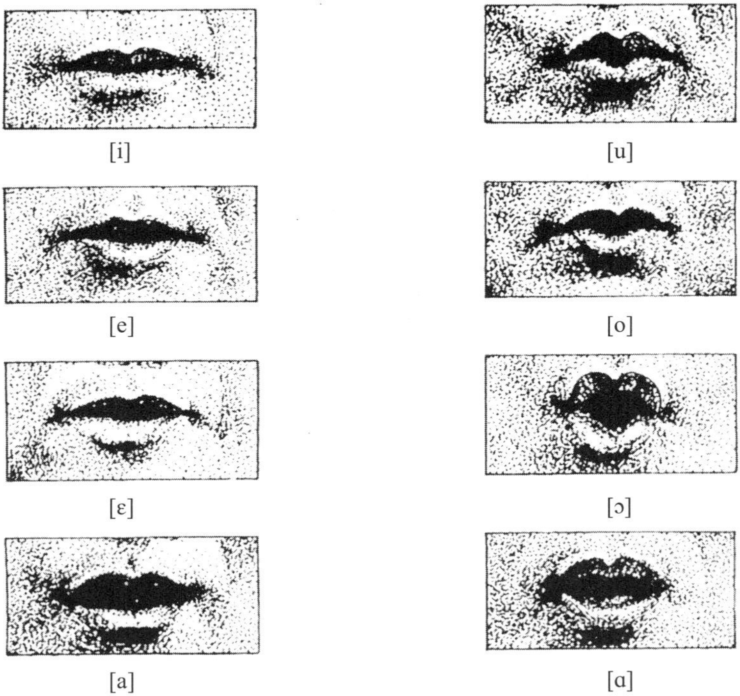

图16　元音口形图

（三）依两唇圆展的程度来分类，可以把元音粗略地分成两种：

（1）圆唇元音：两唇撮敛成圆形。如[u]、[o]、[ɔ]、[y]、[ø]、[œ]等。

（2）不圆唇元音：两唇舒展，成扁平形或保持自然状态。如[i]、

---

① 看苏联科学院编《俄语语法》卷一，1953年，第60页。俄语 и，у，ы 的舌位比较如图17。

[e]、[ε]、[a]、[ɑ]、[ʌ]、[ɤ]、[ɯ]、[ə]等。

实际上各元音嘴唇圆展的程度并不一样，假如再细分一下，又可分为五级：

1. 特展(0度)：像[i]、[e]、[ᴇ]、[ε]、[æ]、[a]等，嘴唇向两旁伸开比较扁平。

2. 中性(1度)：像[ɨ]、[ə]、[ɯ]、[ɤ]、[ʌ]、[ɑ]、[ᴀ]等，嘴唇成自然状态。

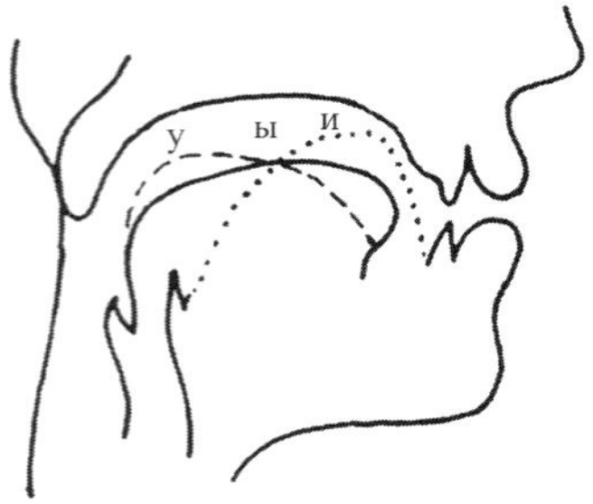

图17　俄语 ы 与 и，у 舌位比较图

3. 略圆(2度)：像[œ]、[ɔ]、[ɒ]等，嘴唇略成长圆形。

4. 圆(3度)：像[o]、[ø]等，嘴唇成圆圈形。

5. 最圆(4度)：像[u]、[y]等，嘴唇撮敛成一个小圆孔。

大凡咱们发元音的时候，最自然的趋势，前元音跟央元音常常是不圆唇的，后元音除了最开的低元音[ɑ]，常常是圆唇的。因此有人管这样的元音(如[i]、[e]、[ε]、[a]、[ɑ]、[ɔ]、[o]、[u]等)叫正则元音；相反的就叫非正则元音，如[y]、[ø]、[œ]、[ʌ]、[ɤ]、[ɯ]等。咱们练习发前元音，一定得先把不圆唇的发正确了，然后保持原来的舌势，把两唇撮敛成圆形，就成了相对的圆唇元音，如[i]∶[y]，[e]∶[ø]，[ε]∶[œ]。同样地，学发后元音，一定先把圆唇的发正确了，然后保持原来的舌势不变，把嘴唇向两旁舒展，就成了相对的不圆唇元音，如[u]∶[ɯ]，[o]∶[ɤ]，[ɔ]∶[ʌ]。央元音也一样，假如咱们先把[ɨ]发正确了，把嘴唇撮圆，就会读出它的相对圆唇音[ʉ]。

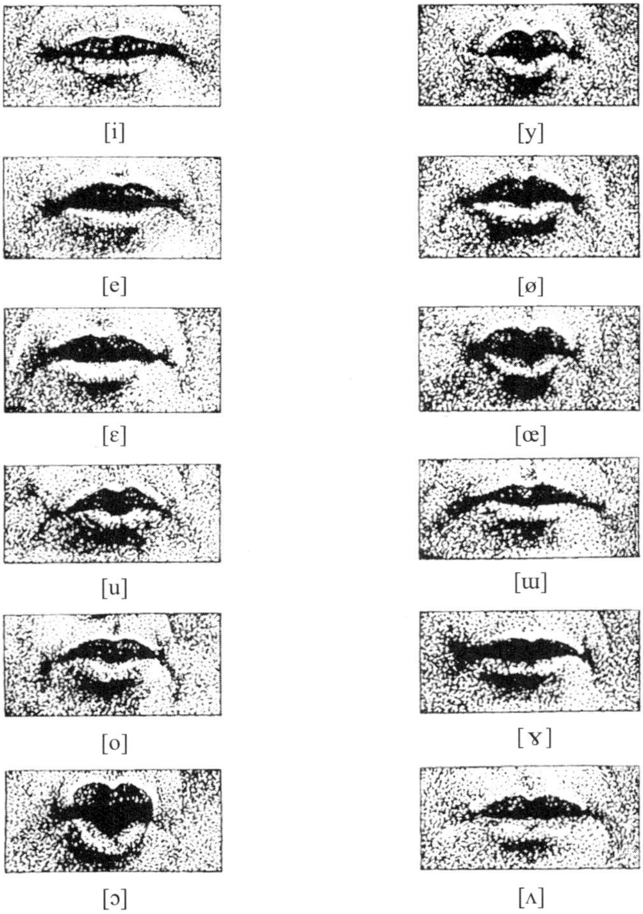

图18　圆唇和不圆唇元音对照的口形

每一个元音都可以根据以上的三方面来分析，来分类，来学习、掌握。比方说，咱们可以说元音[i]是一个最高(闭)的不圆唇前元音，[ɒ]是一个最低(开)的圆唇后元音等等。**每一个舌面元音都可以从这几方面来跟它位置邻近的元音去比较，去琢磨。**比方说，有一个元音[ɜ](温州“好”的韵母),咱们知道它是一个次低(半开)、不圆唇的央元音,只要你能把[ɛ]跟[ʌ]发准,揣摩[ɛ]跟[ʌ]口腔的开度、嘴唇的形状和舌位的高度,再注意发[ɛ]和[ʌ]时舌头抬高的部位,发一个既不是舌面前部抬起也不是舌面后部抬起的央元音,再拿它跟你所会发的[ə]来比较:发音的方法、舌头的形状是不是相似的,是不是发[ɜ]音时舌头又比发[ə]音时稍稍下降了一点,那就可以发对了。如果你照刚才这个[ɜ]音保持发音器官其余部分不变,单把嘴唇稍稍拢圆,你又会得到一个跟[ɜ]相对的圆唇音[ɞ](宁波“小”的末一个元音)。

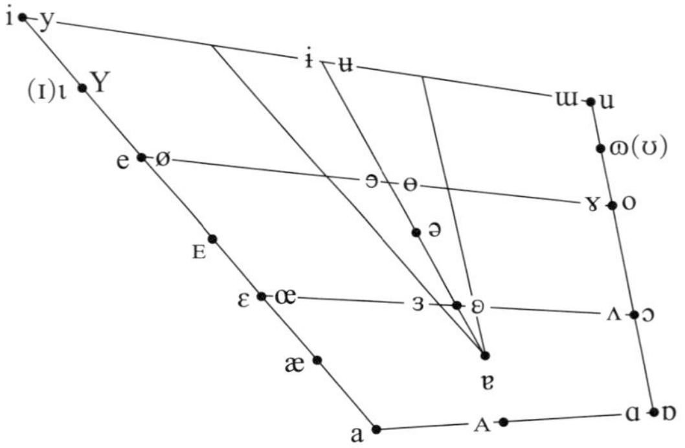

图19　国际音标元音图

同样地,假如咱们知道[ɘ]是介乎[e]跟[ɤ]之间的央元音,[ɵ]是[ɘ]的圆唇音,咱们可以用同样的方法去学习它。假如你遇到一个元音[ɐ],你可以把舌头按念[A](北京话“啊”)的样子稍稍升高一点儿,或者让舌头比念[æ]的样子退后一点儿,保持自然状态,那就可以发对了。

根据上边的元音图,你可以比较它们的关系,学会这个图上全部的元音。最好先搞清楚你自己的方言中所有的元音处在什么位置,这对于比较会大有帮助。舌头的调整除了利用关于元音的器官部位形式等的知识外,**还要靠耳朵的分辨来校证**,所以语音学得靠口耳的传授，至少要有一套好的录音带，好让咱们模仿发音，帮助咱们训练耳朵的听感。

当然，到具体某个语言，绝不能同时有这么多舌面元音。我们把汉语普通话的舌面元音舌位图(图20)放在下面，以供参考。

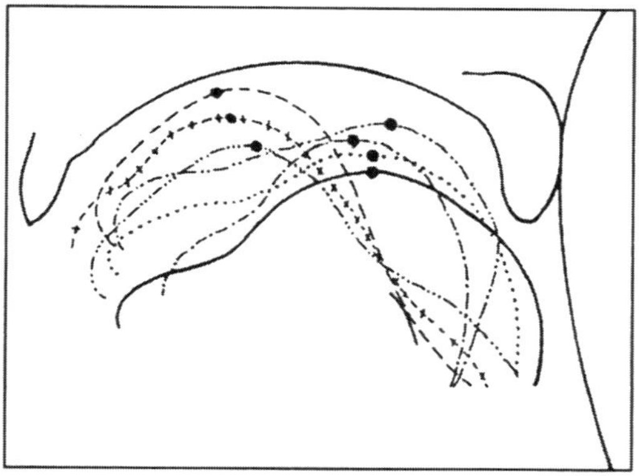

图20　由重叠法得到的汉语普通话元音舌位图

(引自周殿福、吴宗济，1963)

3. 舌尖元音

以上所说的都是舌面元音。但是在汉藏语系的语言里还有一种由舌尖起作用的元音，像北京“资”“之”、上海“书”、湖北应山“须”的韵母，这便是舌尖元音。

读舌尖元音的时候口腔都较闭，但是，舌尖既可以向前伸，靠近齿龈的前部，也能向后翘，靠近齿龈的后部，嘴唇的圆或不圆也影响它的音色，所以分析舌尖元音应该注意：(1)舌尖活动的前后，(2)嘴唇的圆展。

现在把它列一个表在下面：①

唇＼舌	舌尖前	舌尖后
不圆唇	ɿ	ʅ
圆唇	ʮ	ʯ

在念不圆唇舌尖前元音[ɿ]（北京话“资”“雌”“思”的韵母）的时候，声带绷紧，发生带音的气流，软腭和小舌上升，挡住鼻腔的通路，舌尖向前伸，靠近齿龈前部，像念摩擦辅音[z]的样子，让舌尖跟齿龈中间的通路稍稍放宽到刚刚可以减去口部摩擦的程度，就可以构成这个元音。

按照念[ɿ]的样子，再把两唇撮拢成一个小圆孔，像念[y]的样子，就成了圆唇的舌尖前元音[ʮ]（上海话“书”“如”“朱”的韵母）。

在念不圆唇的舌尖后元音[ʅ]（北京“知”“痴”“诗”“日”的韵母）的时候，舌尖向上翘起，靠近齿龈后部或硬腭前部，像念〈r〉[ʐ]的样子，让气流的通路稍稍放宽到刚刚可以减去摩擦的程度，就可以构成。

按照念[ʅ]的样子，把嘴唇撮圆，就成了圆唇的舌尖后元音[ʯ]（湖北应山“主”“屈”“须”的韵母）。

通常舌尖元音总出现在一个带摩擦成分的辅音像〈z〉[ts]、〈c〉[ts^h]、〈s〉[s]、〈zh〉[tʂ]、〈ch〉[tʂ^h]、〈sh〉[ʂ]、〈r〉[ʐ]等的后面，听起来

① 这里所用的符号是借用瑞典方言字母，不是国际音标。此外还可以有介乎[ʮ]跟[ʯ]之间而嘴唇向外噘的圆唇元音ɥ̢，就像英、德、法文的ch，sh[tʃ][ʃ]嘴唇向外噘的作用似的，比方老苏州“知”[tʂɥ̢]，只要在描写的时候说清楚了，也可以就用“ʮ”符号来标写。

像是前面辅音摩擦成分的延长和减轻，而有带音成分。可是它在有的方言里也能出现在别的辅音后面，如安徽绩溪："皮" [pʰɿ]、"地" [tʰɿ]、"里" [mɿ]……。

应该指出：舌尖元音跟舌面元音的高元音是大不相同的。舌尖元音舌头起作用的部分在舌尖而不在舌面，同时舌头跟口腔上壁接近的部位比前高元音 [i] 的部位还靠前。舌尖元音在欧洲语言里很少见，外国人标写它的时候很感困难。比方 [ɿ] 跟 [ʅ] 最流行的转写法就有以下种种形式：

	ɿ	ʅ
Vissière（跟BEFEO）	eu	e
四川传教士	e	e
俄文拼法	ы	и
Mateer	ï	ï
Parker	z	ï
Kühnert	y	i
Wade	ŭ	ih

有人因为俄文拼法借用俄文字母 ы（刚好汉语里没有这个音）来标写这个 [ɿ] 音，就以为汉语的舌尖元音也跟俄文 ы 一样是个舌面的央元音；其实认真读起来它们是差得很远的！（参看图21）

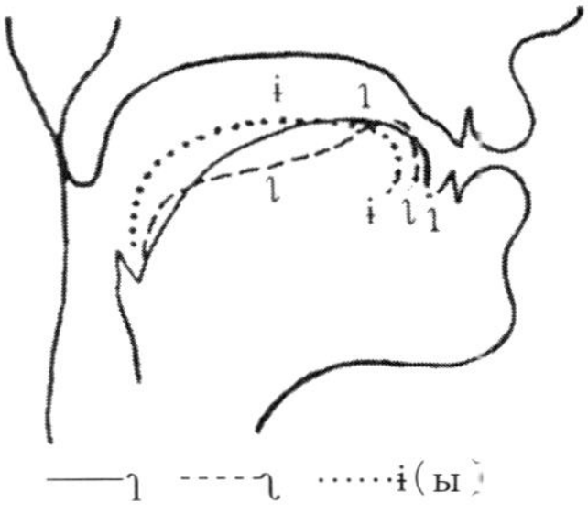

图21　舌尖元音与央元音 ɨ（ы）舌位的比较

4. 鼻化元音

上面所说的元音，发音时都是软腭和小舌上升，堵住鼻腔的通路，让带音的气流单从口腔流出的，咱们可以管它叫“口元音”（又叫“纯元音”）。假如在发元音时教软腭下垂，让带音的气流从口腔和鼻腔同时流出，引起口腔和鼻腔两种共鸣，这时发出来的元音就是“鼻化元音”（有人管它叫“口鼻兼音”或“半鼻音”）。

在理论上，任何口元音都可以有它的鼻化元音。但在实际语言里，各语言中鼻化元音发展的程度是不同的：有的一个也没有，比方汉语里的北京话、广州话，俄语，英语，壮语，苗语，维吾尔语等；有的有一些鼻化元音，像汉语里的厦门话（大多是白话音）、上海话（只有低元音[ɑ]和[a]会鼻化），德语（主要是法语借词）等；有的鼻化元音很发达，像汉语里的杭州话、常熟话、徽州话、昆明话，法语，葡萄牙语等。咱们用“~”浪纹符号放在元音音标上头表示元音的鼻化，像[ã][ɛ̃]等就是跟口元音[a]、[ɛ]等相当的鼻化元音。

元音鼻化的程度在各语言中的表现也不相同，大致可分两类：

（1）纯粹的鼻化元音：从元音的开始，软腭就下垂，打开鼻腔的通道，同时咽头后柱收缩，使带音的气流同时从口鼻通过并发生共鸣，这是完全鼻化的元音。像汉语里厦门“馅”[ã]、“婴”[ẽ]、“英”[ĩ]、“毛”[mɔ̃]的白话音，宁波、余姚、昆山“双”、“方”、“刚”等字的韵母[ã]或[ɔ̃]，昆明“恩”[ə̃]、“安”[ã]等或者法语enfant[ãfã]（儿童）、vin[vɛ̃]（酒）、bon[bɔ̃]（好）、un[œ̃]（一个）等字里的元音。

（2）半鼻化的或不完全的鼻化音：元音的前半是不带鼻音的纯粹口元音，只是后半鼻化。像汉语里南京“烟”[ie˜]、“安”[a˜]等字，上海、宝山、常熟、衢县“刚”“邦”“王”“光”等字的韵母[ɑ˜]或

[uɑ˜], 常熟、宝山“长”字的韵母[ɑ˜]等, 以及丹麦语、德语、葡萄牙语一些方言的鼻化元音都属于这一类。这类鼻化元音鼻化的程序比前一种要弱一些, 而且容易受它后面辅音的影响(比方上海话“方”[fɑ˜]:“方便”[fɑmbɦi],“方先生”[fɑnɕisã],“方格子”[fɑŋkʌtsɿ])。

汉语方言中的鼻化元音大部分由于它们后面-m、-n、-ŋ等鼻辅音的弱化和消失, 有时候它后面还带着鼻辅音的尾巴, 如苏州、黄岩“江”[kã^{ŋ}], 宝山“根”[kɛ̃^{n}]; 有的方言鼻尾完全消失, 变成纯口音, 如上海“三”[sᴇ]、“烟”[i], 绩溪“旦”[tɒ](=“带”)、“谭”[t^{h}ɒ](=台)。

5. 卷舌元音

北京话“儿”“耳”“二”等字, 在发音时舌尖朝硬腭前部翘起, 形成一种特殊的音色, 仿佛是一个带有卷舌音r色彩的[ə], 咱们用[ɚ]、[a˞]或[əʴ]、[ɐʴ]来标它——这就是所谓卷舌元音。许多汉语方言(如南京、杭州、靖江、昆明、重庆等)都有这个元音。

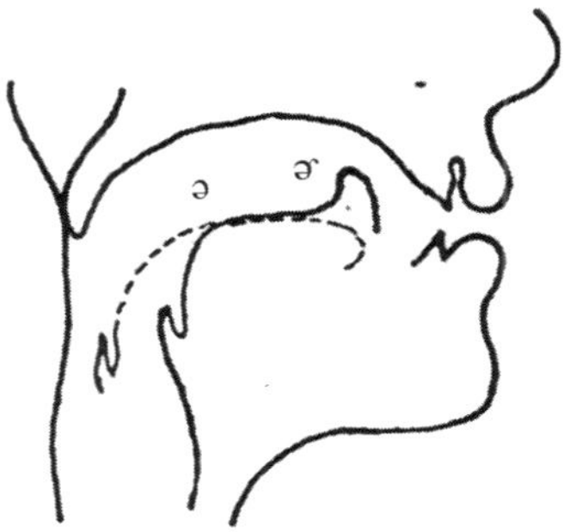

图22　卷舌元音ɚ和央元音ə的比较

北京话以及若干别的方言还有许多“儿化韵”, 像北京话的“花儿”“鸟儿”“人儿”“个儿”“灯儿”“缸儿”“今儿”“昨儿”“腿儿”“豆儿”“肚儿”“虫儿”“鱼儿”等等, 有的是原来的单纯元音加上卷舌的音彩; 有的是失去韵尾-i、-n、-ŋ等, 而主要元音加上卷舌的作用。别的语言，像美国话带*r*的元音①以及英国北部跟西南部方言带*r*的元音②，也都有这样的读法。咱们可以用类似的办法来标写这些元音。③

6. 长元音和短元音

有些语言同时有一套长短不同的元音，这不仅是音量的不同，并且是辨别词义的因素。比方来宾壮语：[paːt]（小产）：[pat]（转动），[pɔːk]（雨淋）：[pɔk]（束），[kiːm]（拔草）：[kim]（搜查），[tiːn]（打耳光）：[tin]（蜂），[kuːn]（官）：[kun]（汉人、汉语）……；三江侗语：[maːi]（儿媳）：[mai]（蒸），[laːu]（大）：[lau]（哄人），[naːm]（土）：[nam]（潮湿），[maːn]（蔓延）：[man]（日）……；盘古瑶语：[faːi]（西）：[fai]（沙），[naːu]（老鼠）：[nau]（舅爷）；金秀茶山瑶语：[kjaːk]（草）：[kjak]（贼），[waːŋ]（薄）：[waŋ]（直）……。外国语里也有类似的例子，比方芬兰语（索米话）：kaari[kaːri]（弧）：kari[kari]（浅滩）；vapaa[vapaː]（自由的）：vapa[vapa]（树条儿）。所以有时候咱们有必要把元音分成长元音跟短元音两类。

7. 紧元音和松元音

有些语言里常常有若干近似而对立的元音。比方英语的 heat[hiːt]（热）：hit[hit]（射），late[leit]（迟）：let[let]（让），pool[puːl]

---

① 克尼翁、诺特(J. S. Kenyon & T. A. Knott)：《美国英语正音字典》(*A Pronouncing Dictionary of American English*)，Springfield，1944年。

② 琼斯：《英语的读音》(*The Pronounciation of English*)，剑桥，1927年，第26页。《英语语音学纲要》，第200页。

③ 国际音标(修订至1947年)有三种办法来标写这些元音：$\text{e}_{\text{ɹ}}$、$\text{a}_{\text{ɹ}}$、$\text{ɔ}_{\text{ɹ}}$等，或者e^{r}、a^{r}、ɔ^{r}等，或者用e̢、a̢、ɔ̢。

(池)：pull[pʊl](拖)，或者德语的bieten[biːtən](显示)：bitten[bɪtən](请求)，stehlen[ʃteːlən](偷)：stellen[ʃtɛlən](放置)，Bruch[bruːx](沼泽地)：Bruch[brʊx](碎片)，Sohne[zoːnə](儿子)：Sonne[zɔnə](太阳)，Hüte[hyːtə](帽)：Hütte[hytə](茅舍)，人们常常用两套符号如[ɪ]、[ɛ]、[ʊ]、[ɔ]跟[i]、[e]、[u]、[o]来区别这些对立的元音。斯威特(H. Sweet)说[i]是一个窄的前高元音，而[ɪ]是一个宽的前高元音，他认为念[i]时舌头是隆起的，而念[ɪ]时舌头较平。可是他又说："要教一个窄元音读宽了，可以试着尽可能懒懒地不经心地来念它，用不着变动舌头的位置。"对于上述其他的元音他也这样处理。后来有些学者用松紧代替宽窄的说法①，也有人把元音的松紧仅指舌肌肉的松紧，并且主张元音松紧的说法仅限于应用到高元音上，如[ɪ]跟[i]，[ʊ]跟[u]。②

我国少数民族语言中，汉藏语系藏缅语族的语言往往元音也分松紧。**元音的松紧对立并不限于高元音**。例如云南盈江的景颇语i、e、a、o、u五个元音都各分松紧，共有十个元音音位；紧元音的发音特点是除了咽头和喉头的肌肉紧缩外，口的开启度较松元音略小。③四川喜德彝语有十个元音，其中ɿ、i、o、u、ɯ是松元音，ɿ̠、e、ɔ、u̠、a是紧元音。喜德彝语松紧元音的特点是：(1)发松元音时，有关的发音器官自始至终保持着均衡的紧张。发紧元音时，舌部和发音器官的其他全部腔壁都比发松元音时更紧张一些，而且不是均衡地保持这种紧张；由于有关的发音器官的活动

① 西味尔(E. Sievers)：《语音学纲要》(*Grundzüge der Phonetik*)，莱比锡，第4版，1893年，第98页。

② 琼斯(D. Jones)：《英语语音学纲要》(*An Outline of English Phonetics*)，纽约，第6版，1940年，第39—40页。

③ 刘璐：《景颇语简志》，1984年，民族出版社。

力逐渐增加，所以越往后越紧张(特别是咽头和声门)。(2)发松元音的气流较弱，发紧元音的气流较强。喜德彝语紧元音(除u̱、ɿ̱)的舌位一般比相当的松元音低。[①]哈尼语有20个元音，10个紧元音，10个松元音。[②]

在汉语里，比方说，北京话“哥哥”，第一个“哥”字是重读的，元音比较清晰，咱们用[ɤ]来表示；第二个“哥”字轻读，元音比较含糊，咱们用[ə]来表示；除了舌位的前后升降略有不同而外，咱们可以发现，念这两个字时，发音器官肌肉的紧张程度是不同的。又如广州人说“三心两意”，咱们用[saːm]来标“三”的声音，用[sɐm]来标“心”，[aː]跟[ɐ]除了元音的长短、舌位的高低前后略有不同而外，发音器官的紧张程度也是不同的：[a]比[ɐ]紧。不过，咱们既算它们是长短元音的分别，就可忽略其音质。

所以，根据发音器官肌肉的紧松，咱们又可以把元音分做紧元音跟松元音两类。

8. 元音表和几个描写元音的附加符号

我们说过，舌头在口腔的活动范围是很大的，出现在某个具体语言的元音不见得能刚好就在图19所示元音图的位置上，因此有时候为了严格的描写，咱们需要一些附加符号。现在把它列在下面：

---

① 陈士林、边仕明、李秀清：《彝语简志》，1985年，民族出版社。

② 李永燧、王尔松：《哈尼语简志》，1986年，民族出版社。

几个描写元音的附加符号

符号	位置	表示意义	例　　子
˔	在下	舌位稍升	松江“奥”ɔ[ɔ̝]，法语été[e̝te̝]
˕	在下	舌位稍降	上海“奥”ɔ[ɔ̞]，法语bleu[blø̞]
˖	在下	舌稍前移	苏州“墨”[mə̟]，英语up[ʌ̟p]
˗	在下	舌稍后缩	浦东“墨”[mə̠]，法语heur[œ̠r]
ɔ	在下	嘴唇较圆	吴江“玄”[ɦi̹ɵ]，法语dû[dy̹]
c	在下	唇较不圆	厦门“腰”[io̜]，日语u[u̜]
¨	在上	央元音	ï=ɨ，ü=ʉ，ë=ɘ=ə̝ ö=ɵ，ɛ̈=ɜ=ə̞，ɔ̈=ɞ
⌢	在下	不成音节	北京“牙”[i̯ᴀ]，“爱”[ai̯]，“奥”[au̯]
˳	在下	清化元音	维吾尔语“狗”it[i̥ʃt] 撒拉语“马”at[ʔḁt]
˜	在上	鼻化元音	上海“行”[ɦã]，法语dent[dã]
-	在下	紧元音	景颇语“钝”[to̱n]

所以有时候同一个音由不同的人来标写，也许用的符号不一定相同，就因为记音的人有他个人的习惯，在一定的范围内，上述符号也给大家一些选择的余地。不过，一般地说，附加符号只在必要的时候才用得着。

元音表

类别 / 前后 / 圆唇度 \ 口腔开闭 / 舌位高低		舌尖元音		舌面元音		
	前后	前	央或后	前	央	后
	圆唇度	不圆 圆	不略圆 圆圆	特开 中性 略圆 最圆	特开 中性 略圆 最圆	特开 中性 略圆 最圆
		0 4	0 2 4	0 1 2 3 4	0 1 2 3 4	0 1 2 3 4
高(闭)	最高	ɿ ʮ	ʅ ʯ ʮ	i y	ɨ ʉ	ɯ u
	次高			ɪ Y	ü	ʊ
中(中)	中高			e ø	ɘ ɵ	ɤ
	正中		$ə^{r}$	ᴇ	ə	o̜
	低中			ɛ œ	ɜ ɞ	ʌ ɔ
低(开)	次低		$ɐ^{r}$	æ	ɐ	ɒ
	最低			a	ᴀ	ɑ

二 辅音的分类

1. 什么是辅音

在正常的说话当中，一切不带音的噪音（如[p]、[s]、[x]等）、带乐音成分的噪音（如[b]、[z]、[v]等）和一切口腔有阻碍而乐音成分掩盖了噪音成分的声音（如[m]、[n]、[l]等）都是辅音。由于口腔有阻碍，要克服这种阻碍，所以气流较强，而噪音则是比发元音时较强的气流通过发音器官腔道中的阻碍时发生的。辅音的特征是：(1)气流通路有阻碍；(2)气流较强；(3)发音器官不发生阻碍的部分不紧张。构成辅音最显著的因素是气流在口腔所遇到的阻碍。阻碍是发音器官主动的部分（唇、舌、软腭）向被动的部分接近或靠拢的结果。气流通过时自觉地控制这些器官就可以发出各种不同的辅音来。

一个辅音可以从发音方法和发音部位两方面来分析，辅音的分类也可以从这两个方面着眼：

（1）发音方法——就是构成阻碍和克服阻碍的方式，也可说是哪种性质的阻碍。如汉语普通话〈b〉、〈p〉、〈m〉同部位，它们的分别就在构成阻碍和克服阻碍的方式不同。

（2）发音部位——就是发音器官的哪一部分发生阻碍。像〈b〉、〈p〉、〈m〉或〈d〉、〈t〉、〈n〉、〈l〉或〈g〉、〈k〉、〈ŋ〉、〈h〉都分别是同部位，而〈b〉、〈d〉、〈g〉的发音部位则各不相同。

2. 按发音方法来类别辅音

辅音按发音器官形成阻碍的方式不同有以下几种类型：

（一）阻音：发音器官的主动部分向被动部分靠拢，阻挡气流的通路。又分三类：

（1）塞音：唇或舌分别把口腔里各个不同的部位完全阻塞，同时软腭上升，鼻腔也闭塞住。比方〈b〉[p]，双唇闭合；〈d〉[t]，舌尖抵住上齿背或上齿龈；〈g〉[k]，舌面后部抵住软腭……气流完全阻塞。只有在阻塞作用解除的时候，气流才能迸裂而出，好像爆发的样子。所以又叫“爆发音”或“破裂音”。

发辅音时气流通路的阻碍可以分为三个阶段：（1）成阻——阻碍的开始形成，（2）持阻——阻碍的持续，（3）除阻——阻碍的解除。塞音的成阻叫闭合期，除阻叫破裂期。塞音是一发即逝的，所以有人管它叫“暂音”。一般地讲，塞音在破裂期才听到声音，所以它的成阻跟持阻是作势阶段，除阻是发声阶段。别的辅音持阻可以延长，有人管它叫“久音”，发声阶段包括持阻跟除阻两个阶段。

汉字起头儿的辅音叫声母，主要是发声阶段起作用。收尾的辅音叫韵尾，只有作势阶段。韵尾塞音没有除阻的破裂期，又称“唯闭音”。

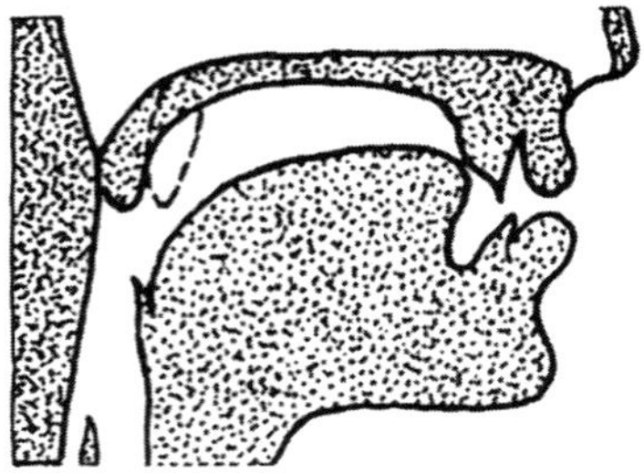

图22　塞音t与鼻音n软腭部位比较图

（虚线表示读鼻音时软腭的位置）

（2）鼻音：口腔中某一个部位也跟塞音一样，被唇或舌的主动部分完全阻塞，但是软腭下垂，鼻腔开放，带音的气流改从鼻腔通过的时候，鼻腔共鸣的乐音成分盖过了口腔遇阻的噪音成分。像[m]跟[p]、[n]跟[t]、[ŋ]跟[k]，口腔阻塞的情形是一样的，不同只在软腭的降升，鼻腔是否开放；鼻音在喉头是带乐音的。

也有不带乐音的鼻音，那就是声带放松，单有气流从鼻腔通过，像咱们擤鼻涕开头的声音一样，比方，贵州威宁苗语“炒面”[m̥au]、“太阳”[n̥u]的声母，叫做“清化鼻音”，较为少见。

（3）塞擦音：辅音的作势阶段是闭塞式的完全阻碍，发声阶段是摩擦式的不完全阻碍，气流从作势后口腔中所留的间隙摩擦而出。它的闭塞成分跟摩擦成分结合得很紧，听起来就像一个简单的音素，所以又叫结合音。汉语的〈z〉[ts]、〈c〉[tsʰ]、〈zh〉[tʂ]、〈ch〉[tʂʰ]、〈j〉[tɕ]、〈q〉[tɕʰ]都是塞擦音。塞擦音跟塞音的区别是：塞音不能延长，塞擦音的摩擦成分能延长。塞擦音是缓除阻的闭塞辅音。

（二）间隙辅音：发音器官的主动部分和被动部分接近而不是

完全阻塞，发出来的音素就是间隙辅音，又叫通音。分为三类：

(1)擦音：气流所通过的间隙在口腔的中缝，中缝以外部分受阻，所以又叫有阻通音。为了跟边擦音(看后面)区别，可以管它叫中缝擦音。擦音、塞音、塞擦音在发音时口腔都有阻碍，可以统称为“阻音”。擦音是阻音中的通音。

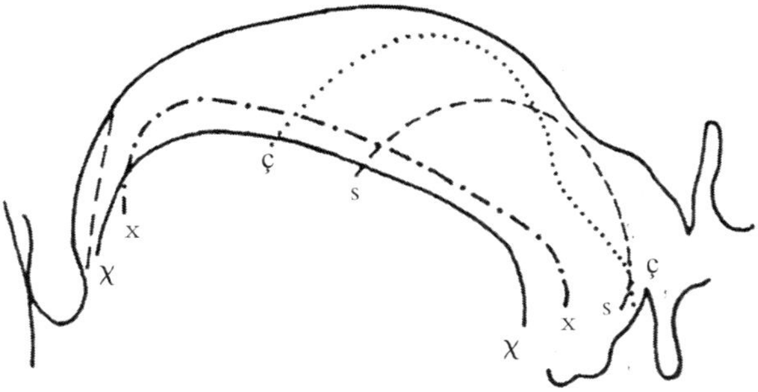

图23　各种擦音舌位比较

-----舌尖音s　—·—·—舌面后音x　……舌面中音ç　——小舌音χ
(小舌前的虚线表示发小舌音时软腭跟小舌的移动位置)

苏联语音学家又把擦音分为单焦点的跟双焦点的两类：比方[f]、[v]、[x]等，主动的发音器官接近被动的器官，给气流留出一条扁平的通道，[f]的气流间隙就有嘴唇那么宽，[x]的通道就在整个舌面跟软腭之间，这是一种情形。又如[s]，舌叶举向上齿或齿龈，两旁紧贴齿边，只在当中留下一道小凹槽似的小小的窄圆缝，这又是一种情形。这两种擦音，发音器官的其余部分对于气流不发生障碍，所以叫做单焦点的摩擦音。

双焦点的擦音，发音器官同时有两个点形成摩擦噪音。也有两个情况：比方汉语普通话的〈sh〉[ʂ]，俄语的ш，首先舌面前部或者舌尖翘起，像发[s]的样子，但是舌根也同时向软腭稍稍举起，近乎发[x]的样子(不过没那么高),舌头像个马鞍形。气流先在口腔后部遇到障碍,发出[x]式的摩擦,然后在口腔前部又造成[s]式的摩擦,两样合在一块儿,形成所谓啸音摩擦,这是一种情况。第二种比方英语的sh[ʃ],舌头前部跟发[s]一样,舌面中部升向硬腭,舌形并不像马鞍的样子,可是实际上一样;气流碰到两个障碍:一个像德语ich-Laut[ç],一个是[s]式的摩擦,两种摩擦加在一块儿。这两种情况叫双焦点的摩擦音。[①]

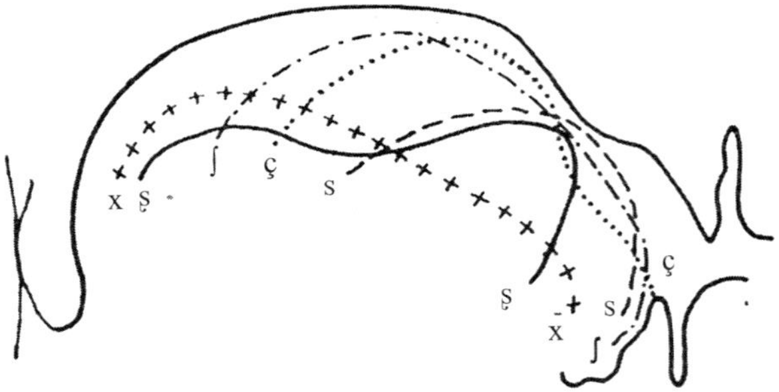

图24 单焦点跟双焦点擦音舌位比较

-----单焦点舌尖擦音s ——前后两个焦点的擦音ʂ
……单焦点舌面擦音ç —·—·—前中两个焦点的擦音ʃ
++++单焦点舌面后擦音x

(2)边音和边擦音:舌头的某一部分跟上齿、齿龈或硬腭相接触,气流在口腔中间的部分遇到阻碍,但是可以从舌头旁边的间隙流出的叫做边音。比方北京话的[l]。英语词末的l,俄语硬音 л,都是双焦点的边音,舌面后部抬起,与舌尖同时起作用,又叫舌根化的边音。国际音标写做ɫ或ʟ。有的边音摩擦成分较重,比方广东台山、广西博白"三"的声母[ɬ],叫做边擦音。

① 马图谢维赤:《普通语音学引论》,第38—39页。

（三）颤闪辅音：发音器官中有弹性的部分（双唇、舌尖、小舌）颤抖或弹闪，造成开闭交替式或一闪而过的气流的障碍。又分两类：

（1）颤音：双唇、舌尖或小舌的颤抖，使气流通道在短时间内发生多次急速的开闭，气流忽通忽塞，迅速交替，这样的辅音叫做颤音。其实这种音也可认为许多小爆发塞音连续而成的合体，不过开闭的交替很快，咱们的耳朵不容易听清，所以还该把它认做简单的音素。汉语方言里没有这样的音素，不过北方人赶驴马的喊声 trrr…后面却分明是个颤音[r]，跟俄语的p一样。小孩儿打嘟噜儿 brrr…是个双唇的颤音[ʙ]。

（2）闪音：闪音是一种变相的颤音，是发音器官有弹性的部分轻轻地一闪，不像前面所说的颤音那样连续地颤抖，而是只弹一次就完，好像发了一个很软滑的爆发塞音，但是时间极短，没能把气流完全闭塞住。英语中的very（非常）、hungry（饿）等词中的r就是闪音[ɾ]。

口腔辅音和鼻腔辅音

以上各种辅音除鼻音外，软腭都向上升起，挡住鼻腔的通路，气流单从口腔通过，所以只有鼻音是鼻腔辅音，别的音都是口腔辅音。这是因主要共鸣腔而分的两大类别，关键在于软腭和小舌的升降，是否挡住鼻腔的通道。

带音和不带音：清音和浊音

辅音气流从气管出来通过声门时，由于声带的颤动或不颤动，而有带音或不带音的区别：声带拉紧靠拢时，气流的冲动使声带颤动，发出的声音是带音的，咱们管它叫“浊音”；声带松弛、声门敞开的时候，声带不颤动，气流是纯粹的噪音，咱们管它叫清音。比如[f]跟[v]，[ʂ]跟[ʐ]，是同部位的两对擦音，它们的不同就在前一个是不带音的清音，后一个是带音的浊音。①

照理论上讲，每一个清音都可以配上一个浊音，可是事实上同一个语言的辅音却未必一对对整整齐齐地配起来：有的有清无浊，有的有浊无清。例如英语、法语、德语、俄语都有以下清浊相对的辅音：[p]—[b]，[t]—[d]，[k]—[g]，[f]—[v]，[s]—[z]……但是，[l]，[m]，[n]，[ŋ]就只有浊辅音，没有清辅音。不是说边音和鼻音只可能有带音的浊音，只不过在多数语言里这些辅音一般都是带音的罢了。在国内有些少数民族语言里，如苗语、勉语、布努语、彝语等，鼻音就有不带音的跟带音的两套，清浊相配，苗语边音也分清浊。

汉语方言除吴语、湘语跟闽语若干方言有浊塞音外，其余一般的都没有，所以汉人学俄、英、法语或其他外国语跟少数民族语不能把浊塞音念准。于是把俄语的гора[gɐra]（山）说成кора[kɐra]（树皮），把法语的bain[bɛ̃]（洗澡）说成pain[pɛ̃]（面包），把壮语的[daŋ]（鼻子）说成[taŋ]（灯）……。因此，自己的方言里缺乏浊辅音的人应该勤学苦练把浊音发准。这里可以提供一些练习发浊音的方法：

首先应该记住，正确地发浊音的关键是在发这个音的时候必须使声带颤动，然后从自己能读的浊音去推求不能读的浊音。

① 可以做这样的试验：念[v]和[z]时，把手指按在喉头尖角的上口（甲状软骨正中的上口），会感到喉头的颤动；用手指塞住两耳，会感到嗡嗡地响；念[f]和[s]时都不会有这样的感觉。也可以用仪器来检验：浪纹计（kymograph）的烟薰纸上画出的线条，不带音的是平滑的线纹，带音的是浪纹（看图25）。还有一种浊音计（叫做Zünd-Burguet氏浊音计），它的金属板片贴在喉头的一边，发浊音时弹性钢条上的小铃铛就在金属板片上颤动作响，发清音时则寂然不动。

a. b. c. d.

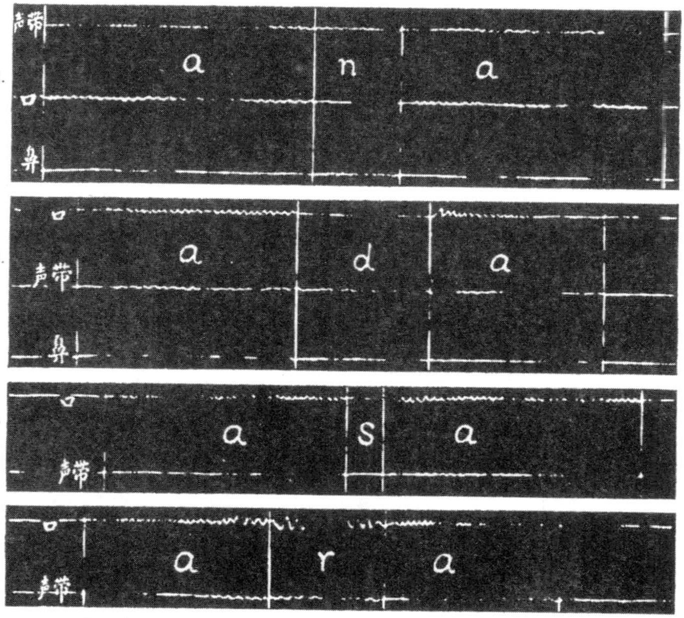

a. [ana]　　b. [ada]　　c. [asa]　　d. [ara]

图25　清音跟浊音的浪纹图

从上图可以看出：辅音前后的[a]是口元音，口腔和声带都颤动(浪纹)，鼻腔闭塞(滑线)；[n]是鼻响音，口腔闭塞(滑线)，声带颤动(浪纹)，鼻腔有乐音共鸣(浪纹)；[d]则鼻腔闭塞(滑线)；[s]是清音，声带也不颤动(滑线)；[r]是颤音，声带颤动，口腔浪纹振幅很大，也不很规则，说明它的气流比元音强，同时可以看出它因口腔急速的开闭交替所形成的噪音成分。

先把肺里吸满了气，张开嘴慢慢呼出，使下唇向上齿靠拢，到齿唇一相接触的时候，马上就可以听见一个[f]，这时所呼出的只是纯粹的气，自然是清音。假如一开始喉咙里就发出一种呻吟的声音[ə]，这时声带是颤动的，不要使这个[ə]音中断，一面照刚才那样用下唇去凑上齿，结果就发出了一个[v]音，这正是[f]的浊音。用同样的方法去比较[ʂ]跟[ʐ]、[s]跟[z]，可以体会出浊音的带音作用。

不妨连续地念：vfvf···，zszs···，ʐʂʐʂ···，等到由浊变清的方法完全感觉到，再把这个方法应用到m、n、l上去，于是可以念出mm̥ mm̥···，nn̥ nn̥···，ll̥ ll̥···等声音来。注意连续地发m跟它的清音m̥时，发音器官没有变化，问题只在声带的颤动不颤动（另外就是m̥的气流较强，看第四节），其他n跟n̥、l跟l̥的关系也一样。

最应该注意的是浊塞音。用不送气的清音[p][t][k]来替代浊音[b][d][g]固然不对，在不送气的清音前面加上个带音的鼻音（比方用[mp]代[b]、用[nt]代[d]等等）也不对。要想学会发真浊音[b]，可以先念pm pm pm···，嘴唇不要张开；然后练习念bm bm bm···，也是嘴唇不要张开。注意念[b]的时候清清楚楚是带音的。再连续地念bbb···，也别把嘴唇离开。（注意这样念时，可以听到带音的声音，可是气流出不去。要是气流能出得去，准是软腭下降，念成m m m了。）带音的[d]和[g]，同样可由练习tn tn tn···，dn dn dn···，ddd···，kŋ kŋ kŋ···，gŋ gŋ gŋ···，ggg···来学会，但也得注意不要移动舌头。这个练习也许不太容易做，但是它不但能使咱们学会发浊音，还能教咱们体会和掌握软腭的升降。

强辅音和弱辅音、送气和不送气

清音跟浊音的区别除了带音不带音，往往还有气流强弱的区别：清音的气流较强，噪音成分也比浊音强些；因而清音又称强辅音，浊音又称弱辅音。不过同是清音，也可以有强弱的不同：比方同一个“布”[pu]字，北京的声母是个弱清辅音，像是个不带音的[b]，有人用[b̥]来标写；上海话的声母却是个强辅音，只能用[p]来标写。

在汉语中，多数的方言没有清辅音跟浊辅音的对立，特别是塞音和塞擦音，只有清音，没有浊音。但是送气跟不送气的对立却是重要的辨字因素。[①]比方北京话“霸”[pa]和“怕”[p^{h}a]、“堆”[tuei]和“推”[t^{h}uei]、“干”[kan]和“看”[k^{h}an]、“知”[tʂʅ]和“痴”[tʂ^{h}ʅ]的不同，全在声母辅音的送气不送气。[②]本来任何语音都由气流造成，所谓不送气的辅音并不是没有气流出来，不过送气的辅音总比不送气的气流强。所以对不送气的辅音来讲，送气的辅音是强辅音。[③]

---

① 在许多别的语言里，送气不送气的区别不成为辨字的因素。比方说，俄语里不带音的塞音都是不送气的，即使有的地方有人把它读成送气的，他们也不觉得跟不送气的有什么分别。像 ч 跟 ц，我们听起来很像是个轻微送气的塞擦音，但苏联人却肯定它是不送气的。法语也一样，不带音的辅音都不送气。英语的p、t、k在重读元音前是送气的，在s后面或者短元音前面就不送气（看琼斯：《英语语音学纲要》，第127、130、134—135页），但他们不认为是两个对立的音素。德国人有人把字头重读元音前的或字尾的清塞音念成很强的送气音，也有人（中部和南部）把它读成很弱的清音[b̥][d̥][g̊]（看Viëtor《德语读音》，莱比锡，第5版，1913年，第37—38页），他们也不把它看作对立的音素。可是在汉语跟国内许多少数民族语言当中，送气跟不送气的区别却是重要的辨字因素。

② 关于送气跟不送气的分别，可用下面的方法来试验：

(a)用擦着了的火，或点亮了的蜡烛，放在嘴前面；

(b)拿一张一寸见方的薄方纸，用大拇指同食指夹住一角，把对角放在嘴前面。然后读：

〈b〉—〈p〉〈d〉—〈t〉〈g〉—〈k〉

用第一法，读前一个音时火光虽动，但不会灭；读后一个音时火光会灭。用第二法，读前一个音时，纸角不很动；读后一个音时，纸角一定被吹动了。还能看出：因声音遇阻部位的前后不同，〈p〉的送气量最强，其次是〈t〉，〈k〉的送气量较弱。

③ 有的地方送气音气流很强，气流通路很窄，有很明显的摩擦成分。如太原“他怕开会”[txa pxa kxai xuei]，有明显的舌面后摩擦成分；东台的“皮”[pçi]、“地”[tçi]有明显的舌面摩擦成分；兰州“披”“皮”的摩擦尤其靠前。就整个汉语的音韵结构系统来看，都该认为送气作用。

响音和噪音或阻音

闭塞辅音中的鼻音，虽然口腔完全闭塞，但是气流还能从鼻腔通过，无需强有力的气流来克服阻碍，带音气流在鼻腔引起共鸣，形成特殊的乐音。间隙辅音中的边音虽然口腔中线遇到阻碍，可是带音的气流能从舌的两边通过，因此气流也较弱，并在口腔引起共鸣，形成特殊的乐音。所以鼻音跟边音又叫塞通音。颤闪辅音，特别是没有摩擦的颤闪音，瞬息间的、塞通的交替极快，气流也较弱，不会造成强的噪音，乐音成分是显著的。它们也是响音。半元音更是介乎摩擦音跟高元音之间的轻微摩擦的辅音。有人把是否成音节作为区分高元音与半元音的标准。或者把半元音叫做“滑音”。以上这些辅音——鼻音、边音、颤音、闪音、半元音——都是

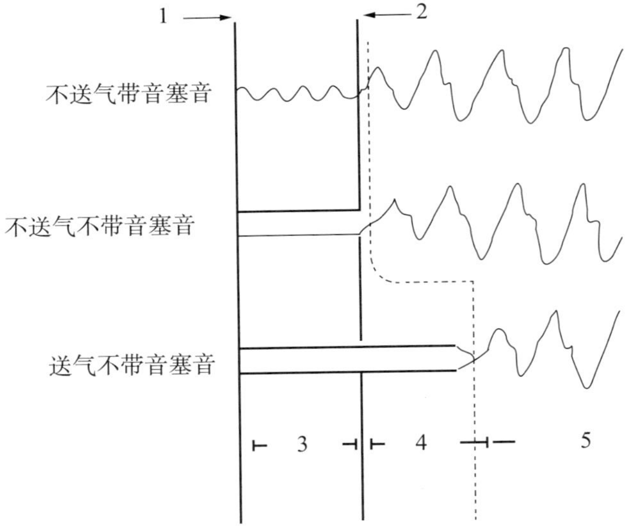

图26　不同发音方法的辅音发声时声门状态示意：

1.成阻；2.除阻；3.持阻；4.除阻后；5.元音

乐音成分占优势的辅音，比较接近元音，可以把它们并为一类，叫做响音(sonorant)。其余的辅音无论带音不带音，都是阻碍较大、克服阻碍的气流较强、噪音成分占优势的，一概叫做噪音，或称阻音(obstruent)。

3. 按发音部位来类别辅音 *

从发音器官构成阻碍的部位来看，辅音可以分做以下几类：

(一)唇音 以下唇为主动器官，又分以下两类：

(1)双唇音(从前叫重唇音)：双唇紧闭或相接近，造成气流的阻碍。

不送气清塞音[p]：如北京“八”“宝”“杯”的声音；广州“十”“页”“集”的韵尾也是[p]，但没有爆发式的除阻。

送气清塞音[pʰ]：如北京“怕”“碰”“破”的声音。

不送气浊塞音[b]：如湘潭、湘乡“婆”“办”“盘”的声母。英语baby[ˈbeibi](婴儿)的b。

送气浊塞音[bʱ]：如上海“婆”“办”“盘”的声母。

鼻音[m]：如北京“没”“买”“马”的声母，广州“咁”“耽”“心”的韵尾。

半元音或浊擦音[w]和[ɥ]：北京“乌”[wu]“云”[ɥyn]等字的起头儿常会出现这样的辅音。英语what[wɔt](什么)，法语oui[wi](同

---

* 这里我们按发音部位就每一个音标简单地举例说明。比较普通的音素只举汉语为例，汉语没有的举国内少数民族语或外国语的例子，汉语普通话没有的音素酌举必要的外国语例字说明。为了照顾读者便于学习，我们宁可牺牲排列次序的系统性，把汉语里面有的或比较容易发的音排在前面。合乎系统的排列法请参见第4节“辅音表”(本书第109页)。

意)、huile[ɥil](橄榄油)等字里也有这样的音。

清擦音[ʍ]:[w]的清音。美国人读why[ʍai](为什么)、which[ʍitʃ](哪一个)的wh时是这个音。

清擦音[Φ]:像吹火的声音,注意两唇是扁平的,不像[ʍ]是圆唇的,同时嘴唇也不怎么突出。诸暨(王家井)“夫”“赴”“府”的声母,扬武哈尼语的[Φo](雪),日语的フカイ[Φɯkai](深的)都含有这个音。

浊擦音[β]:[Φ]的浊音。如福州“枇杷”“土匪”第二个字的声母,诸暨(王家井)、松江“胡”“附”“父”的声母,扬武哈尼语[βa](猪)的声母。

擦颤音[ʙ]:当两唇轻轻接触而有强烈的气流冲出时,两唇发生颤动,就造成这个带摩擦性的颤音。小孩儿打嘟噜儿就是这个声音。如圣乍彝语[tʙy](管辖)、[tʰʙy](白色)、[dʙy](工具)等字当中包含的音素。不过彝语没有把它列为独立的音位。

(2)唇齿音(从前叫轻唇音):下唇向上齿靠拢。

清擦音[f]:如北京“父”、“吩”、“咐”的声音f。

浊擦音[v]:如上海“勿”、“烦”、“父”的声母v。

半元音[ʋ]:下唇跟上门齿轻轻接触,气流主要从两边流出,所以摩擦成分比[v]轻微。如北京“文”、“王”的声母。

鼻音[ɱ]:下唇紧贴上齿,气流从鼻腔流出。如祁门(西乡)“吃饭”的“饭”,声母是不带音的[ɱ̊],而韵母是带音的[ɱ̍],可以写做[ɱ̊ɱ̍];英语camphor[kæɱfə](樟脑)ph[f]前的m也是这个[ɱ]。

不送气清塞擦音[pf]:如西安“追”、“猪”的声母,德语Pherd[pfert](马)的pf。

送气清塞擦音[pfʰ]：如西安“吹”、“出”的声母。

(二)舌尖音 以舌尖为主动器官。又分以下四类：

(1)舌尖前音(又叫尖齿音，从前叫齿头音)：闭塞辅音舌尖紧贴上门齿背；擦音舌抵下齿背，舌叶接触两边的上臼齿和硬腭的一部分；气流从舌面中缝跟上齿当中的小凹槽挤出来(所以高元依斯威特的说法管舌尖前擦音叫“平叶声”[①])。[②]

清塞音[t]：如俄语[там][tam](那里)的т，法语tout[tu](全体)、德语Diktatur[dikta'tu:r]的[t]。有时候为了区别舌尖前塞音跟舌尖中塞音，咱们在舌尖前音的下面加个“̻”符号，写成[t̻][d̻][n̻]等。

浊塞音[d]：如俄语да[da](是的)的д，法语dame[dam](夫人)。

鼻音[n]：如俄语нос[nɔs](鼻子)的н，法语nord[nɔ:r](北)的n。

颤音[r]：如日喀则藏语[ra](山羊)、[ro](尸)，维吾尔语bar[bær](给)、rast[ras](真)，阿拉伯语[ħa:rra:h](热)、[baħr](海)的[r]，俄语рад[rat](高兴)的р。

清擦音[s]：如北京“三”、“四”、“岁”的声母s。

浊擦音[z]：如湘潭“似”、湘乡“字”的声母。俄语зал[zaʄ](大厅)的з、英语zone[zoun](区域)的[z]。

不送气清塞擦音[ts]：如北京“曾”、“子”、“醉”的声母。

送气清塞擦音[tsʰ]：如北京“曹”、“操”、“错”的声母。

---

① 高元：《国音学》，第25—26页。

② 英语擦音s跟z，发音时舌尖贴近上齿龈，但是听起来，跟舌尖抵下齿的也差不多。

不送气浊塞擦音[dz]：如湘潭“就”、“坐”的声母，英语woods [wudz]（森林）的ds。

送气浊塞擦音[$dz^{ɦ}$]：如宁波“藏”、“茶”的声母。

（2）舌尖中音（又叫尖龈音，从前叫舌头音）：舌头向前平伸，舌尖跟上门齿龈相接触。（舌尖中音跟舌尖前音舌位的不同看图27。）

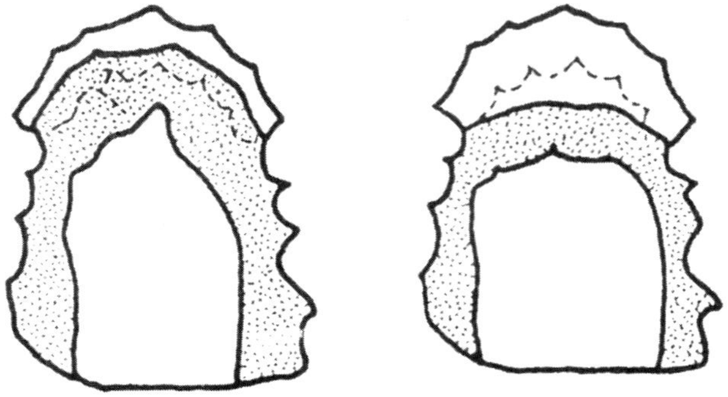

甲　　　　乙

图27　舌尖前音t、d、n跟舌尖中音t、d、n舌位比较假腭图

甲：舌尖前音　乙：舌尖中音

不送气清塞音[t]：如北京“大”、“刀”、“队”的声母〈d〉。广州“八”、“一”、“节”的韵尾。

送气清塞音[t^h]：如北京“汤”、“太”、“烫”的声母〈t〉。

不送气浊塞音[d]：如湘潭“桃”、“代”、“豆”的声母，英语do[duː]、did[did]（做）的[d]。

送气浊塞音[$d^{ɦ}$]：如上海“电”、“动”、“图”的声母。

鼻音[n]：如北京“男”、“能”、“拿”的声母，“您”、“难”、“念”的韵尾。

边音[l]：如北京“老”、“来”、“乐”的声母。

浊边擦音[ɮ]：跟念[l]一样，但是气流很强，在舌尖的两边造成很重的摩擦。如川南苗语[ɮo]（来）、威宁苗语[ɮa]（游）的声母。

清边擦音[ɬ]：跟念[ɮ]的样子一样，只是声带放松不颤动，是纯粹的噪音。如台山“三”、“四”的声母，藏语[ɬasa]（拉萨）、[ɬə]（南），龙州壮语[ɬa]（右），圣乍彝语[ɬa]（裤子）的声母。

浊擦音[ɹ]：如英语red[ɹed]（红）、rice[ɹais]（米）的r。它的发音部位跟[z]相似，只是舌尖接近齿龈后部，比[z]稍稍靠后，嘴唇圆拢，向外突出，跟[z]不同。马山壮语[ɹa]（找）、[ɹam]（水）、[ɹɔ]（知道）的声母也是这个声音。有时候摩擦得很轻，也可以认为是半元音。

擦颤音[ř]：舌头平伸，不像念俄文p(r)那样舌头向上翘，强烈的气流使舌尖颤动，造成摩擦噪音。如捷克语tri[tři]（三），reka[řeka]（河）。

（3）齿间音：舌头平伸，舌尖夹在上下齿之间，或者只向上齿靠拢（听起来一样）。有人把舌尖前音[ts][tsʰ][s]读成齿间音[tθ]、[tθʰ]、[θ]。一般认为这是发音上的缺陷，管它叫“大舌头”。但在英语、瑶语等语言里，这却是正常的音素。

清擦音[θ]：如歙县、莒县“苏”、“三”的声母，武鸣壮语[θa]（沙）、河池西山瑶语[θiŋ]（城墙）的声母，英语thin[θin]（薄），阿拉伯语tha:lith[θa:liθ]（第三），thalj[θalj]（雪）的th。

浊擦音[ð]：如荔浦民瑶语[bə ðoŋ]（舅父）第二个字的声母，英语they[ðei]（他们），阿拉伯语ha:tha'[ha:ða:]（这个），tha:t[ða:t]（本体）的th。

不送气清塞擦音[tθ]：如莒县“知”、“猪”、“张”的声音，英语eighth[eitθ]（第八）的th，北京有人把“资”、“兹”、“子”的声母读成这个声音。

送气清塞擦音[tθ^{h}]：如莒县“出”、“昌”的声母。

浊塞擦音[dð]：如英语read this[ɹiːdðɪs]，连读时当中的辅音。

（4）舌尖后音（又叫卷舌音或翘舌音，从前叫正齿音）：舌头向上翘起，舌尖向前硬腭靠。

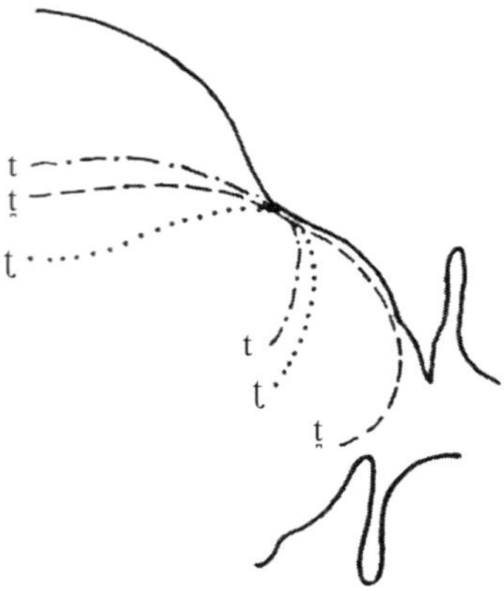

图28　舌尖前、舌尖中、舌尖后音塞音舌位比较图

-----舌尖前音

—·—·舌尖中音

………舌尖后音

不送气清塞音[ʈ]：如湘西苗语[ʈε]（强占）、威宁苗语[ʈo]（转回）、高波苗语[ʈɤ]（笑）的声母，越南东京“八”、“月”、“节”的韵尾。

清塞音[ʈ^{h}]：如英语heart（心）在英国北部或美国有时也读做[haːʈ^{h}]（有轻微的送气）。

浊塞音[ɖ]：如威宁苗语[ɖo]（军队）的声母，越南东京“顶”、“多”的声母，英语hard（硬）有时可读做[haːɖ]。

鼻音[ɳ]：如湘西苗语[ɳen]（媳妇）的声母，越南东京“乃”的声母或“安”的韵尾，英语learn[ləːɳ]（学）的r n。

闪音[ɾ]：舌尖轻轻弹一下。例如英语两个元音之间不重读的或字尾的r后面接上一个元音时，有人（特别是英国南部）就把它读做闪音[ɾ]：very[veɾi]（很），period[piəɾiəd]（阶段），a pair of[ə peəɾ əv]（一双）。

边音[ɭ]：如宗地苗语[ɭo]（大）的声母，英语（英国北部或美国一般读音）的pearl[pəːɭ]的rl。

不送气清塞擦音[tʂ]：如北京"制"、"止"、"战"、"争"的声母〈zh〉。

送气清塞擦音[tʂʰ]：如北京"常"、"出"、"产"的声母。

不送气浊塞擦音[dʐ]：如圣乍彝语[dʐə̣]（金钱）、撒尼彝语[dʐʊ̣]（腰）、威宁苗语[dʐə̣y]（少）的声母。

送气浊塞擦音[dʐʱ]：如威宁苗语[dʐʱiɛ]（牲口）的声母。

清擦音[ʂ]：如北京"诗"、"书"、"熟"的声母[ʂ]，俄语шаг[ʂak]（步子）的ш。

浊擦音[ʐ]：如西安、兰州、呼和浩特"热"、"肉"的声母，俄语жар[ʐar]（热）的ж。

（三）舌叶音 舌面边缘跟上臼齿相接，舌面向硬腭抬起，舌面前部向上齿龈和前硬腭靠拢，嘴唇往往是向前突出的。①

清擦音[ʃ]：如金华"虚"、"书"，临淄"扇"的声母，盈江景颇语[ʃa]（只）的声母，英语shoe[ʃuː]（鞋）、wish[wɪʃ]（希望）的sh。法语chou[ʃu]（白菜）、vache[vaʃ]（母牛），德语Chef [ʃɛf]（头）的ch等。

浊擦音[ʒ]：如盈江景颇语[ʒɐ]（需要）的声母，英语pleasure [pleʒə]（愉快）的s，法语joue[ʒu]（颊）的j。

不送气清塞擦音[tʃ]：舌头的形式跟[ʃ]相同，成阻时舌尖和前舌叶向上齿或上齿龈抵，阻塞气流通路，然后稍稍让出间隙。如

① 这一类辅音在不同的语言里发音的方法往往略有不同。例如德语嘴唇最突出，法语次之，英语有些人嘴唇不很突出。擦音有人舌尖向上，有人舌向下，像读s似的。舌头的部位也稍有前后的不同，例如英语就比德语、法语、俄语稍稍靠后一点。又，俄语的ш[ʂ]和ж[ʐ]实际上比汉语普通话〈sh〉[ʂ]和〈r〉[ʐ]的舌位要靠前一点，也不尽相同。

金华“准”、“居”，临淄“蒸”的声母，盈江景颇语[tʃe]（更）的声母。

送气清塞擦音[tʃʰ]：如金华“春”、“吹”的声母，碧江怒语[tʃʰuŋ]（姜）的声母，英语choose[tʃʰuːz]（选择）的ch。

不送气浊塞擦音[dʒ]：如碧江怒语[dʒu]（大象）的声母，英语joy[dʒɔi]（快乐）的j。

（四）舌面音 以舌面为主动器官，又分以下两类：

（1）舌面前音：舌面前部向齿龈和前硬腭的部位抬上去，舌尖不妨抵着下齿背。

不送气清塞擦音[tɕ]：如北京“经”、“济”、“教”、“具”的声母。

送气清塞擦音[tɕʰ]：如北京“请”、“去”、“瞧”的声母。

不送气浊塞擦音[dʑ]：如撒尼彝语[dʑe]（冷）、威宁苗语[dʑo]（种植）的声母。

送气浊塞擦音[dʑʱ]：如上海“求”、“强”、“健”的声母。

清擦音[ɕ]：如北京“喜”、“学”、“习”的声母。

浊擦音[ʑ]：如宁波“袖”、南通“容”“易”“认”的声母。

鼻音[ȵ]：如西安“女”、“念”、“娘”的声母。

不送气清塞音[ȶ]：用舌面前部读[t]，可以发出这个音来，如三江侗语[ȶu]（九），荔波水语[ȶu]（九）。

送气清塞音[ȶʰ]：如三江侗语[ȶʰa]（上去）、荔波水语[ȶʰin]（臂）的声母。

不送气浊塞音[ȡ]：如广西大瑶山瑶歌中“撑”[ȡɛːŋ]、“插”[ȡep]的声母。

（2）舌面中音：部位比舌面前音偏后一点。舌面中前部向前硬腭抬起，舌面前跟舌尖不妨抵着下齿。

不送气清塞音[c]：如永康、赣榆“鸡”、“居”的声母。

送气清塞音[cʰ]：如永康、赣榆“启”、“去”的声母。

不送气浊塞音[ɟ]：如贡山独龙语称汉族为[ɟa]，匈牙利语magyar[maɟaːr]（匈牙利人）的gy，法国也有人把Dieu（神）念做[ɟø]。

送气浊塞音[ɟʱ]：如永康“瞿”、“群”的声母。

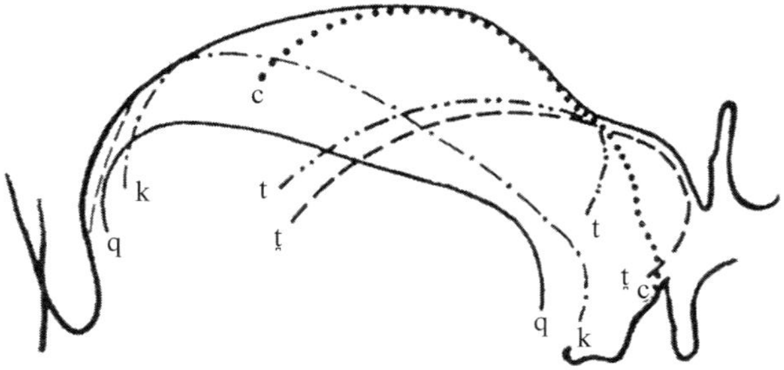

图29　各种塞音舌位比较图

－·－· 舌尖前音　-----舌面后音

－··－·· 舌尖中音　——小舌音

·········舌面中音

鼻音[ɲ]：如开封“女”、“念”、“娘”的声母，法语vigne[viɲ]（葡萄）、agneau[aɲo]（羔羊）的gn。

清擦音[ç]：如赣榆“希”、“兴”、“乡”的声母，德语ich[iç]（我）、recht[rɛçt]（正确）的ch。

浊擦音[j]：汉语许多方言用[i]或[y]起头儿的字都带有一些摩擦成分，成为[j]或[ɥ]。如北京“语言”[ɥy jɛn]，昆明“雨”、“云”[ji][jin]。此外，如英语yes[jes]（是的）、you[juː]（你）的y，德语ja[jɑ]（是）、Major[majoːr]（陆军少校）的j。

边音[ʎ]：舌尖抵下齿，舌面的中线跟前硬腭相接触，软腭上升，带音的气流从舌面的两边流出，往往带有较多的摩擦成分。这就是法国南部和瑞士法语中的所谓“湿l”（“l” mauille），例如法语

bail[baʎ](租约)、briller[briʎe](放光)里的l。[①]意大利文写作gl、西班牙文写作ll、葡萄牙文写作lh的都有这个读法。

(3)舌面后音(又叫舌根音,从前叫牙音):舌面后部向软腭或软腭与硬腭相交的那一部分靠拢或接近。

不送气清塞音[k]:如北京"改"、"革"的声母,广州"客"、"握"、"竹"、"笛"的韵尾。

送气清塞音[k^h]:如北京"开"、"口"的声母〈k〉。

不送气浊塞音[g]:如湘潭"共"、"柜"的声母,俄语газ[gas](气)的г,英语go[gou](去)、法语goût[gu](滋味)的g。

送气浊塞音[$g^{ɦ}$]:如上海"共"、"轧"的声母。

鼻音[ŋ]:如上海、广州"我"、"牙"的声母,以及北京"厅"、"堂"的韵尾。

清擦音[x]:如北京"河"、"海"、"湖"的声母。俄语хорошо[xərʌʂɔ](好)的х,阿拉伯语khabar[xabar](消息)、khali:fah[xali:fah](继位者)的kh。

浊擦音[ɣ]:如兰州"挨"、"饿"的声母,武鸣壮话[ɣa](找)、圣乍彝语[ɣa](后)、黔东苗语[ɣa](不)的声母。北京也有些人读"暗"、"爱"等字的时候,前面读出这个声母来。又如阿拉伯语gharb[ɣarb](西方)的gh。

(五)小舌音　舌面后部跟小舌相接触。

不送气清塞音[q]:如湘西苗语[qa](咬)、威宁苗语[qau](庄稼)、茂汶羌语[qar](分别)的声母。

送气清塞音[qh]:如维吾尔语[qhandaqh](怎样)、威宁苗语[qha]

① 但是法国北部没有这个音,凡是南部念[ʎ]的,北部都念[j]。

（教）的qh。

不送气浊塞音[ɢ]：如石门坎苗语[ɢɑu]（倒）的声母，阿拉伯语的[ɢamar]（月亮）、[ɢadam]（脚）。在苏联北方和高加索一些民族语言里也有这个[ɢ]音，湘西苗语[ɴɢa]（倒塌）的后一个辅音音素也是这个[ɢ]。

鼻音[ɴ]：如湘西苗语[ɴɢo]（挑）、[ɴqʰe]（渴）等字的第一个音素。

清擦音[χ]：如无锡、温州"好"、"海"的声母，茂汶羌语[χaːɹ]（肋骨）的声母。

浊擦音[ʁ]：如维吾尔语[ɔqʰuʁutʃʰi]（学生）、[baʁ]（花园），茂汶羌语[ʁu]（愿意，能）的[ʁ]。

颤音[ʀ]：如法语（大城市的读音）Paris[Paʀi]（巴黎）的r，但有些人念时颤动很微弱，成为闪音。也有人读做舌尖颤音[r]或擦音[ʁ]、[χ]或者跟舌尖颤音并用——如courir[kuriːʀ]（快走）。德、葡、瑞典、挪威等语言里也有时[ʀ][r]并用。

（六）喉壁音 咽头肌肉紧缩，舌根后部向后靠，跟紧缩前突的喉壁相接近，造成摩擦。

清擦音[ħ]：如阿拉伯语[ħikmah]（智慧）、[ruːħ]（精神）里的[ħ]。

浊擦音[ʕ]：如阿拉伯语[ʕain]（眼），[ʕʌrab]（阿拉伯人）。腓尼基语也有这个音，例如迦太基汉尼拔将军（Carthagionois annibal）的名字在原文应该读做[ħanniːbaʕal]，意思是"巴勒（腓尼基人的上帝）所爱的人"，当中就有[ħ]跟[ʕ]两个辅音。

（七）喉音 一向认为[h]跟[ɦ]两个音是喉部摩擦音，其实，喉音基本上就没有什么摩擦了，实际是通音。

清喉音[h]：声门打开，气流从声门送出。如广州、上海“好”、“海”的声母，英语hope[houp]（希望）的h。

浊喉音[ɦ]：如上海“红”、“鞋”的声母。实际这也是个带浊气流的无擦通音。

喉塞音[ʔ]：声带紧缩，把气流闭塞住，然后突然打开。汉语许多方言用元音a、o、e起头的字像“爱”、“安”、“欧”、“恩”等，常会在字头出现这个声音。有的方言这个辅音不可缺少，如上海、苏州、福州、厦门等。吴语入声字都有[ʔ]韵尾。云南玉溪凡是中古音见母字都变成这个声母，如“狗”[ʔɣu]、“街”[ʔɛ]、“缸”[ʔã]、“盖”[ʔɛ]等。（现在年轻人一般把它读成舌面后的[k]了。）德语里也有这个辅音，如all[ʔal]（全）。还有阿拉伯语的[ʔana]（我）、[ʔaħmad]（艾哈默德）。壮语、黎语元音开头的字都有这个声音，在浊音声母前面也往往有一个[ʔ]，如武鸣壮语[ʔba]（肩）、[ʔda]（骂）、[ʔwa]（抓），黎语[ʔaːu]（人）、[ʔben]（飞）、[ʔdaŋ]（脸）等。有人管它叫“先喉塞音”。

送气清塞音[ʔʰ]：像咳嗽的声音。如玉溪中古音溪母字“快”[ʔʰɛ]、“开”[ʔʰai]等。现在年轻人常常把它念成[kʰ]，跟普通话一样了。

4. 辅音表和若干表示辅音的附加作用和特殊现象的符号

同一横行的音标发音方法都相同，同一纵列的发音部位都相同，把这两项综合起来就是这个音标的全部说明。例如：

[m]：双唇的、鼻腔、闭塞、响辅音——鼻音。就是说，双唇闭塞、软腭下降打开鼻腔通路、噪音成分很微弱的带音辅音。

[tʰ]：舌尖中的、口腔、闭塞、噪辅音——送气清塞音。就是说，

辅音表

发音方法 \ 发音部位（音标）					唇音 双唇	唇音 唇齿	舌尖音 齿间	舌尖音 舌尖前	舌尖音 舌尖中	舌尖音 舌尖后	舌叶音	舌面音 舌面前	舌面音 舌面中	舌面音 舌面后	小舌音	喉壁音	喉音
鼻	闭塞辅音	响	鼻音		m	ɱ		n̪	n	ɳ		ȵ	ɲ	ŋ	ɴ		
口	闭塞辅音	噪	塞音	清	p			t̪	t	ʈ		ȶ	c	k	q		ʔ
口	闭塞辅音	噪	塞音	浊	b			d̪	d	ɖ		ȡ	ɟ	g	ɢ		
口	闭塞辅音	噪	塞擦音	清	pɸ	pf	tθ	ts		tʂ	tʃ	tɕ	cç	kx	qχ		
口	闭塞辅音	噪	塞擦音	浊	bβ	bv	dð	dz		dʐ	dʒ	dʑ	ɟʝ	gɣ	ɢʁ		
口	间隙辅音	噪	擦音 中缝擦音	清	ɸ.ʍ	f	θ	s		ʂ	ʃ	ɕ	ç	x	χ	ħ	h
口	间隙辅音	噪	擦音 中缝擦音	浊	β, w, ɥ	v	ð	z		ʐ	ʒ	ʑ	j, (ɥ)	ɣ, (w)	ʁ	ʕ	ɦ
口	间隙辅音	噪	擦音 边擦音	清					ɬ								
口	间隙辅音	噪	擦音 边擦音	浊					ɮ				ʎ				
口	间隙辅音	响	边音						l	ɭ		ȴ	ʎ, (ɨ)	ʟ, ɫ			
口	间隙辅音	响	半元音		w, ɥ	ʋ			ɹ	ɻ			j, (ɥ)	ɰ, (w)	ʁ		
口	间隙辅音	响	闪音						ɾ						ʀ		
口	颤闪音	响	颤音		ʙ			r							ʀ		
口	颤闪音	噪	擦颤音		ψ				ř								

舌尖紧贴齿龈、软腭上升、口鼻腔气流全部闭塞、噪音成分很强的、不带音的送气辅音。（表中没有[t^h]，只有t，咱们只要知道[t^h]是t的送气音就得了，可以从t的地位得到[t^h]的说明。）

[ȡʑ]（ȶɕ、ȡʑ可以写作tɕ、dʑ）：舌面前的、口腔、闭塞、噪辅音——不送气浊塞擦音。就是说，起先舌面前部紧贴前硬腭，软腭上升，气流完全闭塞，接着口腔阻塞的部分稍稍留出间隙、气流可以摩擦而过的、噪音成分较多的带音不送气的辅音。其余可依此类推。

几个表示辅音的附加作用和特殊现象的符号

1.腭化作用：音标右上角加一个小j字，或在音标下面加一个左向的小勾儿，表示发某个辅音的同时，舌头略向前移，舌面向硬腭抬起，像念i的样子。如：ţ=t^j，ḑ=d^j，ņ=n^j，ş=s^j等（俄语的软音即腭化音如ть、дь、нь、сь等）。

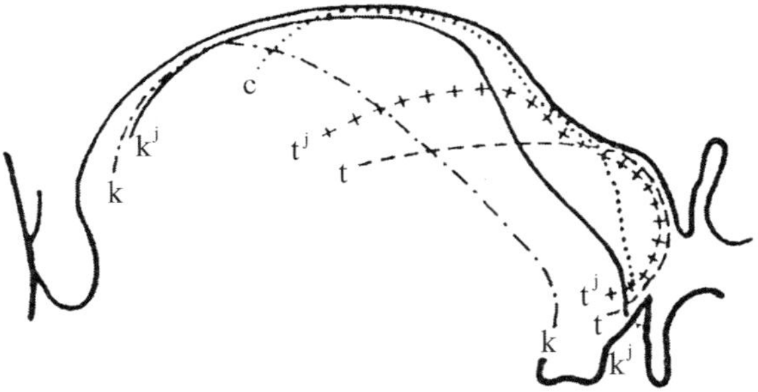

图30　腭化与非腭化塞音舌位比较图

-----非腭化舌尖前音　——腭化舌面后音
++++腭化舌尖前音　—·—非腭化舌面后音
………舌面中音

2.舌根作用：音标中间加一个“~”符号，表示发某个辅音的同时，舌根向软腭抬起，像念u的样子。如ɫ、đ、ƶ等，国际音标ʟ=ɫ=$l^ɣ$。也可以音标后的右上角加一个小的ɣ表示，如$p^ɣ$，$m^ɣ$，$t^ɣ$，$k^ɣ$，等。俄语的硬音л、英语字末的l或波兰的ɫ都是有舌面后作用的l。

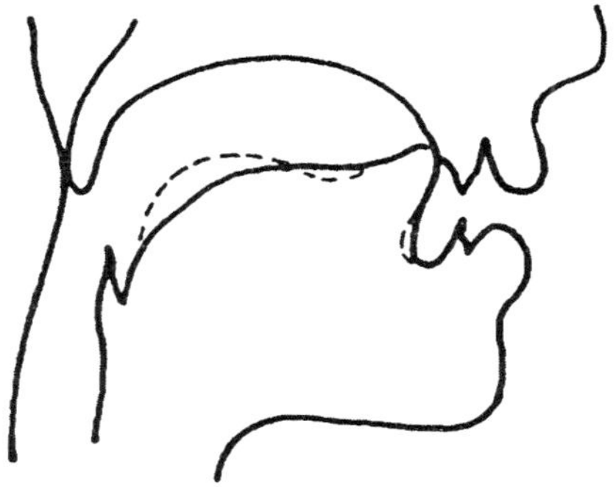

图31　l跟有舌根作用的ɫ舌位比较图

3.送气作用：送音右上角加个小h，轻微的送气加"‘"符号。如汉语的送气音p^h、t^h、k^h等；英语的送气音可写做p‘、t‘、k‘等。

4.唇化作用：音标右上角加小w。如n^w=圆唇的n等。

5.浊辅音清音化或气化：音标下加小圆圈"̥"表示声带不颤动。如：l̥是威宁苗语[l̥a]（绳子）的声母，法语peuple[poepl̥]（人民）的l；m̥是荔波水语[m̥a]（狗）、圣乍彝语[m̥a]（教）、威宁苗语[m̥au]（炒面）的声母；n̥是圣乍彝语[n̥a]（听）、荔波水语[n̥o]（鼠）、威宁苗语[n̥u]（太阳）的声母。

6.清辅音浊音化或声化：音标下加小尖角"̬"表示声带颤动。如s̬=z。

7.鼻化作用：跟元音鼻化的办法一样，上面加上个波形"~"符号，如h̃，独山水语[h̃u]（猪）。

8.二音同发：用"͡"或"͜"符号把两个符号连起来。如m͡ŋ表示双唇紧闭、舌面后部抵软腭的鼻音。必要时塞擦音也可以用这个连号。如t͜ʂ，t͡ʃ等。

9.齿化：下加"̪"符号。如舌尖抵齿背的t可写做[t̪]。

10.成音节的辅音：下加小直杠"̩"。如上海"五"ŋ̩，"呒"m̩，广州"唔"m̩，"吴"ŋ̩等。ŋ̩也可以把直杠写在音标上面，写做ŋ̍。

11. 长辅音：跟元音一样，长辅音后加两点“ː”，如“nː”，半长后加一点“ˑ”如“nˑ”。也有人用双写来表示长音。

12. 挤喉作用：右上角加一小撇“’”，表示喉部和其他部位同时造成的塞音，如p’、t’等。

13. 缩气作用：国际音标有ɓ、ɗ等符号，但为省便起见，不妨在普通音标的右上角加一个小尖角“<”表示吸气。如[f <]表示疼痛，接吻的声音是[pf <]或[pʍ<]等。

14. 搭嘴作用：国际音标为zulu语的c、q、x造了ɿ、c、ʖ三个音标，表示搭嘴作用，新近公布的国际音标中为搭嘴吸气音专造了几个音标，见附录。但这样的声音在国内语言中还没有发现有谁在正常的语言里使用。

第四章 语音的结合

一 音节

咱们说话是一句一句地说的，句子按意义的单位分成一个个的词，词在声音方面又可以分为一个个的音节——自然，也有一个词就是一个音节的。在汉语里，基本上一个方块汉字就是一个音节。[1]音节是由一个或几个音素组成的最小的语音片断。把词语分成音素，是语音学分析的结果，而不是所有人听觉的直接反应。所以虽然语音分析最后的单位是音素，但是比较容易觉察的语音单位是音节。凭咱们的听觉，或者从发音的观点来说，凭着肌肉的感觉，咱们能自然而然地把一句话分成若干片段，其中最小的片段就是音节。可是尽管实际上区分音节不是一件难事，一谈到音节的性质和区分音节的界限的时候，问题就来了。

古希腊人关于音节最早的定义是"包含一个元音或一个元音跟别的辅音结合而成的发音单位"。但是，许多语言里一个音节里可以有由几个元音构成的复合元音（见下），以及没有元音的音节（有时鼻音、边音甚至浊擦音也能成音节），所以，十九世纪以后就出

① 也有个别字不成音节的，如儿化字或儿尾字，在词语里那个"儿"字就不成音节了。但那是个别情况。

现了许多别的说法。

有人主张呼气说。像奥国斯托尔姆(J. Storm)就主张：用一次呼气力发出来的语音单位就是一个音节；呼气力最强的地方是音节的中心，最弱的地方是音节的分界线。比方[papa]，a的呼气力最强，是音节的中心，p呼气力最弱，是分界线。再一种是斯德特孙(R. H. Stetson)的动力单位说。他把音节作为一个动力单位，认为区分音节的关键是由于胸部鼓动所造成的气息压力的降升。①但是大家知道，辅音的气流比元音强，念元音时发音器官的紧张并不是因为呼气力的加强。而且咱们说话是一句句地说的，咱们一口气说一句话，气流是连续的，而不是一连串送气力的分数和，所以呼气说是不确切的。

比较流行的说法是西味尔跟叶斯柏森的响度说。他们按声音的响度(sonority，又叫盈耳度；叶斯柏森称Schallfülle②)把各个音素分做以下七级：(1)响度最低的是清塞音[p][t][k]等，其次是清擦音[h][f][s]等；(2)较响一点的是浊塞音[b][d][g]等，然后是浊擦音[v][z][ʒ]等；(3)再响一点的是鼻音[m][n][ŋ]等以及边音[l][ʎ]等；再向上是：(4)颤音[r][ʀ]等；(5)闭元音[u]跟[i]等；(6)半闭元音[o]跟[e]等；(7)半开和开元音[ɔ][æ][ɛ]等，而以[ɑ]为最响。③几个音素结合在一起，可以看它们的响度有几个高峰，响度

① 斯德特孙(R. H. Stetson)：《动力语音学》(*Motor Phonetics*)，《实验语音学荷兰文献》(*Arch. Neer. Phon. Exper.*)Vol.3，La Haye，1928年，第67页。

② 西味尔：《语音学纲要》§ 528—535；叶斯柏森：《语音学教本》(*Lehrbuch der Phonetik*)，柏林，1913年，§ 191。

③ 苏联托尔苏也夫(Г. П. торсуев)认为清擦音的响度大于浊塞音，见所著《英语语音学》(*Фонетика англuйского языка*)，第171页。瑞士德·索绪尔也把擦音排在塞音之上，见《普通语言学教程》。

的高峰就是音节中心，响度最低的地方是音节分界线。比方英语的people[piːpl]（人民）和civilization[sɪvɪlaɪˈzeɪʃn̩]（文化）：

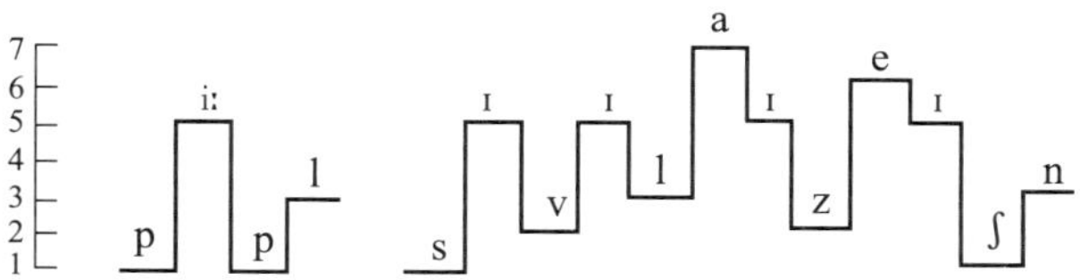

两个响峰，两个音节　　五个响峰，五个音节

音节中心：iː, l　　　　音节中心：ɪ, ɪ, a, e, n̩

但是大家都知道，北京话“五爱”[uaI]是两个音节，而它们连读起来似乎只是有一个响峰；俄语материализм[mʌtʲeriaˈliz m̩]有六个音节，按上面的办法也只有五个响峰，因为[a]的响度比它前面的[i]高：

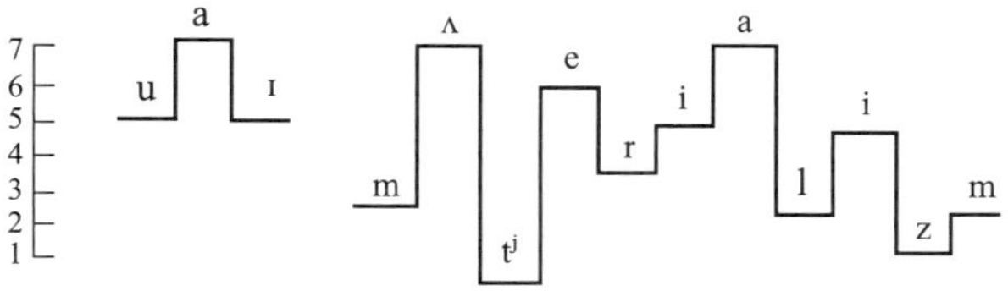

所以这个说法是有一定的用处（不能否定声音的响度和它跟音节成分的关系），但是它还不能作为决定音节的唯一标准。托尔苏也夫提到①：比方英语的indivisibility[ˈɪndɪˌvɪzɪˈbɪlɪtɪ]（不可分），七个[ɪ]，按说它们的响度应该是一样的了，可是事实上并不是一样响，用数目表示它们的等级是：

2 5 3 6 1 7 4

ˈɪn dɪˌ vɪ zɪ ˈbɪ lɪ tɪ

① 托尔苏也夫：《英语语音学》，第171—174页。

又如opportunity[$\overset{2}{\text{ˌɔ}}\overset{4}{\text{pə}}\overset{1}{\text{ˈtjuː}}\overset{5}{\text{nɪ}}\overset{3}{\text{tɪ}}$](机会)，事实上最响的是[uː]，但[ɔ]的“响度”比[u]大，所以音响(громкость)跟响度(сонорность)是两回事。再像英语的film(胶卷)和prism(三棱镜)都是两个音节，而俄语的фильм，призм却只读做一个音节；英语的star[stɑː](星)，[s]的响度应该比[t]大，但[stɑː]在英语却又是一个音节，碰到这些情形，响度说都不能圆满地解答。还要结合语言的特点和习惯。

琼斯是用响度说做决定音节的标准的(虽然他也稍稍提到一下长度、强度或特殊音调)，但是他说，实际上往往不可能决定一个音节的界限，因为没有法子确定响度最低的精确的一点在哪儿。比方letter[ˈletə](字)，他说塞音[t]根本没有响度，于是就不可能说在[t]的哪一部分是区分音节的。① 琼斯拿astray[əstrei](迷路)做例，他说许多教师按词的派生法把它分做[ə-strei]两个音节，而从响度的观点来看，[əs-trei]却是一个较好的办法，因为[s]的响度比[t]大一些。但他又说，[s]是相当短的，于是他的响度按惯例区分音节时可以不管，所以astray分音节的地方放在[s]的开头到[r]的开头之间的任何一点都成。② 从这里咱们可以看出，音节理论的响度说也不能绝对化。

谢尔巴根据说话时肌肉紧张的变化提出另一个解释音节的理论。③ 按照说话时肌肉紧张的增减交替，每一次肌肉紧张度的增而复减，就造成一个音节。紧张度最强的声音叫做成音节的或音节化的音素，或者叫音节的高峰(或中心)；不在音节的高峰上的、处

① 看琼斯：《英语语音学纲要》，第六版，1940年，第24页，101节及第54—55页，208节。

② 琼斯：同上书，第55页及原注2。

③ 谢尔巴：《法语语音学》第四章第一节，第79—80页；马图谢维赤：《普通语音学引论》，第69—70页。

在渐强或渐弱的过渡阶段上的声音，叫不成音节的或非音节化的音素。音节的分界线在下一次加力之前的、肌肉放松的成分上。肌肉的紧张可用弧线来表示①，比方，英语的indivisibility（不可分）[ɪndɪvɪzɪbɪlɪtɪ]，俄语的неделимость（不可分）：

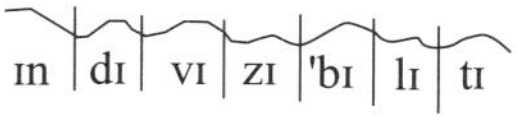

七个弧，七个音节。

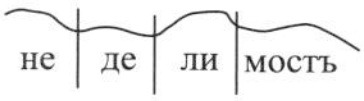

四个弧，四个音节。

在区分音节的问题上，谢尔巴特别注重辅音发音类型的作用。他说，每一个辅音可以有三种形式：(1)后强辅音：如北京话"打""炮""家""访"的声母辅音[t]、[pʰ]、[tɕ]、[f]，除阻阶段比成阻强；(2)前强辅音：如广州话"工""业""建""设"的韵尾辅音[ŋ]、[p]、[n]、[t]，成阻阶段较强；(3)两峰辅音或叠辅音：辅音的头尾（成阻与除阻）同样地加强而中间（持阻）较弱，像广州话"一段"当中的[tt]、"木工"当中的[kk]、意大利语atto、freddo当中的[tt]、[kk]、[dd]等。

每一种语言都有它自己的发音习惯，比方，汉语辅音大多数都是做声母的，都属后强辅音；做韵尾的是前强辅音，只有成阻。北京话和多数方言只有[n]、[ŋ]两个韵尾辅音，粤语还有[m]、[p]、[t]、[k]四个，还有的方言和语言有喉塞音韵尾[ʔ]；个别方言如湖北通城还有个[l]。俄语非重读元音之后，除了й[j]，任何辅音，都划归后一个音节，像вой-ско-вой（军队的）、о-тка-зать（拒绝）、растре-пать（弄散）等。德语则长元音后面的辅音是后强辅音，如Va-ter（父）、a-tmen（呼吸）的t都属下；短元音后面的辅音是前强辅音，如Gäs-te（客人）、konn-te（能）的s或nn都属上。

---

① "紧张弧线"的表示法见托尔苏也夫：《英语语音学》，第170页。

按辅音的类型和元音跟辅音相结合的方式，联系语词的语音构成历史，咱们可以把音节分为开音节（用元音收尾的）和闭音节（用辅音收尾的）两种。知道一个语言的语音结构特点，分辨音节就不是一件难事了。

语言本来是一种社会现象，研究语音不仅要从声音的发音特点来分析，同时也应该照顾到各个语音结构的社会习惯。谢尔巴的音节理论是兼顾到这两方面的。

二　复合元音

两个甚至三个元音结合在一块儿构成一个音节的动态的元音叫做复合元音。当念复合元音的时候，口腔或舌头不是不变的，而是从一个元音滑到另一个元音的地位上去，两个（或三个）元音成分的分量（发音器官的紧张度、响度、有时还跟高低、长短等有关系）往往不相等，只有一个成分特别显著，一般人听了，不会一下子感觉它是两个或三个不同成分的结合体。比方咱们说“阿姨”，大家认为这是两个音节，因为这两个音是同样紧张地读出来的。咱们说“挨”，就被认为是一个音节，因为尽管咱们用[aɪ]（或[aĭ]）两个音标来标写，实际上后面那个韵尾[ɪ]的确是很轻微的，还不如前面的[a]清晰明显。“阿五”跟“拗”、“伊阿悟”跟“要”、“乌阿义”跟“外”……也一样。两个元音结合成一个音节的叫二合元音，三个元音结合在一起成一个音节的叫三合元音。

谢尔巴把二合元音分为两个基本类型：（1）真性的二合元音——两个元音成分结合成一个音节而两个成分同样紧张，同样清晰。这在一般语言里比较少见，例如拉脱维亚语piena（奶）和

ruoka(手)当中的[ie]和[uo]；藏语(拉萨)的piu(猴子)，kau(护身符)。(2)假性的二合元音——两个元音成分结合成一个音节而不一样紧张，只有一个成分比较紧张清晰，是这个结合体的中心(换句话说，是“成音节的”)，而另一个成分读时不太紧张，也不很清晰，是不成音节的。一般语言里常见的复合元音都是谢尔巴所谓假性的复合元音。假性复合元音又分两类：(甲)渐降的复合元音：例如北京话“爱”[aĭ]、“熬”[ɑŭ]、“藕”[oŭ]，英语ear(耳)[iə]、poor(穷)[pʰuə]、boy(男孩)[bɔi]中的[iə]，[uə]、[ɔi]这样的复合元音，由紧到松，成音节的是前一个成分；(乙)渐升的复合元音：例如北京话“我”[ŭo]、“也”[ĭe]、“挖”[ŭɑ]、“月”[y̆e]、“牙”[ĭɑ]、“唷”[ĭo]这样的复合元音，比较紧张的(成音节的)是后一个成分。[①]

渐升的复合元音因为中心在后头，所以发音器官移动的终点是确定的(比方“呀”[ia]，舌头总是从[i]移动到[a]那里去)；渐降的复合元音因为后面是个比较微弱的成分，舌头常常移动到中途就算了(比方“爱”[ai]，舌头从[a]移动到[e]到[i]不定，往往移动到[e]就打住了，不再向前移动；“奥”[au]也是一样，常常念做[ao]，它的发音器官移动的终点不确定，咱们所标写的不过是它

① 注意，这里所谓渐降、渐升跟前面所说元音分类的高元音、低元音无关。所谓渐降不是指由高元音到低元音，而是指发音器官肌肉紧张程度的渐降：比方北京[aĭ]、[eĭ]、[aŭ]、[oŭ]，都是从低元音到高元音，但它们都是渐降的复合元音。同时，这里所谓渐降、渐升也不完全由响度的大小来决定：比方祁门“泥”[1iĕ]、骡[loă]，英语ear[iə](耳朵)，尽管前一个元音成分响度小，也还依然是渐降的二合元音。

有人因为渐升的复合元音比较容易觉察出来是两个成分，而渐降的不容易察觉是两个成分，所以管渐升的叫假性复合元音，管渐降的叫真性复合元音，这显然跟谢尔巴所说的真性和假性复合元音含义不同。因此咱们最好不必用真性或假性来指渐降或渐升的复合元音。谢尔巴的理论见狄库辛娜(О. И. Дикушина)《英语语音学》(莫斯科版，1952年)第40页及《苏联大百科全书》卷十四，第496页。

的活动方向罢了。

三合元音是两头弱当中强的复合元音，就是说，由弱到强，再由强到弱，升了又降。比方北京话的"遥"[ĭaŭ]、"游"[ĭoŭ]、"危"[ŭeĭ]、"崖"[ĭaĭ](旧读)、"外"[ŭaĭ]，都是音节的中心在当中一个元音上。但是没有降了又升的三合元音，因为两头强势必构成两个音节。虽然叶斯柏森所谓开元音天生就比闭元音响亮的说法不能作分辨复合元音类型的唯一标准，可是像[aia]这样的声音，要不是"阿姨啊"三个音节，至少也得是"啊呀"("哎呀")或"爱啊"("爱呀")两个音节。所以说音节的中心虽不决定于响度的大小，但跟它还是有一定的关系的。同样地，像英语fire(火)里的[ɑiə]、our(我们的)里的[auə]和loyal(忠)里的[ɔiə]，常常有人把上面所说的这些音称作三合元音，在英文诗里也常被当作一个音节来处理[①]，所以常常有以下的弱化形式：fire[ˈfaiə>ˈfaə>faː](但是跟far[fɑː]不同)；power[ˈpauə>ˈpaə>paː]。[②]其所以弱化，说明降升式的三合元音是不自然的。

总起来说，复合元音不是念了一个元音接着再念一个元音，而是从一个元音向另一个元音的方向滑动。一般地说，其中只有一

---

① 克尼翁：《美国读音》(*American Pronounciation*)，Ann Arbor，1935年，第217页，举密尔顿《失乐园》的诗句为例：

His ˈutmost ˈ*power* with ˈadverse ˈ*power* opˈposed. -*Par. Lost*, 1, 103.(按这是所谓抑扬格iambic的韵律，两个power都是作为一个重读音节来处理的。)

② 托尔苏也夫：《英语语音学》，第134—135页，《论英语中的所谓三合元音》；琼斯《英语语音学纲要》§233(第59页)，§114(第102页)，§130(第105—106页)。瓦尔德(L. C. Ward)《英语语音学》描写英语[aɪə][auə]的舌位移动情形如右图(§206)：

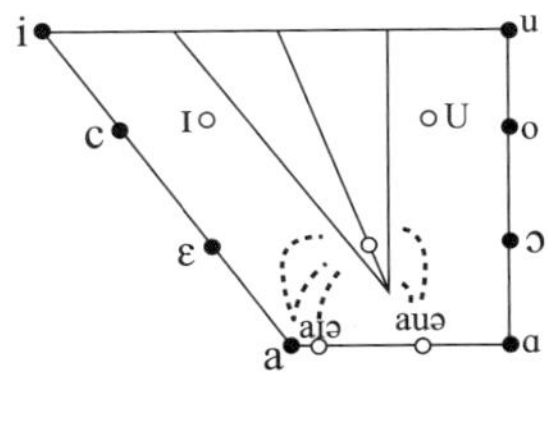

个成分是成音节的，它们形成一个新的单位——一个音节，不能把它看做两个或三个元音相加的总和。所以，有的语音学家宁愿把二合或三合元音中不成音节核心的元音称做半元音。

三 复辅音

在一个音节的开头或结尾，两个或三个甚至于三个以上辅音结合在一块儿和元音相拼，这样的辅音结合体叫做复辅音。复辅音又叫“辅音丛”。

前面讲辅音的时候我们曾经说过，塞擦音是一个音开始的时候（成阻阶段）是塞音，但是发音器官闭塞以后随即留出一些间隙，到了持阻阶段已经是一个擦音，塞和擦的成分结合得很紧，就跟一个单纯的音素一样，例如pf, ts, dz等。在汉语结构里咱们不把同发音部位的塞擦音看做复辅音。不过像贡山独龙语[pɹe]（取）、[bɹam]（肋）、[tɹuŋ]（独龙人）、[kɹaŋ]（萤火虫），汶川瓦寺组羌语[p^{h}ɹɪ]（白）、[bɹe]（绳），萝卜寨羌语[k^{h}ɹɪ]（百）、[k^{h}ɹʉɹ]（柜）等的声母可以认为是卷舌化的声母，也可以认为是复辅音。前面我们也介绍过送气音，虽然咱们用[p^{h}][d^{ɦ}]这样的办法来标音，可是并不是念完了[p]才念[h]、念完了[d]才念[ɦ]的，而是表示念[p]或[d]的同时附带有送气的作用。所以咱们也不把送气音看做复辅音。同样地，这里也不包括腭化或是唇化等有附加作用的辅音。

最常见的复辅音是一个闭塞音跟一个边音结合成一个单位。如：武鸣壮语[pla]（鱼）、[mlai]（唾液），威宁苗语[tl̥ɯ]（黑）、[t^{h}l̥i]（变）、[tlau]（冰）、[d^{ɦ}li]（河），湘西苗语[plɯ]（屋子）、[p^{h}læ]（吹）、[mlɑ]（笋），通什黎语[pluŋ]（家）、[tɮa]（红）、[tɬai]（耳朵），撒尼彝语

[tɬe](鹰)、[dlu](踢)。

现代汉语方言里我们还没有发现过上面这一类的复辅音，(山西方言里有一种“分音词”或称“嵌l词”，如“扒”=“薄拉”，“拖”=“特罗”，“杆”=“圪懒”等，值得注意。)但是古代汉语是不是曾经有过复辅音，是一个值得注意的问题。比方咱们管“孔”叫“窟窿”，“角”叫“角落”，“毂”叫“毂辘”等；在汉字里用“各”(各声k)做偏旁的谐声字除“格”、“客”等外，还有“路”、“略”、“赂”等(声母l)；用“柬”(古声母k)做偏旁的除“谏”“揀”等外，有“阑”、“澜”、“练”等(声母l)；此外还有“裸”(声母l)从“果”(声母k)声、“廉”(声母l)从“兼”(古声母k)声等等例子。这都使咱们注意到，[k]跟[l]的关系可能是古代复辅音[kl]的遗迹。此外像古书上“不律谓之笔”(《尔雅》“释器”，又见《说文》)，“风曰孛缆”(《鸡林类事》)，“蒲为勃庐”(《方言杂录》)；“剥”(声母p)从“录”(声母l)得声，“懔”、“廪”、“凛”(声母l)从“禀”(声母p)得声，“變”(声母p)从“䜌”(声母l)得声(此外还有“戀”、“鑾”等字)，“庞”从“龙”得声等等，又使咱们看出古代可能是有复辅音[pl]的。再像“团：突栾、团栾”，“顶：滴顸、顶顸”，“螳：突郎、螳螂”以及“隶”“棣”(声母t)可以谐“隸”(声母l)等例子，又显示出古代可能有过复辅音[tl]。此外，跟汉语同系属的一些少数民族语言中也有一些词汇可作为古有复辅音的旁证，比方四川彝语“风”叫brum，而汉语不仅古音“风”字是用m收尾的，而且现在广州还把“岚”字念做lam；泰语“圆筒”叫klong，“孔”叫kluang，“兼”字作klem，“变”字作plien……。[1]这是汉藏系语言比较研究时的一个很有趣味的问题。

① 罗常培：《语言与文化》，见《罗常培文集》第五卷，第192—193页。

同样最常见的复辅音是“塞音+r”结合成的单位。英、法、德、俄诸语言，能够出现在元音前的复辅音，都有br，pr，gr，kr，tr等复辅音。国内语言，也有一些例子。如怒语[pre]（梳子），[pʰri]（解开），[kria]（胆），[kʰri]（屎），[su-grə]（筋）；独龙语[brap]（冰），[pra]（簸箕），[graŋ]（发烧），[kra]（抖〈衣〉）；西部裕固语[pra]（海螺号），[pʰraʂ]（木盆），[kʰreɣə]（锯子）；德昂语[prai]（天气），[pʰrɛi]（安慰），[brɤi]（漂浮），[kruan]（杵），[kʰrɛi]（便宜），gariʔ（脏）等。

塞音前面有一个鼻音和它结合成一个复辅音，可称“鼻冠音”。这种例子也是比较常见的。比方兴县、文水“母”[mbu]，兴县“女”[ȵȡyi]、文水“女”[ȵȡy]，兴县“奴”[ndo]、文水“奴”[ndu]，兴县、太谷“我”[ŋgə]、文水“我”[ŋgɯ]等。国内少数民族语言里，这类例子也不少。比方：圣乍彝语[mba]（遮）、[nda]（蕨菜）、[ŋgə]（荞子）、[ndza]（墨）、[ndʑi]（皮子）等，维西么些语[mpɛ]（雪）、[nto]（跌）、[ɳʈʂo]（落）、[ɲcçi]（烧）、[ŋku]（九）等。威宁苗语[mpə]（鱼）、[ntau]（打）、[ɳʈɔ]（与，同）、[ntsa]（洗）、[ɳʈʂau]（打破头）、[ȵtɕiau]（靠着）、[ŋkæø]（咬）、[ntʰy]（撞）、[ɴqʰa]（干）、[ɳʈʂʰa]（倒出）、[mbʱa]（群）、[ŋgʱa]（房子）等。有时候甚至于鼻音跟塞音不同部位。例如，都安瑶语[mtsjəŋ]（病）、[mtsʰia]（怕）。

鼻音还可以跟一个塞边音或塞边擦音结合成复辅音。比方：威宁苗语[ntlau]（花色的）、[ntʰly]（笑声）、[ndʱlau]（树叶），川南（叙永）苗语[mpluŋ]（叶子）、[mpʰlɛ]（舌头）、[mbʱla]（滑）、[ntal]（浅）、[ndʱlu]（流），都安瑶语[ɳʈɬa]（舌头）。

壮语族有许多语言，浊辅音前面有一个喉塞音[ʔ]。比方：来宾壮语[ʔba]（肩）、[ʔda]（骂）、[ʔma]（背）、[ʔnaŋ]（响）、[ʔjoŋ]（松散出来），武鸣僮语[ʔba](肩)、[ʔda](骂)、[ʔjau](住)、[ʔwa](抓),荔波水语[ʔba](蝴蝶)、[ʔdi](听)、[ʔma](软)、[ʔna](脸)、[ʔȵam](晚上)、[ʔɣa](田)、[ʔja](布)、[ʔwai](痴)、[ʔdjai](浅)、[ʔnja](小河)、[ʔŋwa](停顿),通什杞黎[ʔbo](锄地)、[ʔdai](胆)、[ʔdi](子)……。海南琼州话"特别"二字的声母,有人说是"吸气音"ɗ和ɓ,其实是先喉塞音。

擦音可以和另一个辅音结合成复辅音。比方:贡山独龙语[ulsdəp](拳头)、[skam](身)、[sgu](牙齿)、[sna](鼻子)、[smuat](桃花)、[sla](月)、[sɹo](蚂蚁)、[hɹĕi](脚)、[ṣni](铅),汶川羌语[ṣpa](狼)、[ṣtı](直)、[χma](黍子)、[χna](滑)、[χɲio](烧)、[χka](金)、[ɹbu](鼓)、[ɹmə](忘)、[ɹwa](赊)、[ɹge](咬)等,甚至还可以有三个复辅音的结合。比方:独龙语的[spla](粘住)、[spɹiaŋ](撕)、[skla](捅),马尔康卓克基嘉戎语的[tə-skru](身体)、[tə-ʃpre](咒)。

不同发音部位的塞音跟擦音(或两个塞音)也可以结合成复辅音,国内少数民族语言有这样的例子。比方:马尔康嘉戎语[kapsruŋ](保护),[ka-kpjɐt](估计),都安布努语[ptsje](房子)、[pts^{h}ja](走路),汶川萝卜寨羌语[ktṣ^{h}o ktṣ^{h}a](切菜切肉的切),英语的act[ækt](行为)、apt[æpt](适当的)等也属这一类。

以上都是国内汉藏语系各民族语言里所有的复辅音结合情况。要谈到印欧语系等其他的语言,情况比较复杂,有时候甚至于可以有三个以上的辅音结合在一块儿的——比方俄语的экстренный[ɛkstrennɨj](紧急的)、встреча[fstretʃa](遇见),英语的extract[ɪkstrækt](抽出),法语的excursion[ɛkskyrsjɔ̃](远足),等等。但是,如果只谈音节首和音节末的复辅音,每个语音也还是有它各自的复辅音结合规律的,不过外国语音学著作里所说的"辅音群"

（consonant cluster），不像汉藏语系语言的声母那样，都把它看做一个整体，虽然“整体”仍然可以再加以分析。不过从上面的例子里咱们可以看出：最容易跟别的辅音结合成复辅音的成分是：边音、颤音、半元音、擦音，其次是同部位的鼻音跟塞音。在同一个音节内，不同发音部位的塞音跟塞音的结合比较少见。

在处理复辅音的时候应该注意语言的语音系统。汉藏语系诸语言，音节的构造往往分成声母跟韵母两部分，声母的系统有求整齐的趋势，声母的成分是有限制的，复辅音在说这种语言的民族心理上是一个单位，正像复合元音形成一个单位一样。拿威宁苗语为例，塞音有四套：（1）清塞不送气，（2）清塞送气，（3）浊塞不送气，（4）浊塞送气；鼻塞复辅音有三套：（1）鼻音+清塞不送气，（2）鼻音+清塞送气，（3）鼻音+浊塞送气；塞擦音及塞边音跟普通塞音同等看待，于是咱们可以把它的大部分声母排成像下面这样很整齐的一个辅音表：①

p	pʰ	b	bʱ	mp	mpʰ	mbʱ
t	tʰ	d	dʱ	nt	ntʰ	ndʱ
ʈ	ʈʰ	ɖ	ɖʱ	ɳʈ	ɳʈʰ	ɳɖʱ
k	kʰ	g	gʱ	ŋk	ŋkʰ	ŋgʱ
q	qʰ	ɢ	ɢʱ	ɴq	ɴqʰ	ɴɢʱ
ts	tsʰ	dz	dzʱ	nts	ntsʰ	ndzʱ
tʂ	tʂʰ	dʐ	dʐʱ	ɳtʂ	ɳtʂʰ	ɳdʐʱ
ȶɕ	ȶɕʰ	ȡʑ	ȡʑʱ	ȵȶɕ	ȵȶɕʰ	ȵȡʑʱ
tl̥	tl̥ʰ	dl	dlʱ	ntl̥	ntl̥ʰ	ndlʱ

① 根据王辅世的调查材料。

其他如擦音跟鼻音也可以排成类似的整齐的形式。别的少数民族语言虽然不见得有这样完整，但是它们辅音的成系统，大体上是一样的。

四　过渡音

咱们说话既不是一个个孤立的声音挨个儿发出来的，而是一串串结合着的音流，那么就应该注意它们是怎样结合的。元音跟元音结合成复合元音，辅音跟辅音结合成复辅音，许多辅音、元音又结合成音节、词、句子。咱们知道，每个音素在发音器官方面总有它确定的形式和位置；可是语音的结合大都不是从一个音跳到另一个音上，在相连两个音素的移动流转过程之间，往往有个我们所不注意的过渡成分，这个过渡成分就叫过渡音或音流。

刚才已经说过，复合元音当中元音的结合是一个口腔变化和舌位滑动的过程。比方说[aɪ]，从[a]到[ɪ]，当中总是自然而然地经过[æ][ɛ][e][ɪ]等阶段，不过变动的过程很快，而且实际上干脆就是一个运动过程，并不是在这几个点上停留的，同时气流之间也没有停顿，所以不容易觉察出来。复合元音舌位移动的途程叫做动程。这些在发音动程上经过的声音就是元音的结合当中的过渡音。普通咱们都不把它标写出来，必要的时候也可以标出，加一个括弧来表明，比方[a(ɛ)ɪ]。

辅音跟元音或辅音跟辅音相结合，当中往往也有一个过渡阶段，会有一个过渡音。发生在一个音素之前的叫前流，紧跟在一个音素之后的叫后流。带音的过渡音叫浊流，不带音的叫清流。但是也有时候听不出过渡音的——当前一个声音未了而发音器官已经转变到次一个音的部位上去，两个音素结合得很快很紧的时候，譬如塞擦音，在塞音成分跟擦音成分之间就听不出一个过渡音的成分。

对于汉语和许多汉藏语系少数民族语言来说，辅音的后流是应该特别注意的。因为这些语言辅音的送气或不送气往往是能辨别字义的，而送气成分实在就是一个辅音的后流。比方北京的b、d、g、j、z、zh就是清音浊流——辅音不带音，紧接着除阻阶段声带就开始颤动，后面接上元音。北京的p、t、k、q、c、ch是清音清流——在辅音的除阻阶段以后跟着一个气流成分，声带不颤动，然后才接上一个元音。上海话“求”“伴”“共”“同”“住”的声母一般说它是浊音浊流，其实湘潭、湘乡的浊音声母才是真正的浊音浊流。[①]因为上海话所谓浊音声母的前半实际是不带音的，倒是有个清音前流，后半才是浊音，然后带一个浊音送气成分，所以上海话的浊辅音本身还不是地道的真浊音。英语的good thing[gudθiŋ]（好东西）。浊辅音[d]后面要接一个清辅音[θ]，这时[d]的后面有一个清音后流。字尾的浊擦音[v][ð][z][ʒ][dʐ]后面不再接带音的音素时也有一个清音后流[②]，可以叫做浊音清流。一般语言的舌面辅音像汉语的j、q、x以及[c]、[ɟ]、[ɲ]等在跟元音拼合的时候，当中总有一个腭化流音[j]，这也是咱们经常容易觉察到的。

有时候，两个辅音之间还可以带上一个元音音流，像英语

① 龙果夫夫妇(А. А. Драгунов и Е. Н. Драгунова)：《湖南湘潭和湘乡的方言》(*Диалекты Сянсян и Сянтань Провинции Хунань*)，ИОГИ АН, 1932, pp. 239—269。

② 克尼翁：《美国读音》§ 51；琼斯：《英语语音学纲要》§ 611，§ 788，§ 789，§ 794。

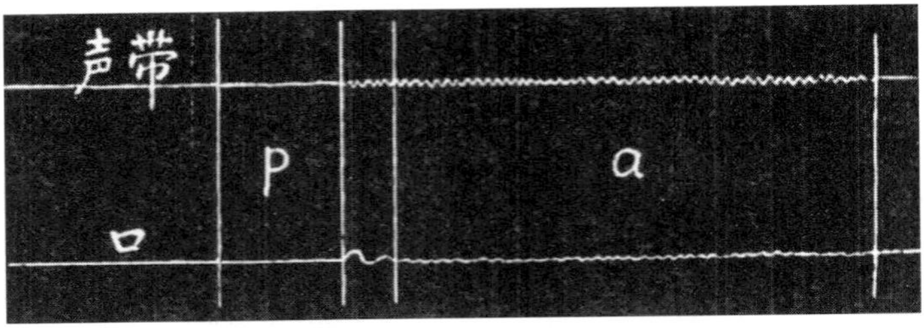

清音浊流(北京“巴”)

强调的读法：three[θərij](三), please[p‘əlijz](请)和“懒散的读音”elm[ɛləm](榆树), help[hɛləp](帮助)。①

一个元音收尾的音节跟一个元音起头的音节连读的时候往往也会发生一个过渡音。咱们最常遇到的这一类过渡音是[ʔ]、[ɰ]、[j]、[w]、[ɥ]。比方北京话的“乌云”[wuɥyn]、“黑暗”[xeiɰan]

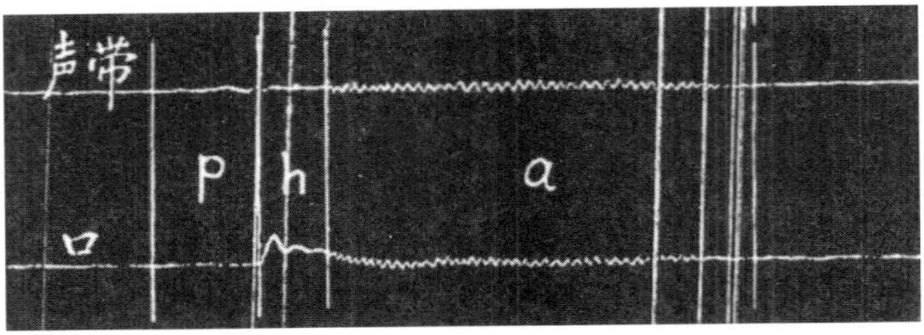

清音清流(北京“怕”)

① 黑夫纳(R. M. S. Heffner):《普通语音学》(*General Phonetics*),威斯康星大学,1952年,第185页。

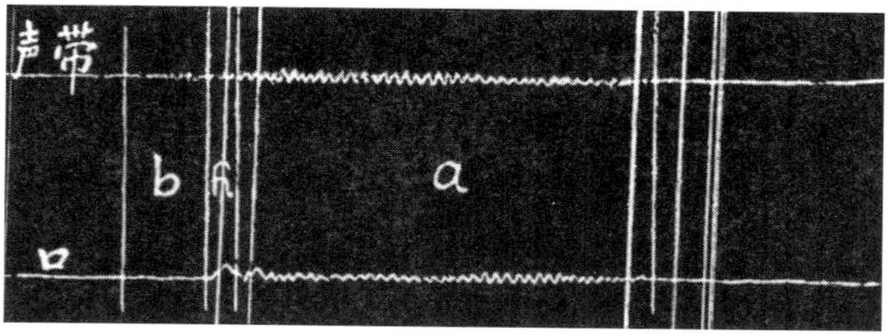

浊音浊流(上海"败")

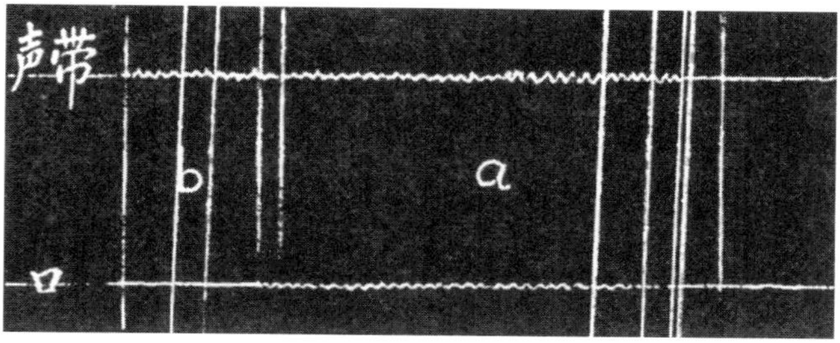

浊音浊流(湘潭"败")

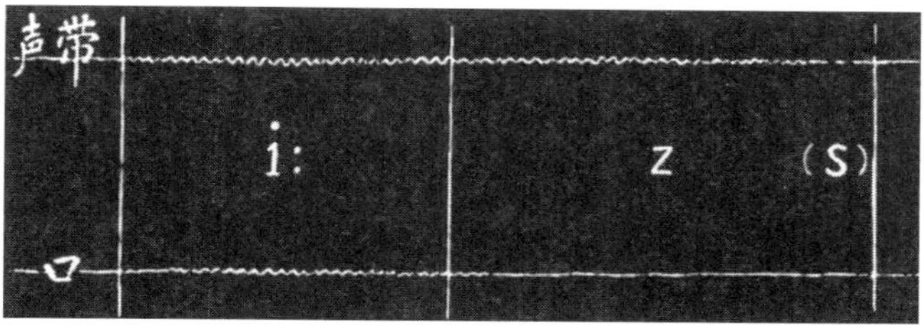

浊音清流(英语"is")

(或[xeiʔan])、"主义"[tʂuji]、"文武"[wənwu]、"高昂"[kɑuɰɑŋ](或[kɑoʔɑŋ])等。同样的例子也可以在英语里找到，比方：the angel[ðiˈjendʒəl](天使)、free air[friˈjeir](自由空气)、draw out[drɔˈwaut]

(拉出来)、she knew all[ʃinjuˈwɔl](她全知道)等。[①]

五　汉语的语音结构

汉语一个音节写下来就是一个字。方块汉字的结构不是拼音的，更谈不到分析音素。一向传统的分析字音是把一个字音分做两部分，上一部分字首辅音叫“声”，下一部分即辅音以后的部分(包括介音、主要元音和韵尾)叫“韵”，另外还有一个很重要的东西贯串在整个字音上的，就是“声调”。早在公元二世纪的时候，咱们中国就出现了反切注音的办法。[②]所谓“反切”就是用两个字注一个字的声音，上一个字跟所注字的字首辅音相同，也就是同声母(旧来叫“互为双声”)，下一个字跟所注字同韵母并且同声调(旧来叫“互为叠韵”)。近来有人把它细分为“起”、“舒”、“纵”、“收”四部分或“头”、“颈”、“腹”、“尾”、“神”五部分，实际就是“声母”、“介音”、“主要元音”、“韵尾”和“声调”五个成分。[③]前四个成分是构成音节的音素，末一个成分(声调)是指全字读音的高低升降。应该说，声调是涵盖整个音节的另一个层面的语音现象。比方北京话“我们决心要做社会主义建设英雄”，十四个字共有八种情况：(1)各个成分俱全的，如“会”、“建”；(2)缺声母的，如“要”；(3)缺介音的，如“们”、“心”、“雄”；(4)缺韵尾的，如“决”、“做”；(5)缺声母和介音的，如“英”；(6)缺声母和韵尾的，如“我”；(7)缺介

① 黑夫纳(R. M. S. Heffner)：《普通语音学》(*General Phonetics*)，威斯康星大学，1952年，第184页。

② 罗常培：《汉语音韵学导论》，中华书局，1956年，第79—104页。

③ 同上书，第91页。

音和韵尾的，如“社”、“主”、“设”；(8)缺声母、介音和韵尾的，如“义”。各个字的语音结构如下：

字	声母	介音	主要元音	韵尾	声调
我		u		o	3
们	m		ə	n	(2)
决	tɕ	y	e		2
心	ɕ		i	n	1
要		i	ɑ	u	4
做	ts	u	o		4
社	ʂ		ɤ		4
会	x	u	e	i	4
主	tʂ		u		3
义			i		4
建	tɕ	i	ɛ	n	4
设	ʂ		ɤ		4
英			i	ŋ	1
雄	ɕ		y	ŋ	2

从上面的例字咱们可以看出：声母、介音跟韵尾不是每个字非有不可的成分，可是没有一个字缺少元音和声调的[①]，这是汉语音节语音构造的基本原则。

从上例还可以看出：北京话能做介音的音素有[i]、[u]、[y]三

① 有的方言有鼻音[m][n][ŋ]或边音[l]单独成音节的，可称“韵化辅音”，不在此例。

个，所以旧来音韵学家讲“等呼”（就是给韵母分类）有所谓“开”、“齐”、“合”、“撮”的说法（所谓“开口呼”就是没有介音的韵母；“齐齿呼”是有[i]介音或用[i]做主要元音的；“合口呼”是有[u]介音或用[u]做主要元音的；“撮口呼”是有[y]介音或用[y]做主要元音的）；能做韵尾的音素有[i]、[u]、[n]、[ŋ]四个（在单字结构以外，但是可以代替单字韵尾的还有一个[ɚ]——即所谓“儿化韵”）；任何元音都可以做主要元音；任何辅音（除ŋ）都可以做声母。把北京话的全部音节画一个声韵配合表，可以看出北京音系声母和韵尾、声母和介音、介音和主要元音以及它们和韵尾的关系来。现在咱们举出两点做例子来说明。先看声母跟介音或主要元音的关系。

从下表可以看出：北京话的[f]、[k]、[kʰ]、[x]、[tʂ]、[tʂʰ]、[ʂ]、[ʐ]、[ts]、[tsʰ]、[s]不能跟[i]或[y]相拼；[tɕ]、[tɕʰ]、[ɕ]只能跟[i]或[y]相拼而不能跟别的元音直接相拼；[p]、[pʰ]、[m]、[f]不能跟[y]相拼，跟合口呼的韵母相拼的时候，也只能跟拿[u]做主要元音的无韵尾单元音相拼，[t]、[tʰ]也不能拼[y]。

介音 声母	开	齐	合	撮
p pʰ m	+	+	u	
f	+		u	
t tʰ	+	+	+	
n l ○*	+	+	+	+
k kʰ x tʂ tʂʰ ʂ ʐ ts tsʰ s	+		+	
tɕ tɕʰ ɕ		+		+

*○代表元音起头，也就是没有辅音声母的字。

再看韵母。北京音系所包含的韵母如下：

	开尾(无韵尾)	元音韵尾	鼻音韵尾
开	ɿ,ʅ a ə o ɤ (ɛ)*	ai ei ɑu ou	an ən ɑŋ əŋ
齐	i ia (io) iɛ	iɑu iou	iɛn in iɑŋ iŋ
合	u ua uo	uai uei	uan uən uɑŋ (uəŋ), uŋ
撮	y yɛ		yɛn yn yŋ

（上表中括弧里的音表示只有个别字有此读音。）

从上表可以看出，[y]除做主要元音以外，只跟[ɛ]拼，不跟别的元音相拼；[i]介音不跟用[i]做韵尾的复合元音相拼（“崖”字旧读例外）；[u]介音不跟用[u]做韵尾的复合元音相拼。

声母跟韵母的配合有些条例已经被声母跟介音的关系和介音跟主要元音及韵尾的关系管住了；另外比方唇音不拼[ə]，[ɿ]只拼[ts]、[tsʰ]、[s]，[ʅ]只拼[tʂ]、[tʂʰ]、[ʂ]、[ʐ]等，这里不一一细说。

其他方言所包含的声母韵母虽然跟北京音系不同，声韵配合的关系也跟北京音系未必全同，但是它们还是自成系统，服从汉语整个的语音结构规律的。比方：广州话能做韵尾的音素除[u]、[i]、[n]、[ŋ]外，还有[y]（如“堆”[tœy]）、[m]（如“暗”[am]）、[p]（如“鸭”[ap]）、[t]（如“遏”[at]）、[k]（如“百”[pak]）；但是此外除像湖北通城有用[l]做韵尾的（如“不”[pəl]、“杀”[sal]、“鸽”[kol]等）以外，咱们还没发现其他方言还有什么别的韵尾辅音。在声韵配合的关系上，虽然各个方言情况不同，但是也必有条例可寻。比方广州话：凡是不拼[ts][tsʰ][s]的一定也不拼[t]、[tʰ]、[n]、[l]，除以单纯元音[u]做韵母的以外，不拼[p]、[pʰ]、[m]的一定也不拼[f]；单纯元音[i]或[y]只跟[tʃ]、[tʃʰ]、[ʃ]相拼，可是后面有韵尾的[i]和[y]却还可以拼[t]、[tʰ]、[n]、[l]、[k]、[kʰ]、[ŋ]、[h]（后面有韵尾的[i]

还可以拼 [p]、$[p^h]$、[m]）……。

在研究汉语方言跟汉藏语系少数民族语言的语音结构的时候，就应该注意它的系统性，找出它的结构规律来。例如，少数民族语言里，有的语言可以有复辅音声母，那它复辅音是由哪类辅音同哪类辅音相结合，又各有自己的特点；而在韵母方面，能做韵尾的辅音，据我们所知，也是很有限的，除了 [p]、[t]、[k]、[m]、[n]、[ŋ]、[ʔ] 以外，只有个别语言还有 [l]、[r]、[s] 可以做韵尾，总之，要把它的系统性和结构规律找出来。

我国学者调查汉语方言或汉藏语，在整理好声母系统、韵母系统和声调系统以后，常常做一个声韵配合和声韵调配合表，可以生动地表达这种话的语音结构系统。这是个很好的传统，应当充分肯定。

第五章　语言的节律

一　语言节律的层次性

语言的音流随着说话人表情达意的需要，说话的高低、快慢、强弱、停延等，在言语的进程中，按不同的言语结构单位以非音质或超音段的形态分层次地动态地与音质音流并行地呈现出来。

完整话语的基本单位是句子。句有句调，包括独词句和复合句，都得有句调。句调因说话人的表达内容、意图、情绪、语境等内外部条件而异。

句中有意群。意群由实词和虚词构成的词语组成，有意群的延停节奏。

词语是大于语词（其间有音渡）或等于语词（没有音渡，或者说词、语不分）的语言单位，是语言的基本表意单位；而它又以音节为其基本表音单位。

音节又可以再分析为更小的组成成分——成音段的音素和超音段的成分。

超音段的成分不仅表现在音节上（这说明音节至少分为音段的和超音段的两个层次），而且表现在大于音节的语音结构单位上。逐级逐层分析各级超音段成分，这就是语言的节律。

字有字调，就是我们通常所说的“声调”。词语有轻重音和在结合使用中声调的连读变化，即轻声和变调。句有句调，因说话人的表达意图、情感和态度而有不同的句型和调型。不同的语言之间有共性又有各自的个性，都要做过细的分析。

二　声调

语言里不同的音节有高低强弱的不同。前面我们曾经说过，音波振动频率的多少决定音的高低，振幅的大小决定音的强弱。语言的声调主要表现在音的高低升降上，重音主要表现在音的强弱上。在分析语音时，有的语言应该特别注意重音的地位（如俄语、英语等），有的语言应该特别着重声调的性质。大家知道，汉语“妈”、“麻”、“马”、“骂”，声韵的组织是一样的，就因为声调不同，意思也各不相同。

国内许多少数民族语言里都有这样的例子。比方壮语（武鸣话），同一个[pai]，中升调是“去”的意思，低平调是“扇子”或“疮”或“一次”的“次”，高平调是“比”，中降调是“兄”或“姊”的意思，高升调当“怎样”讲，中平调是“篦子”的意思或“蜻蜓”的一个音节。这就是说，这些语言的声调有辨别字义的功能。假如一个语言的每一个音节都有相对不同的能辨别字义的音高区别，这个语言就叫做有声调的语言。注意这里所谓音高的区别是就每一个音节来讲的，不是因为语句中含有特别的情绪或者说话人要把句子里某些比较重要和不重要的字眼用不同的高低强弱表现出来。

作为语言的语音结构成分之一的声调是汉语的特征之一，汉藏语系的语言（如汉语、藏语、缅甸语、泰语、苗瑶语等）都是有声调的语言，此外，别的语系也有一些语言是有声调的语言。[①]

声调，主要是通过音高表现出来的，而这种音高有时是复合的，从一个音移动到另一个音，移动的方式是滑的，而不是跳的，如果要用乐器来模拟，用钢琴或笛子是不合适的，不如用手指抹着胡琴或提琴的弦容易得其神似。另一方面，声调也跟时间有关。假如同时注意到音高和音长两个因素，把这两项因素作为两个坐标，用曲线把它们的函数关系画出来，这曲线就是这个声调的标准代表。[②]虽然不同的男女老少说话的音高不同，甚至同一个人在不同的时候说话，音高也未必一致，可是各类字调高低长短和曲折形状的相对关系是一致的。声调跟语音的强弱甚至于音色有时候也有一定的关系，但这都不是构成声调的主要因素。利用浪纹计和刘复设计的"声调推断尺"，咱们可以把一个语言或方言的声调相当准确地用曲线表示出来。[③]

三　北京话的基本调型

1934年白涤洲依照刘复《四声实验录》里所说的方法给北京

① 参看派克(K. L. Pike)：《声调语言》(*Tone Languages*)，密西根大学，1948年，第一章。亦可参看郭锦桴《汉语声调语调阐要与探索》，北京语言学院出版社，1993年，第一章。

② 刘复：《四声实验录》，上海群益，1924年，第19—20页；赵元任：《中国言语字调底实验研究法》，见《科学》第七卷，第九期，第871页。今人用语图仪的窄带三维语图和振幅显示曲线记录单念的四声音节，可以同时看到它们在音高、音长和音强方面的特征。

③ 声调推断的方法，见刘复：《四声实验录》，第21—53页；《声调之推断及声调推断尺之制造与用法》，《史语集刊》一本二分，第131—163页；《乙二声调推断尺》，《史语集刊》四本四分，第355—361页。并可参阅罗常培：《临川音系》，第19—22页。

字调做了一次比较精细的测断。[1]他按北京的四声“阴平”“阳平”“上声”“去声”每类各选五个字在浪纹计上说出，用乙二声调推断尺测算，根据每个字的颤动数推断出它们在声音进行中每一点的音高，画出声调曲线，然后又把同调类的五个字的起点、终点和转折点（如果调形有显著曲折的话）求出平均数，于是得到以下的结果：阴平 $a^{\#}$—b，阳平 $f^{\#}$—c′ ，上声 e—$c^{\#}$—$a^{\#}$，去声 b—c。

用乐谱写下来便是：

阴平　　阳平　　上声　　去声

四个声调中最高的是c′（就是音阶上的“中央c”），最低的是c（比“中央c”低八度的低音c），当中共有十二个“半

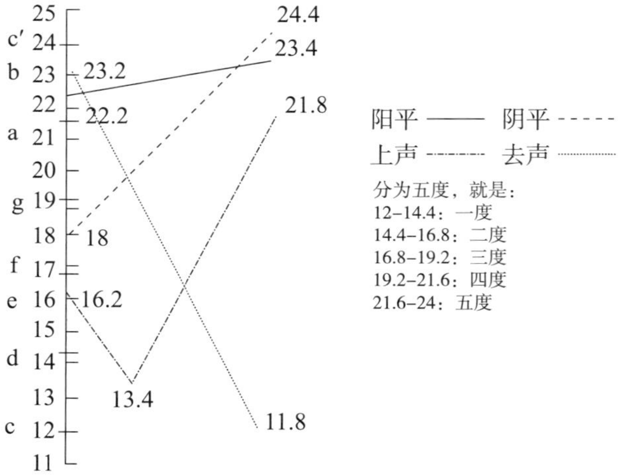

① 根据白涤洲未刊遗稿《北京语声调及变化》，第四节。

音”[①]；假如从宽把它分为五等分，那么每个等分是两个多“半音”。他根据测断的结果把北京话的基本调型作图如上页。

四 五度记调法

我们通常用一种字母式声调符号来写声调，因为那是一种比较简单明确的标调方法。那是赵元任设计的，在国内外声调语言的记录调值上很有成效。[②]字母式声调符号是用一根竖线分做四等分，从下面向上数，共有五点，算做五度：1，2，3，4，5，靠它来表示声音的高低尺度(低，半低，中，半高，高)。竖线本身只是一个尺度，用来表示声调的高低、抑扬、曲直、长短的是竖线左边的横线或斜线、折线，从左到右，表示声调的起落点和调子的形状。

起初，赵元任1930年建议，为了避免分得过细，点2和4，或独用，或联用，但是不和1，3，5合用。这样，就有以下的标调字母(以下前面是标调字母，后面括号里是名称)：

甲，直 调：˩(11:)，˩˧(13:)，˩˥(15:)，˨(22:)，˨˦(24:)，˧˩(31:)，˧(33:)，˧˥(35:)，˦˨(42:)，˦(44:)，˥˩(51:)，˥˧(53:)，˥(55:)

乙，曲调：˩˧˩(131:)，˩˥˧(153:)，˨˦˨(242:)，˧˩˧(313:)，˧˩˥(315:)，˧˥˩(351:)，˧˥˧(353:)，˦˨˦(424:)，˥˩˧(513:)，˥˧˥(535:)

丙，短调：˩(1:)，˨(2:)，˧(3:)，˦(4:)，˥(5:)。

不过，后来在实践中发现各地声调调值的复杂性，2，4与1，3，

① 钢琴上不论黑白键，相邻的两个琴键就是相差一个“半音”。

② 看《语音学教师》，1930年，第24—27页，《一种标调字母》。

5的不相混用，已难严格遵守了。

这样，要把北京话的声调用声调符号表示出来，就应该是：阴平：˥(55:)；阳平：˧˥(35:)；上声˨˩˦(214:)；去声˥˩(51:)。

以上是北京基本调型的高低起落。此外，还可以根据浪纹计上浪线的长短算出每一类声调所用的时间即声调的长短。根据白涤洲推算的结果，各调平均的时值如下：阴平：436σ(1σ=$\frac{1}{1000}$秒)，阳平：455σ，上声：483σ，去声：425σ。也就是说：上声最长，阳平次之，阴平又次之，去声最短，不过彼此的差别很微细罢了。但是并非所有语言或方言声调的时值都相差很小，有的甚至于可能相差几倍，比方临川声调“阴入82σ，阳去386σ”。①

大家知道，每一个地方的全部声调有它自己的最低音高(1度)和最高音高(5度)，**各地声调的音域不一样，最高与最低的绝对音高也不一样**。因此声调符号的五度，1，2，3，4，5，并不等于音阶上的do、re、mi、fa、sol或工、尺、合、四、上，**声调符号不过是某个地方声调型式的标帜，而不是绝对音高的确切描写。但是因为它能够把一个地方几种调子的音高变化方式和时间长短的相对型式表示出来，所以这样的办法是有实用价值的**。

五　调值和调类

调值是声调实际读音高低、升降、曲直、长短的型式——咱们用高平(˥)、全升(˩˥)、低降(˨˩)、中平(˧)……等声调符号来描写它。

① 罗常培：《临川音系》，第19页。

调类是依据各方言实际字调分类的情况，把同调值的字归在一块儿，再按它和汉字古四声分类的关系，分析归纳所得出来的结果——咱们用平、上、去、入或阴平、阳平、阴上、阳上……等名称来称呼这些调类。

谈到调类，现代方言大致都还保留着古代四声的系统，所以我们沿用古音平、上、去、入的旧名，一方面可以看出历史演变的痕迹，同时还可以连贯各大方言声调分类的系统，以便方言间的相互比较。不过有的调类古音是一类，现代分化成两类的，咱们就把古音属于浊声母的那一些字叫做阳平、阳上……等，把古音属于清声母的那一些字叫做阴平、阴上……等，（可别误会现代的阳调类字还都是浊声母！）有的方言（例如“官话”系统的许多方言）入声消失了，或者一部分古全浊上声字变成了去声，当然也就把它归并到所变入的调类里去。不同的方言，调值固然互不相同，调类的分合和范围也是有些出入的。

人们一向把分辨声调当做一件难事，一方面是让前人那些玄虚笼统的解说给弄迷糊了[①]，一方面是由于把调类和调值混为一谈。前人解说之所以糊涂，不仅由于他们不能确切明白地说明声调的性质，同时也由于他们误认四声是有绝对调值的，是各地一致的。事实上，假如咱们要拿北京一个地方的调值来给四声下定义，就行不通。比方咱们说，“阴平就是高平调，阳平就是高升调……”，对北京话来说当然没有问题，天津话就不是那样儿。因为天津人念做高平调的正是北京念做高升调的阳平字，天津人念做中升调的恰恰是北京念做降升调的上声字，而天津的阴平调却

① 罗常培：《汉语音韵学导论》，中华书局，第77—93页。

是个低平调。每一个地方都有它自己的基本调型，各地的调值是互不相同的。汉语普通话方言有四个调子，另外也有是五个调子的，别的方言有六个、七个、八个调子甚至于多到十个调子的，河北滦县却只有三个调子。所以各地方言的调类虽然很多大致相同，可是也不能完全一致。

现在咱们举几个方言做例子，列一个表，看看各地方言调类跟调值错综分歧的情况。

各地方言调类调值比较表

<table>
<tr><td rowspan="2"></td><td>阴平</td><td>阳平</td><td>阴上</td><td>阴去</td><td>阳上</td><td>阳去</td><td colspan="2">阴入</td><td colspan="2">阳入</td></tr>
<tr><td>诗</td><td>时</td><td>使</td><td>试</td><td>是</td><td>事</td><td>识</td><td>摄</td><td>十</td><td>舌</td></tr>
<tr><td>博白</td><td>˦44</td><td>˨˧23</td><td>˧33</td><td>˧˨32</td><td>˦˥45</td><td>˧˩31</td><td>˥˦54</td><td>˩1</td><td>˦4</td><td>˧˨32</td></tr>
<tr><td>广州</td><td>˥˧53,
˥55</td><td>˨˩21,
˨22</td><td>˧˥35</td><td>˧33</td><td>˨˧23</td><td>˨22</td><td>˥5</td><td>˧33</td><td colspan="2">˨2, ˨22</td></tr>
<tr><td>绍兴</td><td>˦˩41</td><td>˩˧13</td><td>˥55</td><td>˦44</td><td>˨˦24</td><td>˧˩31</td><td colspan="2">˥5</td><td colspan="2">˧˨32</td></tr>
<tr><td>厦门</td><td>˥55</td><td>˨˦24</td><td>˥˩51</td><td>˩11</td><td colspan="2">˧33</td><td colspan="2">˧˨32</td><td colspan="2">˦4</td></tr>
<tr><td>福州</td><td>˦44</td><td>˥˨52</td><td>˧˩31</td><td>˧˩˦314</td><td colspan="2">˩˧˨132</td><td colspan="2">˨˧23</td><td colspan="2">˦4</td></tr>
<tr><td>梅县</td><td>˨˦24</td><td>˩11</td><td>˥˨52</td><td colspan="3">˥˧53</td><td colspan="2">˧˨32</td><td colspan="2">˥5</td></tr>
<tr><td>长沙</td><td>˧33</td><td>˩˧13</td><td>˦˨42</td><td>˥55</td><td colspan="2">˩11</td><td colspan="4">˨˦24</td></tr>
<tr><td>上海</td><td>˥˩51</td><td>˩˧13</td><td colspan="2">˦˧˦434</td><td colspan="2">同阳平˩˧13</td><td colspan="2">˥5</td><td colspan="2">˨˦24</td></tr>
<tr><td>南京</td><td>˧˨32</td><td>˩˦14</td><td>˨22</td><td colspan="3">˦˧43</td><td colspan="4">˦˥45</td></tr>
<tr><td>扬州</td><td>˨˩21</td><td>˧˥35</td><td>˥˧53</td><td colspan="3">˥55</td><td colspan="4">˧3</td></tr>
<tr><td>西安</td><td>˧˩31</td><td>˨˦24</td><td>˦˨42</td><td colspan="3">˥55</td><td colspan="2">同阴平˧˩31</td><td colspan="2">同阳平˨˦24</td></tr>
<tr><td>重庆</td><td>˥55</td><td>˨˩21</td><td>˦˨42</td><td colspan="3">˨˩˦214</td><td colspan="4">同阳平˨˩21</td></tr>
<tr><td>北京</td><td>˥55</td><td>˧˥35</td><td>˨˩˦214</td><td colspan="3">˥˩51</td><td colspan="4">同阴，阳，上，去</td></tr>
<tr><td>天津</td><td>˩11</td><td>˥55</td><td>˨˦24</td><td colspan="3">˦˨42</td><td colspan="4">同阴，阳，上，去</td></tr>
<tr><td>滦县</td><td colspan="2">˩11</td><td>˨˩˧213</td><td colspan="3">˦˥45</td><td colspan="4">同平，上，去</td></tr>
</table>

从上表可以看出来：各地的基本调型，论调类有多到十个的，

有少到三个的；调值更是各不相同：北京、重庆、厦门、广州的阴平调型跟天津的阳平，绍兴的阴上，长沙的阴去，西安、扬州、滦县的去声相同，天津、滦县的阴平跟滦县、梅县的阳平，厦门的阴去，长沙的阳去相同……。但是调类的异同不是杂乱无章，没有规律的。比方“平、上、去、入”四声又分阴阳的，前面提过，这跟古声母的清浊有关系；入声分阴阳又分两类的跟古韵母中主要元音的开闭系统有关(汉语音韵上管它叫“内外转”)。有的方言分七个调子，那多半是古音“全浊”声母的上声字(阳上)并到阳去里面去了；要是上、去一共只分两类，一般是去声不分阴阳，阳上并入去声；入声不成独立调类的，或者是并入阳平(如大多数西南官话)，或者是阴入并入阴平，阳入并入阳平(如西安)。北京、天津等地的入声变化最复杂，但是大体也有一个规律，古音里的全浊声母多数变入阳平，次浊声母(鼻音、边音)变入去声。据粗略的统计：入声变入去声的约占入声字的52%，并入阳平的约占34%，并入阴平的约占10%，并入上声的只有4%。如果拿现代北京的声母来说，大致是：没有声母或者声母是送气音或鼻音、边音(p、t、k、q、ch、c、r、n、l)的入声字变去声，不送气塞音或塞擦音声母(b、d、g、j、zh、z)的入声字变阳平，擦音声母(f、h、x、sh、s、r)的入声字变去声或阳平(s、r变去声，其余韵母是u的变阳平)。滦县只有三个基本调型，但是根据连读变调的情形，平声和去声都能分别阴阳。从音韵的历史演变来看，还是有规律可循的。各地方言调值各不相同，而谈起话来，经过一定的时间，往往大体互相能懂，就因为各地调类的分配是有规律的，虽然两个地方调类的数目有时都不一致，只要掌握了甲地哪一堆字的声调是跟乙地哪一堆字相当的，说话人就能类推。自然，上下文的连读对于沟通方言间的了解也是有作用的。以上我们还特别对各地声调的多样化说得多一点儿，要从同的方面来看，问题便简单得多。底下我们举32个字，分成四组，虽然各地读法实际高低升降不同（这叫调值不同），但是分类大体是差不多的（这叫调类相当）：“今，天，张，先，生，归，通，州”；“明，年，刘，文，涛，回，云，南”；“我，老，早，请，你，买，好，酒”；“做，报，告，要，注，意，大，众，化”。这是指一个个字单独读音时的字调。

六　连读变调

照前一节所说，汉语里每一个音节（或者说每一个字）都有一定的声调。但是音节或字在语言里不是一个个孤立的单位。连字成词或短语时，字的声调往往会发生变化。一个字在连读中的声调和单念的时候不同，这就叫做连读变调，或简称变调。连读变调是动态变调，要看字的结构情况，是不是结合成一个词语。单念时的字调叫本调。变调在各个方言里是不同的，可是各有各的规律。比方说北京话有轻声和连读变调的一些现象，在别的方言就许没有这些变化，或者变化方式跟北京不同。所以咱们不能用北京话来概括一切方言。另一方面，不单汉语有这种现象，汉藏语系没有文字的少数民族语言里同样地也有这种现象，并且也有规律可循。若说变调是受汉字的骗，那就是不懂汉语方言跟汉藏语言的特点，没从全面研究的说法。

现在还拿北京话做例子，至于其他方言的语调变化，可以参看罗常培《厦门音系》[1]和《临川音系》[2]、王力《博白方音实验录》[3]、吕叔湘《丹阳话里的联词变调》[4]、陶燠民《闽音研究》[5]以及其他的方言调查报告。

简单地说，声调相连的变化有两种：一种是从本方言原有的甲调变到乙调，一种是从本方言里单念时的基本调型变成本方言单念时原来没有的新调子。前一种例如：北京话两个上声字相连的时候，第一个上声字就变成阳平。像“土改”念做“图改”、“很好”念做“痕好”，等等(˨˩˦>˧˥)。又如北京话重叠形容词或副词(除了含有“每一×”的意思的“回回”“时时刻刻”等)，第二个字一律变阴平。像“常常儿”念做“常昌儿”、“好好儿”念做“好蒿儿”、“烫烫的”念做“烫汤的”等。后一种变成另外一个新调子的，例如：北京话的上声跟其他非上声的声调相连的时候，前一个上声字差不多就只念了一半(˨˩˦>˨˩)。比方北京“土地”的“土”念成只有低的那一段，后半不再高升上去。这就是所谓“半上”。去声单念是从高降到低(˥˩)，可是去声后面再跟一个去声字的时候，前一个去声就只降到一半，由高到中(˥˧)不再降下去，而后一个字则一直降到底。前一个去声叫半去。如“再见”的“再”没有“见”字念得低。其实也可以说是前一个字，调值没有到位。

不过在其他方言和语言中，确实有变调出现新调型和新调值的。

---

① 《厦门音系》，第24—28页。

② 《临川音系》，第20—41页。

③ *Une Pronounciation Chinoise de Po-pei*，法文本，第83—89页。

④ 《中国文化研究汇刊》第七卷，第225—238页。《丹阳方言语音篇》，语文出版社，1993年。

⑤ 《闽音研究》，科学出版社影印本，1956年，第18—20页。

在北京话里，上面所说上声的两种变化规则是普遍有效的，并且可以应用到两个字以上的结合里。比方：“我想买几种礼品”，读做[uo ˨˩˦˧˥ ɕiaŋ ˨˩˦˧˥ mai ˨˩˦˧˥ tɕi ˨˩˦˨˩ tʂuŋ ˨˩˦˧˥ li ˨˩˦˧˥ pʰin ˨˩˦]。但也可能是“我˨˩想买˧˥˨˩几种˧˥˨˩礼品˧˥˨˩˦”。重叠词第二个字变阴平的变化是有限的，大致是口语里常说的一些词变，不很常说的或者文一点重叠词仍照原来的声调念，这种变化可以认做一种特殊的变化。

此外还有“一”、“七”、“八”、“不”几个字有特别的变化，这是四个常用的古入声字。大致规律如下：

“一”字单用或用在句末、词末，或者后面跟着别的数字的时候念阴平。比方“一”、“第一”、“十一”、“一二九”、“一二一”的“一”字都像“衣”字的调子。“一”字后面跟着阴平、阳平或者上声字时，就变成降调，像是去声。比方“一天”、“一年”、“一晚”的“一”字都像“意”字的调子。“一”字在去声字前面的时候，就变成一个升调，像是阳平调。比方“一夜”“一半”的“一”就像“移”字一样。

“七”和“八”两个字在单念或在阴平、阳平、上声前都念阴平，惟有在去声前面就变成了阳平，所以“七月”“八日”就好像是念“骑月”“拔日”一样。（现在的年轻人，不大讲究“七”“八”两个字的连读变调了。甚至“七、八”两字基本不变。）

“不”字单念或者后面跟着阴平、阳平、上声的时候念去声，但是在去声字的前面变成阳平。比方“我不！”“不说”“不来”“不走”的“不”字都跟“布”字一样，“不对”“不会”的“不”却是个升调儿。当然它们也都有念轻声的时候，那就得服从轻声的规律。

北京话三个音节的词语也有一定变调的规律。简单地说，那就是：(1) 当中一个音节的阳平调都变阴平；(2) 紧挨着上声前面的另一个上声字都变阳平；(3) 上声变成阳平，如果又在第二个音节，再变做阴平；(4) 上声字在第一、第二个音节，如果不变成别的调子，一律变做半上；第二、第三个音节都是上声字，第二个音节变阳平后再变阴平。假如咱们用数目字 1 代表阴平，2 代表阳平，3 代表上声，4 代表去声，3′ 代表半上，那么，就可举出下边的这些个词作例子："青年宫"（121 > 111），"三年级"（122 > 112），"仙人掌"（123 > 113），"西红柿"（124 > 114），"三眼井"（133 > 123 > 113），"猫头鹰"（221 > 211），"还没来"（222 > 212），"完全懂"（223 > 213），"巡洋舰"（224 > 214），"寒暑表"（233 > 223 > 213），"我也有"（333 > 223 > 213），"党委会"（334 > 23′4），"共产党"（433 > 423 > 413）。像这样三个音节的词实际上是前后两个音节念得重，中间轻短，如果认为轻声变化，原无不可；但是当中的上声字能叫前面的上声字变阳平，而且在其他情况，三音节词的第二个字并不都变成这个样子，所以算它是变调还是可以的。

三音节词语的变调还得从两个角度来分析，一是从语义切分的角度(1+1+1，如"甲、乙、丙"；2+1，如"天鹅湖"；1+2，如"老战友")；二是从语法构词的角度(并列，偏正，动宾，动补，方位，主谓，助词结构，以及专名等)。各个方言分别有各自的规律，要认真分析。四音节词语大都为词组，它本身是一个意群单位，内部又有小的意群和间歇；基本上按其内部结构和切分，遵循二音节、三音节词语的变调规律分层次而又综合为一个总体，并各有自己的间隙停顿的特点。汉语中的四音节词组十分丰富多彩，显示着它的音乐美。

七 轻声

语词里的音节或者句子里的词失去了原有的声调，念成另一个较轻较短的音节，叫做轻声。轻声也是变调的一种，不过是一种特殊的变调，它不仅受环境的影响，还跟音高有密切的关系，并且跟长短强弱和音色也都有关系（轻声往往较短，在普通话，主要是音节较短，同时，因为音时短、音势弱的缘故，往往影响到它的声韵母：闭塞音声母浊化，韵母中的主要元音央化，或复元音单元音化。有的方言（如北京、厦门等）轻声有辨别词义的作用，有的方言（如重庆）又无所谓轻声。

轻声不仅是一种语音上的现象，同时也跟词汇、语法密切联系着。咱们现在讲词语中的轻声，叫词语轻声；句法、语用中的轻音跟语调有关，叫语调轻音，不在这里讲述。

比方北京话，词语当中究竟什么字念轻声呢？大体说来，除了一部分历史悠久的双音词的后一个音节如马虎、唠叨、葡萄等以外，念轻音的都是老资格的词尾和一些“虚词”。例如：一些助词（对了，是的，好吧，说呀，拿着），词尾（我的，你们，儿子，石头，尾巴，怎么），某些单音节方位后置词（家里，床上，底下），做补语的趋向动词（回来，拿回来，放上去），量词（这个，三只），多位数词中的数位词（如“三百五十二”中的“百”和“十”），重叠的名词、动词的后一个音节以及夹在重叠动词当中的副词等（妈妈，看看，试一试，要不要），往往念做轻声。词里头的轻声字总在一个音节之后，没有在第一个音节上的。三四个音节的词往往当中的音念轻声（花生糖，瞎说八道）。动宾结构（做工，吃饭）不念轻声，除非个别变成名词的（护书，点心，干事）。新名词、科学名词和所谓雅言等都不含有轻声字，而且往往后一个字念重音。例如：衣服：制服，忽略：战略，道理：真理，笑话：电话，等等。（以上字下面有点的都读轻声，下面有圈的读重音。）

值得注意的是：轻声字失去原有的调值，它是看前一个字的调类调值而表现出自己依附性的短而轻的音高。北京话轻声的规律表现在语音上的，大体是：

阴平后面的轻声字读半低调（2度）："他的" [tha ˥ tə ꜖]；

阳平后面的轻声字读中调（3度）："谁的" [ʂei ˧˥ tə ꜕]；

上声后面的轻声字读半高调（4度）："我的" [uo ˨˩˦ tə ꜔][①]；

去声后面的轻声字读低调（1度）："坏的" [xuai ˥˩ tə ꜗ]。

前一字是阴平或阳平，原已很高了，后一个轻声字就较前一字略低一点；前一字是上声或去声时，后面的轻声字就顺着前一个字的调势上去或下来。

三个音节的语词，如果第二个音节是轻声，不仅跟前一个音节的声调有关，并且跟后一个音节也有关；阴平、阳平跟去声当中的念高调，上声跟阴平、阳平当中的念低调。比方："芝麻

---

① 根据白涤洲实验推断的结果，上声后面的轻声字如果本来是个上声字就不在此例。因为虽然后一个字变轻声，但前一个上声字还按上声跟上声相连的则变成阳平，所以这个轻声字依阳平后的轻声来变，就不如上声后面本来是别的调子的轻声字那么高。例如"小姐"（"小"念阳平），"可以"（"可"念阳平），"我打你"（"我"、"打"都变阳平），"给你了"（"给"变阳平），"姐""以"和"你"就都念做中调轻声。这证明所谓轻声，都还保留着它本调的性质。不过这不能作为一条普遍的规律。大概单念时是上声的轻声字，多数可以两读，随便服从哪一条规律；但词尾性比较明显的轻声字，有许多只有一种念法，前面不念阳平；比方"早起"、"椅子"、"哪里"等。

酱”[tʂʅ ˥ ma ˧˥ ꜔ tɕiɑŋ ˥˩](˥ ˧˥ ˥˩ > ˥ ·˧ ˥˩)，阎王殿[jan ˧˥ uaŋ ˧˥ ꜔ tiɛn ˥˩](˧˥ ˧˥ ˥˩ > ˧˥ ·˧ ˥˩)，讲不清[tɕian ˨˩˦ pu ·˧ tɕʰiŋ ˥](˨˩˦ ·˧ ˥ > ˨˩˦ ·˧ ˥)，“两个人”[liaŋ ˨˩˦ kə ·˧ ʐən ˧˥](˨˩˦ ·˧ ˧˥ > ˨˩˦ ·˧ ˧˥)。假如后两个音节都是轻声，就看第二个音节的高低顺势升高或降低下去，比方：“听见了”[tʰiŋ ˥ tɕiɛn ·˨ lɔ ·˩]，“爬起来”[pʰa ˧˥ tɕʰi ·˧ lɛ ·˨]，“走进去”[tsou ˨˩ tɕin ·˦ tɕʰy ·˧]，“跳出来”[tʰiao ˥˩ tʂʰu ·˨ lɛ ·˩]，“走出去了”[tsou ˨˩ tʂʰu ·˦ tʂʰy ·˧ lɔ ·˨]。上声后面的轻声字所以念得高，跟上声的变成“半上”有关；低降的“半上”加上高音的轻声尾巴，正好等于一个“全上”的调势。

以上讲变调和轻声，都拿北京话做例子。其他方言，有的不怎么容易觉察出来。有的变化比北京复杂得多，各有各的特殊规律。这里只是把这个概念提出来，咱们调查记音、整理归纳的时候应该注意这些现象，从比较里找规律。

八 词语重音

既然有所谓轻声变化，不念轻声的音节显然就该是重音了。咱们平常说话，不可能用同样的强弱轻重，一个字一个字地往外吐，而是依着语言自然的节奏进行的。就汉语来说，有的方言有轻声变化，有的方言没有特殊的轻声变化，但是不管怎样说，不念轻声的音节也不是轻重完全相等的。比方“拿不起来”四个字里头只有“不”字念轻声，可是“来”字最重，“拿”字也比“不起”重。带有轻声的词当中，不带轻声的字，前一个字是重音，念本调，如：知道，扁担，晚上，后一个字是轻声；不带轻声的词，双音词是后一个字重读，前一个字稍轻，可称“中重”或“中音”，如“物理”、“粉笔”，“理”字比“物”字重，“笔”字比“粉”字重，两个字都不失原字的本调，然后再依变调规律而变读。所以不能说汉语里根本无所谓轻重音。不过在汉语和许多汉藏语系语言的音韵结构上，起主要作用的是声调而不是重音；拿俄语、英语、立陶宛语……来讲，在语音结构上也不是绝对没有音调高低的变化，不过起主要作用的却是轻重音而不是音调的高低罢了。

重音有词的重音和语句重音，最基本的是词的重音。

重音总是表现在两个以上音节的语音单位上。词语的重音是词语这一级层次上的音律表现。汉语当中，声调是字的声音组成因素之一，又称字调。由字组合成词或固定词组（统称词语）；往往产生连读变调，并且也反映为轻重音。至于以多音节词为常的语言无所谓字调，重音位置就更成为辨词的要素了。词里头念得最强的音节叫做重音，不强的叫做轻音。有的语言，多音节的词有程度不等的重音，咱们把介乎最强和最弱中间的重音叫次重音。比方英语 conversation[ˌkɔnvəˈseɪʃn]（会话），第三个音节[seɪ]是重音，咱们用一个小直杠“ˈ”放在音节前面的上角来表示；第一个音节[kən]是次重音，用小直杠“ˌ”放在音节前面的下角来表示；其余是轻音，不用任何记号来表示。也就是说，可以把音节的轻重分为“重”“中”“轻”三级。

音强、音长、音高和音色往往互有关系，一个语言的重音不一定只有一种性质。比方俄语重读的元音往往比轻读的稍长一些，德语重读的音节也比轻读的音高一些，许多语言轻读的音节，元音音色有些变化（往往是央化）。不过一般地讲，音强是重音的主要因素。①

从重音的地位来讲，可以把词的重音分做两种基本类型：固定重音跟自由重音。有的语言，重音总在一个词的一个确定的音节上，比方拉脱维亚语、捷克语的重音都在词的第一个音节上，波兰语总在词末倒数第二个音节，法语在末一个音节，我国维吾尔语、哈萨克语大多数语词的重音也都在末一个音节。蒙古语、达斡尔语的重音则在第二音节上。这都是固定重音。也有的语言，虽然每一个词都有它自己确定的重音音节，可是在不同的词里，重音不限定落在词的哪一个音节上。比方俄语、英语等，有的词重音在第一个音节，有的词重音在末了，也有的在当中，这就叫自由重音。

有的语言用重音的不同来区别不同的词，或者用重音的变化表示一定的词法意义，或者构词上的关系。比方俄语：ˈзамок（城堡）——заˈмок（锁），ˈмука（痛苦）——муˈка（面粉）；英语：ˈcommune（公社）——comˈmune（交谈），ˈinstinct（本能）——inˈstinct（充满……的），这是重音不同表现不同意义的词的例子。又如俄语гоˈра（山）的单数第二格是гоˈры，多数第一格是

① 可以拿俄语做例子：根据谢尔巴的研究，在一切条件都相同的情况下，俄语重读元音比非重读元音平均要长一半。俄语中元音的长度本身并不是一个常数，主要得看发音的语体。但是，必须严格遵守元音在重读音节和非重读音节中的相对长度的规则，即重读元音不应该缩得太短，而非重读元音应该相应地缩短三分之一或二分之一。譬如俄语потому这个词中，如果把重读元音у的长度作为1，那么重音前第一个元音即这个词的第二个о的长度得等于三分之二，而重音前第二个元音即第一个о的长度则等于二分之一：[pə(1/2)tʌ(2/3)mu(1)]。在яблоко这个词中，最短的是重音后第一个元音о：[ja(1)blə(1/2)kə(2/3)]。咱们还可以看出上面例子中非重读元音音色上的变化：非重读的о是念[ʌ]，而轻音о则念做[ə]。此外，还可以注意到，俄语重读元音的紧张程度虽比汉语元音较弱，但它的非重读元音的紧张程度则又比重读元音更加微弱。看波拉杜《俄语发音基础教程》，1955年，莫斯科外文出版局版，第51页。

ˈгоры；英语record（记录）做名词时重音在前，做动词时重音在后，这是不同的重音表现词的不同的语法作用的例子。再如俄语моло'дой（年轻的）—мо'ложе（更年轻）—'молодость（青春），英语ad'mire（赞美，动词）—admi'ration（赞美，名词）—'admirable（可赞美的），由于构词的关系，重音的地位也发生了变化（相应的元音读音也发生了变化），这叫可移动的重音。有的语言重音不能移动，比方德语，各个同根词的重音，总是在同一个音节上，如'wunder（惊奇），'wunderbar（奇怪的），'wunderlich（怪异的），ver'wundern（惊骇），be'wundern（惊喜）等字，重音总在音节wun上，这叫不变的重音。

一个语言有一个语言的重音特点。比方俄语一个词一般只有一个强重音，英语却能一个词有两个强重音，如'un'known（不知道的）、'insin'cere（不诚实的）、'arch'bishop（大主教）等；法语的重音不仅位置跟德语不同，而且它的强度也远不如德语重音那么强。意大利语、西班牙语、葡萄牙语的重音也各有各的规则。汉语虽以声调为主，也不是没有重音，但是作用不一样。

可是，并不是任何语言从一个角度来看只能属于一种类型的。比方英语，它是日耳曼语族的一个语言，但它的重音规则却和一般的同族语不同。因为原始英语在最初的盎格罗撒克逊语中，就已借用了很多法国语词，所以英语里有的词遵守着一般日耳曼语族的通则，是不变的重音，如earth（地）、'earthly（地上的，凡俗的），to un'earth（发掘）、'earthenˌware（陶器）等；又有一些从法语借来的词，重音就不合不变重音的规则了，如上面所举admire等词。所以要了解任何一个语言的语音结构，常常需要了解这个语言的历史演变情况。

九　语句重音

词的重音是表现在一个词的某个音节上的，那是因为传统的关系，把重音固定在一个词的一定位置上面；尽管也有可移动的重音，可是总不可以把一个重音随便挪到哪一个音节上去。另外还有一种重音，是表现在一句话里的语词上的，这叫做语句重音。语句重音跟词的重音在语言中的作用是根本不相同的。语句重音是跟着句子的内容走的，要看句子的组织和词语在句子里的地位，同时利用语句重音也能改变句子的意思。

一般总是把语句重音分做三类：一是句法上的重音或节律重音，二是逻辑重音，三是强调重音。实际上语句重音不但跟句法有关，同时，也跟表达的重点有关。从这里可以看出，语音和语法修辞的关系本来是很密切的。不过，在一般“中性的”词组中，重音照例固定在某个词上；而在说话人有某种意思要突出地表现的时候，在重音、语调等等方面，也会发生一些变化罢了。

1. 节律重音

几个词结合在一起，形成一个统一的意义整体，往往其中有一个词的重音特别强，其他是一些较弱的重音和轻读的词，这样的语词结合体叫做意群(syntagma)，或节拍群，或称语段。语句重音就是意群中的那个强重音。[①] 比方俄语：вче'ра''вечером | я про'чел

① 马图谢维赤：《普通语音学引论》，第73页。有人管意群叫做气呼群(groupe de souffle)，意思是说在这一片断以内没有气息的停顿。这虽没有什么错误，可是终究掩盖了这种现象的意义本质。所以我们愿意采用“意群”这个名词。有人把文字上形成一个意义单位的若干个词的结合体叫意群，把语音上一次呼吸所包括的若干个音节的

инте'ресную ст а''тью. ‖ ①(昨儿晚上我看了一篇有意思的论文)。这个句子由两个意群构成，每一个意群是一个意义单位，同时也是一个较大的语音单位或节拍段落。语句重音表现在每一个意群当中，跟它里头哪个词最重要很有关系。单念的时候，每一个词都可以有一个重音，但是意群里面，有些词却整个儿是轻读的；语句重音落在意群的中心语词上。这是词的重音在语句中发生的变化。应该注意各个语言里哪些个词在句子里就会失去词的重音(根据这些词的性质和作用)，这在各个不同的语言里，情况也不尽相同。这就是节律重音。②

以汉语普通话为例，像下面的句子："'告诉他，是'我让你们来的。"——"告诉"的"诉"，"他们"的"们"，以及语气助词"的"，在任何情况下都是轻音，是词语轻声。本句中的"他"、"是"和"你们"也读轻音，是因在本句上下文中，因突出邻近的语词"告诉"和"我"而轻读，因而是语句轻音；在其他场合，这些词是可以重读的，甚至同样排列的这些词语，要强调"告诉"的对象，确实"是""我"让"你们"(而非让别人)来，又都可以重读，这就是语句重音。(但是"们"字在任何地方都不重读，除非说"这个'们'字……"。)这里可以看出语句轻音跟词语轻声不同的地方。语句轻音或语句重音是由句子的构造和词在句中的位置决定的，与语法修辞有关。

结合体叫气群；通常不应该也不可能把一个词割裂开来，分属两个气群，除非有时在诗歌朗诵中咱们会听到词语单位同节拍的切分相交错的例子。还有人把一口气说得了的一句话或者长句中的一部分可以很便当地用一口气说出来的叫气群；把句子里分成更小的单位，在这些单位之间可以有间歇的，叫做意群，因而每一意群包括少数几个语法上紧紧相连的词，这些词即使在很慢的说话中也是说在一块儿的。这一个定义下的意群也跟咱们这里所谓意群的含义不同。

① 这里句子当中的竖线表示意群间的间歇，双竖线表示较长的间歇，音节左上角的双短杠表示加强的重音。

② 例如俄语里的人称代名词常常是重读的，而在德语却常常轻读。

意群意义的完整性可以分做几等：有的可以独立成句；有的只是一个意义的单位——词组，不能独立成句；也有一个词就是一个意群的。按照意群的完整独立性、重要性或意义的联系性的不同，意群间的间歇也各有长短的不同，有的间歇很短，在比较快的说话当中就可以没有间歇（在文字里常常也就没有标点来表示，对于这样的间歇，有时咱们用浪线“⦚”来表示）。较长的意群还可以分为若干较小的意义单位（往往其中有一个词是重读的），咱们管它叫动力群，或者叫做节拍群。有的语言，在句子里没有词的重音，例如法语，句子分为几组只有一个词是带重音的词群，其余的词一律轻读，这些词群是节拍群，同时也是意群。比方：Cet ar'ticle ǀ est tout à fait bien é'crit ‖ 这就是说，在法语里不管词的语法范畴怎么样，都能变成轻读词，全看它在句子里的地位，这是法语语句重音的特点。

把句子的意群分得不对，会改变句子的意义，或者使句子难懂。比方下面十个音节，咱们用三种不同的意群和节律重音来读，可以得到三种不同的解释：

“下雨天，ǀ 留客天；‖ 留我⦚ 不留？ ‖”这是客人问主人留不留他。

“下雨⦚ 天留客，ǀ 天留⦚ 我不留。‖”这是主人说不留他。

“下雨天，ǀ 留客天；‖ 留我不？‖ 留。‖”这是客人自问自答，他要留下，他按自己的主观愿望替主人回答了。

美国语言学家弗里斯（G. Fries）在他的《英语结构》中指出：“5加4乘以6减3”可以有不同的答案：27，12，26，51——5加4/乘以/6减3= 27，5加/4乘以/6减3=17，5加4/乘以6/减3=51，5加/4乘以6/减3= 26。这里，不仅有停顿处的不同，而且有间隙长短的不同，不同的延停与气呼群。比如汉语来说，(5+4)×(6−3)(=27)是：五加四 ｜乘以 ‖ 六减三 ‖ 等于二十七"；5+[4 ×(6−3)](=17)是："五加 ‖ 四乘以 ｜六减三"；[(5+4)× 6]−3(=51)是："五加四 ｜乘以六 ‖ 减三"；5+(4×6)−3(=26)是："五 ‖ 加 ｜四乘以六 ‖ 减三 ‖"。这说明：语言中的间隙同音乐中的休止符一样，是语流中不可忽视的部分，是音步或意义的构成成分。

再举一个俄语的例子：Я развлекал его стихамн моего друга. 如果在его后面停顿一下，его这个词就是人称代词做宾语，这个句子的意思就是："我以我朋友所写的诗去给他消遣。"如果его后面没有间歇，而在стихами这个词后面停顿一下，его就变成了物主代词，修饰стихами。这样一来，句子的意思就是："我以他(另外某一个人)所写的诗去给我的朋友消遣。"

2. 逻辑重音

逻辑重音也就是对比重音。

语句重音由于说话的环境不同，着重点不同，由于要肯定某一件事情或是由于对比反衬，把句子里的某个词突出地显示出来，重音地位就会发生一些变化。在最平淡的语句里轻读的语词碰着这样的情况也可能比任何一个别的词读得更加重。一般管这种在意群内部用来强调指出某个在意义上特别着重的词的加强的重音叫做逻辑重音。

比方，拿汉语来说，"我不会写诗"这句话，其中随便哪一个词都可以重读：

"我不会写诗，你来写。"

"谁说我会写诗呀？我不会写诗。"

“我不是不肯写，我不会写诗。”

“我只会欣赏诗，我不会写诗。”

“我不会写诗，写段散文行不行？”

值得注意的，即使是对比重音，重音也是落在一个词上，而不能落在一个小于词的词素上。例如：“你以为他看不见啊？其实他看得见。”“不”字和“得”字始终都念轻声，“看”字都重读，不过可能“看得见”说得舒缓一点，体现出重点在后。

俄语里头的前置词一般是不重读的，可是：Где же нашлась газета, ˈна столе или ˈпод столом?（报纸在哪儿？在桌子上面还是在桌子下面？）重音却刚好落在前置词上。别的语言里也有类似的现象。

比方英语，咱们可以举“I didn’t ask you to,”（我没有让你去〈做〉）为例，因为着重点不同，可以有以下5种读法（例图摘自琼斯《英语语音学纲要》1956年8版，第31章“语调”附图）：

图1 （通常读法）

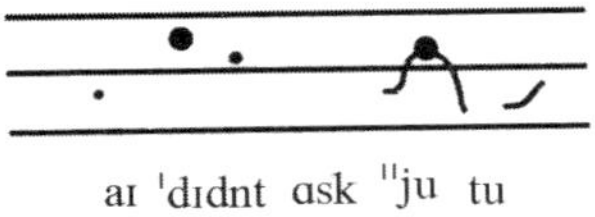

图2 （强调 you）

图3 （强调 didn’t ask）

图4 （强调 ask）

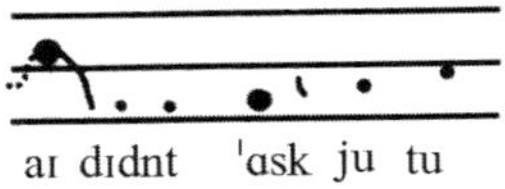

图5 （强调 I）

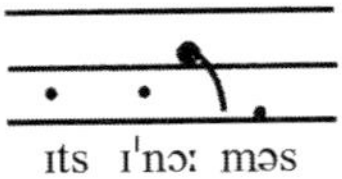

图6 （通常读法）

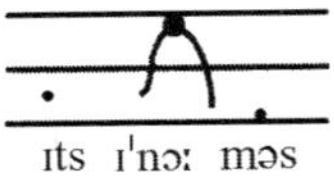

图7 （特别强调）

3. 强调重音

因对比、反衬、肯定而加强的重音叫逻辑重音；因为含有强烈的感情而加强的重音叫做强调重音。① 计划生育，“最好生▼一个”，如果说成“最好▼生一个”，重音挪到前一个音节上，就变成劝人生孩子了。强调重音也就是感情重音。有时因为强调的缘故，词的重音或语句重音会变换地位。比方说，法语重音总在末一个音节，可是："beuacoup（许多）、ab"solument（绝对）、ex" trêmement（极）、"terrible（可怕）、in"croyable（不可信）、"misérable（苦人）、"animal（畜生）、"bandit que vous êtes!（你这个强盗！）重音都向前挪了。这种特殊的重音事实上比平常的重音还强，可是当它们单念或用在不带感情成分的语句里的时候，还是照一般的规律把重音放在末了的。

逻辑重音和强调重音常常跟口气语调相结合，有时候利用扩增语调的幅距来表现，有时候利用特殊的调形来表现，也有时候利用增加音长音势或结合以上的方法来表现。如英语 It’s enormous（真大！）请看前页图 6 和图 7。

十　口气语调

跟句子的句型或情感有关的语调叫口气语调，也就是句调。不论句子的长短（一个词构成的独词句，乃至几个分句构成的复合句），没有句调，就不成其为句子。口气语调跟声音高低、强弱、长

① 强调重音跟逻辑重音的区别，看谢尔巴：《法语语音学》，第 131—134 页。

短、快慢舒促都有关系，而高低抑扬的变化尤其显著，尤为重要。

比方一个人在接电话，你只听见他说：“a˧，a˧，a˧，…a˥？…a˧˥？！…a˥˩！…a˧˥˩！”你会猜想得着：起先是表示听懂对方的话了；后来是发问，也许什么话他没听清楚；接着是表示惊讶，大概对方所说的是出乎他的意料之外的；最后表示他完全懂了，或者有“原来是这样不是那样”的意思；末末了儿大概他是不耐烦了。从这个例子可以很明显地看出来，语音中的口气语调跟语意是多么紧密地相联系着的了。

几乎每一个句子都有它特有的意味，因此口气语调是一个极有趣味同时也是极复杂的题目。比方说，北京人常爱说：“您可真行！”这句话重音是在“真行”两个字上，它可以表示夸奖赞赏的意思。但也可能表示嘲讽轻蔑与反讥的意思，如果末了儿那个“行”字拖长，由高升的阳平调加上全降的话(像是阳平+去声的样子)。所以人说：“听话要听声，锣鼓要听音。”在这里，我们不可能详细分析口气语调的一切变化和作用，只能很粗略地讲一讲。

口气语调不单是指某一个词的语调而言，它是贯穿在整个语句中的。比方说，咱们说口气语调有升调、降调、曲折调、延伸调和急促调。这所谓升、降、曲折，延伸和急促，就不单是指一个字音的升降曲折，而是整个句子的进行情况，不过一般地说，这种升降曲折表现在重点意群或末一个词上往往特别显著些罢了。特别是感叹词或语气词，在口气语调中的作用更显著。决定口气语调的往往不止是一种因素或条件，因此分析口气语调也格外需要细致。除了音高的升降以外，还有读音的轻重、舒促和调阈的变化以及停延的表现等。

大概一般的陈述句、命令句、感叹句和含特殊疑问词的问句等，多用降调的口气语调（舒促、轻重和调阈不同）。一般的问句，未完的句子，或句子的前一些部分，或有含蓄的句子，多用升调。表示踌躇、迟疑的句子多用平调，表示夸张、强调的时候往往用得着长短不等的曲折的语调。这里所谓升调、降调、平调，在句子的当中往往还可以容许有一些波折。[①]

就汉语来讲，一方面口气语调表现了整个句子语调的高低抑扬，同时句子里的语词又各有自己的声调（字调）或连读变调，口气语调不能不受它的影响，所以情形要比俄语英语等以重音为主的语言复杂些。有人说，咱们汉语语调耳朵所听见的结果实在是口气语调跟词的声调两样儿的"代数和"，虽然加数相同，因为被加数（声调）不同，得数也就不同了。[②]还拿北京话做例子：比方，"我姓庞，你姓叶"。上句暂顿的口气末字提高，下句结束的口气末字下降，口气语调跟字调一致，两样儿相加，其结果跟中性语调升降的程度虽然有些不同，性质还是一样。主要是音高上下限之间的范围（所谓"调阈"）有所伸缩，是一个变量。可是倒过来如果不管字调，就成了"我姓爷，你姓胖"了。那么怎么办呢？"叶"字去声要降而口气要它提高，结果成了一个不很降的去声；"庞"字阳平要提高而口气要它下降，结果成了一个不很升的阳平，这就是两种因子的代数和。这还不过是逻辑性的口气，没有什么情感的影响，

① 各个具体语言详细的调形、变化及各种情况下的含义等，这里无法细讲。关于英语的语调，可以参看 Armstrong and Ward：*Handbook of English Intonation*, Klingharst: *Ueberngen im Englischen Tonfall*, Jones: *An Outline of English Phonetics, Intonation Curves*, Palmer: *English Intonation*, Торсуев或Дикушина的*Фонетика английского языка*等书。

② 参看赵元任：《最后五分钟》附录，第131—132页；《中国字调跟语调》见《史语集刊》第四本第二分，第130—133页；吴宗济《汉语普通话语调的基本调型》（见《王力先生纪念文集》，商务印书馆，1990年）。

要是带感情的口气语调占主要地位的时候，就会改变调形了。比方：“这个坏”，“这个好”，“坏”是去声(˥˩)，“好”是上声(˨˩˦)；可是在下面的句子里：“(你说)这个坏˥˩˧？这个(可)好˨˩˦˩！”“坏”从降调变成了一个降升调，“好”的后一大部分原来是上升的，现在是升而又降。又如列举式的传话：“说你多有钱˧˥˩，说他多好看˨˩˦˩，说你们多快活˧˥˩！”申述式的断言：“不是你˨˩˦，是他˥˥˩。”可以看出，这是完成了字调以后又加上口气语调的形式。拿北京话每个句子末一个字的语调来说，字调加口气语调的结果如下：(1)口气上升的：阴平55＞56，阳平35＞36，上声214＞216，去声51＞513。(2)口气下降的：阴平55＞551，阳平35＞351，上声214＞2141，去声51＞5121。[①]可是口气语调不一定在末一字上，也有同时起作用因而把中性语调跟字调的代数正负号都反了过来的，例如“好家伙”的中性语调是“低，高，降”(˨˩ ˥ ˥˩)，在表示不满与鄙薄的时候，感情作用会把上声“好”念成像去声的样子：“好(音耗)家伙！”变成“高降，中，低”(˥˩ ˧ ˩)了。“真是的！”声母也变了，像是说“趁是的！”(chen ˥˩ shi ˩ de ˩)。这里，语音的改变，表达了说话人强烈不满的感情。

十一　节律

语言中声音的高低、轻重、长短、快慢、间歇和音色造成语言的节律。语言的节律是人们为了准确地传达词句的内容，表现说话人的思想情感，以求达到互相了解的必要手段。同样内容的词

① 数目代表度数。《中国字调跟语调》，第133页。

句，采用不同的语气、间歇、长短、快慢，效果可能完全不同。不同的语体，语调也有差异。所以无论说话、演剧、广播或是朗诵诗文，都得讲究语言的节律，要讲求表达的得体性。也就是说，得用最适当的声音来表达词句的内容和情感。

语言的节律可以影响语词音节的长短轻重。比方，下面的两句话：

(1) 我们的祖国
像东方升起的太阳，
光芒万丈！

(2) 万丈光芒的太阳
从祖国的东方升起。

第一句话的“国”字、“阳”字、“芒”字、“丈”字重而长，第二句的“国”字、“阳”字、“芒”字、“丈”字就比较显得轻而短了；第一句的“起”字轻而短，第二句的“起”字重而长……。英语的情形更显著：fourteen（十四）单念有两个重音[ˈfɔːˈtiːn]，可是，ˈfourteen shillings（十四先令）和ˈjust fourˈteen（刚刚十四）中的fourteen都只有一个重音。由于语言中的重音跟轻音往往有一种互相间错、求匀整的倾向，它们的重音地位也就不同。同样地，ˈunˈknown（不知道的），an ˈunknown ˈland（一个不知名的地方），ˈquite unˈknown（完全不知道），ˈunˈsolved（没解决的），an ˈunsolved ˈproblem（一个没解决的问题），it reˈmains unˈsolved（那还没解决）等，一个词的重音常常跟它前后的环境有关。再像put on（戴上）的on，把ˈput it ˈon（把它戴上）里，it轻，所以on重；在ˈput your ˈhat on里面，on因为落在重读的hat后面，所以就变成了轻音。又如英语节律跟长短的关系：eight(八)、nine(九)、ten(十)跟eighteen(十八)、nineteen(十九)、twenty(二十)的时值差不多，所以eight，nine中的[eɪ]和[aɪ]差不多比eighteen，nineteen中的[eɪ]、[aɪ]长了一倍；又如there's ˈnobody ˈthere(那儿没人)跟there's ˈno ˈtime，后一句话的no差不多等于前一句话nobody三个音节的时值！法国人说英语，常常把每个音节读成同样的时值，就是由于没有掌握住英语的节律原则。(请比较汉语"十三"、"三十"和"三十三"当中的"十"字！)

语言中的句子自然而然可以分成许多节落，就是所谓意群；每个节落又可分成许多小节落，就是所谓节拍群，或称"音步"。节落跟节落之间有长短不等的间歇，句子里的词或词里的音节又各有不同的高低轻重(声调、重音)和快慢不等的速度，有时咱们还利用若干句子中的某些地位上相同音色的反复再现(双声、叠韵、韵脚、腹韵等)，来造成语言的某种气氛和情调，……这一切就构成了语言的节律，或者说是语言的节奏感。所以语言的节律就是音和音的相对关系和组合关系。

由于说话人生理上的需要，咱们说话得有起落停顿、轻重的交替。由于语言本身的需要，为使语句中的关系分明，清新有力，鲜明动人，具有"高度的语感"，为使句子里某些部分唤起听者最大的注意，咱们利用上述种种条件来达到咱们的目的。这在诗歌韵文里表现得最是突出、明显。我们拿贺敬之的诗《三门峡——梳妆台》中的一节做例子：

三门峡——梳妆台 贺敬之

望三门，三门开：
黄河东去不回来。
昆仑山高邙山矮，
禹王马蹄长青苔。
马去“门”开不见家，
门旁空留“梳妆台”。

望三门，三门长：
“黄河之水天上来！”
神门开，鬼门窄，
人门以上百丈崖。
黄水劈门千声雷，
狂风万里走东海。

这里诗人运用适当的停顿、反复，选词，用韵，把三门峡惊险雄奇的景观突出地显示了出来。

让我们再看另一首不同情趣的诗歌：

山水天地间

——民航之歌 韩志国

山恋着水，
水环着山。
一代一代的好儿女，
飞翔在山水间。
朝携彩霞晨风去，
夜伴星光明月还。
花开花又落，
月缺月又圆。
一脸微笑一身汗，
带来永恒的春天。
放一只只银鸽飞向遥远，
留一串串故事讲给明天。

天连着地，
地接着天。
一年一年的好时光，
流淌在天地间。
端杯冷饮送温暖，
捧碗热茶洗风寒。
云聚云又散，
路近路又远。
一腔热情一身胆，
谱写多彩的诗篇。
洒一片片深情回赠大地，
唱一支支心曲献给蓝天。

诗歌的语言是必须注意它的韵律和节奏的。伊萨柯夫斯基说：

"如果一个诗人不关心自己的歌的形式，如果他是随随便便地，用信手拈来的字句去写它，那么任何内容，甚至于最丰富和最鲜丽的内容，都会变得贫乏和苍白。"①

咱们的民间口头创作（民歌、快板等）以及古典诗词中，有很丰富的材料可供咱们用做研究汉语节奏规律的凭借。虽然实际的错综变化是很多的，可是大体可以说，三拍子跟四拍子（五言或七言）是汉语节律的基本形式，吐音的强弱是轻重相间的，每个字的时值看在一个节拍群中包含字音的多少，随着这个字在这个节拍群中所处的地位而有长短不同的变化。自然，有时为求节律的匀整或变化，会有一些灵活的处理，如停延、衬字等。

请听云南马锅头（赶马运输队）唱的"呈贡调子"：

哥（那个）在（至）高山（那个）放（呀）放（放）牛，
妹（那个）在（至）花园（那个）梳（那个）梳（梳）头。
哥（那个）在（至）高山（那个）招（呀）招（招）手，
妹（那个）在（至）花园点（那个）点（点）头。

"哥在高山放牛"，6个字，得说成"哥在高山放放牛"，7个字，再加上衬字，成为以上的样子，让每个实字都落在二拍子开头的强拍子上。

再看浙江民谣《小篷船》：

小篷船

小篷船，装粪来，
惊飞水鸟一大片。

---

① 伊萨柯夫斯基：《谈诗的技巧》，1955年，作家出版社，中译本，第31页。

摇碎满河星，
摇出满囱烟。

小篷船，装粪来，
橹摇歌响悠悠然。
穿过柳树云，
融进桃花山。

以上头两个三字句合起来是四拍子，跟接下来七字句的四拍子延停节奏不一样；后两个五字句则与五言旧诗的拍子节奏相似。

再举大家知道的歌曲《冰糖葫芦》中的一节为例，看看民间歌曲中的衬字和节拍：

冰糖葫芦

都说｜冰糖｜葫芦儿｜酸，‖
酸里面｜裹着｜甜。—‖
都说｜冰糖｜葫芦儿｜甜，‖
（可）｜甜里面｜透着｜酸！—‖
糖葫芦｜好看（它）｜竹签儿｜穿，‖
象征幸福｜和团｜圆。—‖
（把）幸福和｜团圆｜连成｜串，‖
没有愁来｜没有｜烦！—‖
站得｜高（你就）｜看得｜远，‖
面对苍山｜来呼｜唤，—‖
气儿也｜顺（那个）｜心也｜宽，‖
你就年轻｜二十｜年！—‖

都是一句四拍，但是各句字数不等。有一字两拍的，如上例带延长号的各字；也有四字一拍的，衬字（上例括号里的字）还可能占了前一句句末的时段，好让重读的字落在音步的开头，也显得错落有致。

诗从民歌民谣来，民歌民谣又受诗的影响。

相传是李白所作的《菩萨蛮》也是四拍子和三拍子的节奏：

菩萨蛮

平林漠漠烟如织，
寒山一带伤心碧。
暝色入高楼，
有人楼上愁。

玉阶空伫立，
宿鸟归飞急。
何处是归程？
长亭连短亭。

后来在五言、七言基础上增减字的长短句，实际节奏的基调还是传统的三拍子和四拍子：

调　笑

韦应物

胡马，胡马，
远放燕支山下。
跑沙跑雪独嘶，
东望西望路迷。

迷路，迷路，

边草无穷日暮。

在曲文中，有时候为了淋漓尽致地抒发感情，可以在传统五、七言诗词句式中加上很多嵌字、衬字，造成一口气二三十个字的长句，例如关汉卿所写的套曲《南吕一枝花·不服老》的结尾，把两个七字句扩展成为以下两句：

我是（个蒸不烂、煮不熟、槌不扁、炒不爆、响当当）一粒铜豌豆，（凭子弟每谁教你）钻入（它锄不断、砍不下、解不开、顿不脱、慢腾腾）千层锦套头……。

即使在嵌字、衬字当中，除了语义、语气的着意渲染以外，咱们也看到作家在用字平仄、对仗、粘连等方面造成的语音效果。

语文作品里通过标点符号表示言语中的语气、延停节律和作者的情感等。无论什么体裁的作品，句中和句末大小不等的停顿，都该用恰当的标点来表示。标点要表现出言语中的意群音步和停延来。比如王蒙的《苏州赋》：

左边是园，右边是园。

是塔是桥，是寺是河，是诗是画，是石径是帆船是假山。

……

第二小节如果按每个“是X”来断句，到是符合语法，可就太零碎，反而不能妥帖地表达作者所要传达的意境和情趣了。所以作品也要在标点符号上下功夫。

总之，一篇作品，咱们不单要注意使用语言的正确性，不让它有语法上的错误和不妥帖不适当的语词，不单要注意推敲文字的意义和用法（包括正确使用标点符号），还得注意它的声音和韵律，发挥语言的声韵节律之美；不单要教咱们的眼睛看起来顺当，而且还得让它通过咱们耳朵的考验。用诗的语言，音乐的语言，让语言跟音乐结合起来，加强咱们文字的感人的力量。不但有韵的美文、诗歌戏词、民间曲艺等应该能朗诵，或是能唱，就是散文也该能够朗朗上口。这就需要作家们付出辛勤的劳动，而语音学是可以给他们帮助的。

第六章　语流音变

前面说过，咱们日常说话，总是在很短的时间内把一些音连续着发出来，并不是一个一个地单独发出来。换句话说，语音单个出现的机会很少，咱们发出的和听到的语音常是以结合的状态出现的。一个语音和其他语音组成一串连续的音，就难免互相影响，于是就产生了语音的变化，这叫语流音变。这种语音的变化跟前后音的影响、音在词中的部位、轻重音和说话的速度等都有关系。

语音发生变化的另一种原因，是由于历史的演变。一种古代的语言到现在分化为若干种语言，或一种古代的语言到现在分为若干种方言，语音都有改变，假使我们构拟出古音来，跟现在的具体语言或方言的语音来比较，就可以看出很多语音变化的情形。

语音的变化服从于一定的变化规律，但语音的变化规律不是可以应用于任何语言任何时代的一般规律。某种语音变化发生在甲语言里，不一定发生在乙语言里；在同一种语言里，某种语音变化发生在古代，不一定发生在现代。所以根据语音的变化规律也能说明某一语言的特征。比方说，英语的同化作用以前进的同化为常，俄语以后退的同化为常；汉语北京话也以后退的同化为常，等等。此外，除了发音上的变化，还有历史性的变化，这是不能用现代语言中的发音规则来解释的音变。在语言发展的过去某一时期，这种变化当然也是合规律的，但是后来它所依据的规律失效了，因此现在不能解释。总之，我们决不可看到一种语言有某种语音变化，就断定其它语言也有相同的语音变化；也不能看到某语言在古代有某种语音变化，就断定现在还有相同的语音变化。

首先，要区别非规范的读音（往往无规律）与音变（有规律）。非规范读音不是音变，要正音。其次，要区别音变现象和音变规律，从现象归纳出规律，以规律解释音变现象。再次，要区别共时（现代）音变与历时（历史）音变。否则一些变化说不清楚。

世界上的语言种类很多，语音变化的情况，也就非常复杂，我们知道的语言是有限的，所以我们不能把所有的语音变化都介绍出来。普通常见的语音变化有同化、异化、弱化、增音、减音、脱落、换位、代替、转换等，下面分别叙述。

一　同化

这是一般语言中最常见的一种语音变化。当两个不相同或不相似的音连起来发的时候，两个音由于互相影响，互相适应，变为相同或相似的音，这种作用叫做同化作用。为什么会发生这种作用呢？这是很容易理解的。既然两个音不相同或不相似，那么当两个音连在一块儿的时候，叫发音的人在一瞬间改变发音部位或改变发音方法是有困难的，就容易把两个音中的一个改成跟另一个音发音部位或发音方法相同的音，这样就产生了同化作用。下面分辅音的同化、元音的同化和声调的同化三项来叙述。

1. 辅音的同化

同化的程度有全部和部分的区别。全部的同化是一个音使另外一个音跟自己完全相同；部分的同化是一个音使另外一个音跟自己发音部位或发音方法相同。辅音的同化一般又分为前进的和后退的两种：

甲、前进的同化 又叫顺同化。前一个音影响后一个音。发生这种同化的原因是因为前一个音发完以后，紧接着就发后一个音，一时发音部位或发音方法或部位和方法来不及改变，以致把后一个音给同化了。又有全部同化和部分同化的区别：

a. 全部同化 前一个音使后一个音的发音部位和发音方法跟自己完全相同。如福州话两字连读时，假使前一字的韵尾是[ŋ]，后一字的声母是[k、k^h、x、tɕ、tɕh、ɕ、○(没有声母)]，那么后一个字的声母都被[ŋ]同化为[ŋ]。例如：[1]

[tɕĭeŋ](战)[kwɔk](国)连读作[tɕĭeŋ ŋwɔk]

[k^hiŋ](轻)[k^hei](气)连读作[k^hiŋ ŋei]

[p^hiŋ](品)[xaiŋ](行)连读作[p^hiŋ ŋaiŋ]

[eiŋ](限)[tɕiɛ](制)连读作[eiŋ ŋĭɛ]

[$tɕ^h$iŋ](清)[$tɕ^h$yɔŋ](唱)连读作[$tɕ^h$ĭŋ ŋyɔŋ]

[k^hĭeŋ](谦)[ɕy](虚)连读作[k^hĭeŋ ŋy]

[tyŋ](中)[yɔŋ](央)连读作[tyŋ ŋyɔŋ]

又如英语的individual(个人的)本来读作[ɪndɪˈvɪdjuəl]，但有人把它读作[ɪnɪˈvɪdjuəl]，两个非重读音节中相连的两个辅音，其中的一个[d]，被[n]同化为[n]。

德语里的Zimmer(屋子)是由Zimber变来的(试比较高德语的Zimmber，英语的chamber，法语的chambre)，b被m同化为m。

① 参看陶燠民：《闽音研究》，科学出版社，1956年，第18页。

b.部分同化

部位的：如英语的ribbon（带子）本读作[ˈrɪbn]，但有人读作[ˈribm]，舌尖音[n]被唇音[b]同化为唇音[m]；bacon（咸肉）本读作[ˈbeikn]，常读作[ˈbeikŋ]，舌尖音[n]被舌面后音[k]同化为舌面后音[ŋ]。

又如德语的haben（有）本读作[ˈhaːbn]，但有人读作[ˈhaːbm]，舌尖音[n]被唇音[b]同化为唇音[m]；denken（想）本读作[ˈdɛnkn]，常读作[ˈdɛŋkŋ]，舌尖音[n]被舌面后音[k]同化为舌面后音[ŋ]。

方法的：如福州话“棉”读作[mei̯ŋ]，“袍”读作[pɔ]，“棉袍”二字连读作[mei̯ŋ mɔ]，塞音[p]被鼻音[ŋ]同化为鼻音[m]；“黄”读作[wɔŋ]，“蜂”读作[pʰuŋ]，“黄蜂”二字连续作[wɔŋ muŋ]，塞音[pʰ]被鼻音[ŋ]同化为鼻音[m]；“皇”读作[xwɔŋ]，“帝”读作[ta]，“皇帝”二字连读作[xwɔŋ na]，塞音[t]被鼻音[ŋ]同化为鼻音[n]；“便”字读作[pi̯eŋ]，“利”读作[lei]，“便利”二字连读作[pi̯eŋ nei]，边音[l]被鼻音[ŋ]同化为鼻音[n]。①实际也就是两字连读后一字非鼻音声母被前字的鼻音韵尾同化，变为与原字同部位的鼻音声母。

又如英语的leads（领导）读作[liːdz]，清音[s]被浊音[d]同化为浊音[z]；observe（观察）读作[əbˈzəːv]，清音[s]被浊音[b]同化为浊音[z]。

乙、后退的同化　又叫逆同化。后一个音影响前一个音。发生这种同化的原因是由于说话人在未发前一个音时已经预料要发后

① 参看陶燠民：《闽音研究》，科学出版社，1956年，第17页。

一个音并开始作发后一个音的准备，就在这准备的当中发出了前一个音，因而前一个音受了影响，被后一个音同化。也有全部同化和部分同化的区别。

a. 全部同化　例如，北京话的“难”读作[nan]，“免”读作[mi̯ɛn]，“难免”二字连读作[nam mi̯ɛn]，[n]被[m]同化为[m]。又如厦门话“发”读作[huat]，“汗”读作[kũã]，“发汗”二字连读作[huak kũã]，[t]被[k]同化为[k]。

又如广州话“一”读作[jɐt]，“元”读作[mɐn]，“一元”二字连读作[jɐm mɐn]，[t]被[m]同化为[m]。

隆安壮话“专”字单念是[tsiːn]，“专门”念[tsiːm moːn]，[n]被[m]同化为[m]；横县北部壮话“门”念[paːk tou]或[paːt tou]，后者[k]被[t]同化为[t]。

又如俄语的отдать（交付）读作[ʌdʲdatʲ]，[t]被[d]同化为[d]；сжечь（烧）读作[ʐːɛtʃ]，[s]被[ʐ]同化为[ʐ]；又如英语的horseshoe（马掌），本读作[ˈhɔːsˈʃuː]，但常读作[ˈhɔːʃˈʃuː]，[s]被[ʃ]同化为[ʃ]；give me（给我）本读作[ˈgivˈmi]，但读作[ˈgimˈmi]，[v]被[m]同化为[m]。

又如拉丁语in-是表示否定意义的词头，但加在以r、m为首音的字的前面时，in-中的n就被r、m全部同化，因而in-就变成ir-、im-，例如：

irrationalis（不合理的）＜inrationalis

immobilis（不动的）＜inmobilis

b. 部分同化

部位的：如北京话“面”读作[miɛn]，“包”读作[pao]，“面包”二字连读作[miɛm pao]，舌尖音[n]被唇音[p]同化为唇音[m]。又如南京话“三”读作[saɣ̃]，但“三本”读作[sampən]，舌面后音[ɣ̃]被唇音[p]同化为[m]；“三段”读作[san tuan]，舌面后音[ɣ̃]被舌尖音[t]同化为舌尖音[n]。

又如苏州话“金”读作[tɕĭən]，但“金榜”读作[tɕĭəm paŋ]，舌尖音[n]被唇音[p]同化为[m]；“金箍”读作[tɕĭəŋ ku]，舌尖音[n]被舌面后音[k]同化为舌面后音[ŋ]；“金鸡”读作[tɕiɲ tɕi]，舌尖音[n]被舌面中音[tɕ]同化为舌面中音[ɲ]。又如厦门话“新”读作[sin]，“妇”读作[pu]，“新妇”二字连读作[sim pu]，舌尖音[n]被唇音[p]同化为唇音[m]；“牵”读作[k^{h}an]，“马”读作[be]，“牵马”二字连读作[k^{h}am be]，舌尖音[n]被唇音[b]同化为唇音[m]。“掘”读作[kut]，“墓”读作[bɔːŋ]，“掘墓”二字连读作[kup bɔːŋ]，舌尖音[t]被唇音[b]同化为唇音[p]。①

又如英语conquest（克服）读作[kɔŋkwest]，舌尖音[n]被舌面后音[k]同化为舌面后音[ŋ]；strength（力量）读作[strenθ]，舌面后音[ŋ]被齿音[θ]同化为舌尖音[n]。

方法的：如俄语的трубка（烟斗）读[trupka]，浊音[b]被清音[k]同化为清音[p]；всё（全）读作[fs^{j}o]，浊音[v]被清音[s^j]同化为清音[f]；сделать（做）读作[ˈz^{j}d^{j}ɛɫət^j]，清音[s]被浊音[d]同化为浊音[z]。кость[kɔs^{j}t^j]（骨），s被腭化音[t^j]同化为腭化音[s^j]。又如法语的observer（观察）读作[əpsɛrˈve]，浊音[b]被清音[s]同化为清音[p]。

又如现代汉语大多数方言中的舌面前音[tɕ、tɕ^h、ɕ]是由古汉语的舌面后音和舌尖音变来的。它们变为舌面前音的原因，是由

① 参看罗常培：《厦门音系》，第16—17页。

于后面所接的是前高元音，前高元音是舌面接近上腭的前元音，以致把舌面后音、舌尖音等辅音同化为舌面前音了。例如北京话的“家”现在读作[tɕia]，古时声母是[k]；“去”现在读作[tɕʰy]，古时的声母是[kʰ]；“晓”现在读作[ɕiao]，古时的声母是[x]；“精”现在读作[tɕiŋ]，古时的声母是[ts]；“清”现在读作[tɕʰiŋ]，古时的声母是[tsʰ]；“心”现在读作[ɕin]，古时的声母是[s]。

除以上所述的前进和后退的两种同化以外，还有一些同时受前后音影响而被同化的情形。最常见的是清辅音居于两个元音中间的时候容易变为浊辅音。这是很容易理解的：我们都知道元音都是带声的，也就是说，发元音时一定要使声带颤动，当发完一个元音使声带停止颤动再发一个清辅音，紧跟着又发一个声带颤动的元音，在一瞬间叫声带停止颤动又叫声带再度颤动，过程上比较麻烦，至少对于发音的人来说是很不方便的，所以介于两个元音中间的清辅音常有变为浊辅音的情形。例如北京话“来”读作[lai]，“吧”读作[pa]，“来吧”二字连读时常作[lai ba]，[p]在[i, a]二元音之间变为浊辅音[b]；“我”读作[wə]，“的”读作[tə]，“我的”二字连读常作[wə də]，[t]在两个[ə]之间变为浊辅音[d]。又如英语的examine（检查）读作[egˈzæmin]，辅音[ks]（在文字上作x）在[e, æ]二元音之间，变为浊辅音[gz]。

2. 元音的同化

元音的同化，当然也可以分前进的后退的等类型，但是由于它在一般的情况下比辅音牵涉的问题多，所以采取以下的分类来说明：

甲、由低变高　如北京话韵母[an]里面的[a]，舌位是比较低的，但当它前面有前高元音[i]和[y]时，它就受同化变为较高较前的[ɛ]。例如：

“天”读作[tʰiɛn]　　“泉”读作[tɕʰyɛn]

“边”读作[piɛn]　　“源”读作[yɛn]

“见”读作[tɕiɛn]　　“宣”读作[ɕyɛn]

“贤”读作[ɕiɛn]　　“涓”读作[tɕyɛn]

乙、由高变低　如北京话里的高元音[i]、[u]单读时，舌位是高的，但当它们前面有低元音[ᴀ]的时候，它们就变得稍低，同时[ᴀ]本身也因[i]和[u]的关系被同化得偏前或偏后，所以：

[ᴀ]+[i]⟶[aɪ]

[ᴀ]+[u]⟶[ɑo]

丙、由前变后或由后变前　如北京话的[ᴀ]，单读时舌位是不前不后的。如上面所说的，假使它后面加上一个前元音[i]，它的舌位就向前移而接近[a]；如果后面加上一个后元音[u]，它的舌位就向后移而接近[ɑ]。

又如德语中的元音变化常有后元音因受后面的前元音同化而成前元音的情形，例如Volk（人民）读作[fɔlk]，如果它后面加上一个指小称语尾chen[çən]，则它里面的[ɔ]就被-chen里面的[ə]同化为[ɵ]，在文字上写作Völkchen（小的人群），读作[ˈfɵlkçənː]；Umsturz（颠覆——名词）读作[ˈʊmʃtʊrts]，如果它后面加上一个动词不定式词尾-en[ən]，变为动词，则它里面的第二个[ʊ]（这个[ʊ]和所接的词尾离得近）就被-en里面的[ə]同化为[ʏ]，在文字上写作umstürzen（颠覆——动词），读作[ˈʊmʃtʏrtsən]。

丁、鼻化　元音和鼻音相连，有时受鼻音的同化而有鼻化的现象。如广西龙胜北区的瑶语，称“嫂”为[mɑ]，呼“云”为[mɑ̃ŋ]，“借”读作[kɑ]，“讲”读作[kɑ̃ŋ]，都是[ɑ]被[ŋ]同化而变为鼻化的元音[ɑ̃]；作“藏”讲的字读作[æ]，但作“人”讲的字读作[mæ̃n]，元音[æ]被[n]同化而变为鼻化的元音[æ̃]。

戊、唇化　不圆唇元音因受圆唇元音的影响可以被同化为圆唇元音。像贵州威宁的苗语，作“皇帝”讲的字读作[kimy]，但现在有许多人读作[kymy]；作“马铃薯”讲的字读作[ʑi ʑʱy]，现在也有人读作[ʑy ʑʱy]，都是因为[i]受圆唇元音[y]的同化而变为圆唇元音[y]。

己、元音和谐　阿尔泰语系各种语言里有所谓“元音和谐”现象。元音和谐就是语词中相邻近的几个元音往往同是前元音或同是后元音；或同是圆唇元音，或同是不圆唇元音。元音和谐也是一种元音的同化作用，不过这种同化作用比较广泛。如维吾尔语圆唇元音[ø]、[y]是一类，[ɔ、u]是一类；不圆唇元音[a]、[ɨ]是一类，[æ]、[i]是一类；同类的互相和谐。例如：

[kʰotʰyr]炭	[æmgækʰ]劳动
[yzym]葡萄	[pʰilæ]茧
[əqʰuʃ]学习	[zɑmɑn]时代
[uruʃ]打仗	[qʰɨzɨl]红

又如鄂伦春语，i和ə、o和谐，ɪ和ɑ、ɔ和谐。例如：

[urə]山	[ruəkʰkʰəːxi]向山
[tʰəɣɔ]火	[tʰɔɣɔkʰkʰɔːxɪ]向火
[ɑːŋa]野营	[aːŋɑkʰkʰɑːxɪ]向野营
[tʰokʰʃo]云	[tʰokʰʃokʰkʰoːxi]向云

$-k^hk^hV_1:xV_2$是表示“向”的词尾，V_1一定和所接的词下的最

后一个元音相同，V_2是i或ɪ，如果词干最后一个元音是ə或o，则V_2是i，词干的最后一个元音是ɑ或ɔ，则V_2是ɪ。[①]

3. 声调的同化

声调是汉藏语系各种语言很重要的成分，它和辅音、元音一样，也常有连读变化的现象，不过我们过去对这方面的研究很不够。我们假如要正确学习汉藏语系的语言，除去对辅音元音的变化注意以外，对于声调的变化也要注意。声调同化可以举威宁苗语的例子说明。威宁苗语高平调与高升调相连时，高升调就被高平调同化为高平调。例如：

[saɯ˥]（方向）[nu˥]（太阳）[da ˧˥]（来）⟶[saɯ˥ nu˥ da˥]（东方）

[ku˥]（角）[nu˧˥]（牛）⟶[ku˥ nu˥]（牛角）

[ʔau˥]（水）[ndʑau˧˥]（嘴）⟶[ʔau˥ ntɕau˥]（口水）（注意：变调兼变声母）

同化作用往往是相连的声音发生同化的较多，称为**接触同化**，不直接相连的声音也可以发生同化作用，这叫做**隔离同化**。

二　异化

当两个或更多的相同或相似的音连起来发的时候，为了避免重复，其中一个音变得和其它的音不相同或不相似，这种作用叫异

① 中央民族学院鄂伦春族格根同志供给的材料。

化作用。为什么有同化作用又会有异化作用呢？这也是可以理解的，同化作用是为了避免在短时间内变更发音部位和发音方法而带来的不便，而异化作用则是发音人在发音时为了避免老是重复发同一个音而带来的不便。大家不信，请看绕口令之所以不好念就是因为发音部位和发音方法相同或相似的音老在一块儿出现，发音人感到十分绕嘴，慢慢地说还可以勉强说得对；一说快了，就要发生错误。我们可以用一句浅显的话来说，异化作用就是为了避免发音时绕嘴才产生的。异化作用不像同化作用那么普遍，而且异化作用照例以出现在彼此不直接相连的那些个声音之间为常，它在语音史的研究上有很大的意义。下面仍分辅音的异化、元音的异化和声调的异化三项来叙述：

1. 辅音的异化

也分前进的和后退的两种。

甲、前进的异化　又叫顺异化。前面的音使后面的音异化，这是因为发音人已经发了某一个音，把后面的和那个音相同或相似的音改为不相同或不相似的，以免前后重复。例如“凡”字在隋代（根据《切韵》）读作[bʱʲĭwɐm]，韵尾收[m]，现在的广州话虽仍有韵尾收m的字，但把这个字读作[fan]，韵尾收[n]，这是[m]受了唇音声母异化的结果。又如“法”字在隋代作[pĭwɐp]，现在广州话虽仍有韵尾收[p]的字，但把这个字读作[fat]，韵尾收[t]，这是[p]受了唇音声母和合口介母异化的结果。

俄语февраль（二月）来自феврарь，后一个[r]被前一个[r]异化成[l]。

又如拉丁语marmor（大理石）到法语中变为marbre，第二个m

被第一个m异化为b。

乙、后退的异化　又叫逆异化。后面的音使前面的音异化。这是因为发音人在未发前面的音时，已经预料要发后面的和前面相似的音，为了避免前后雷同，在发前面的音时就改得和后面的不相同或不相似了。例如“凡”字在隋代读作[bʱĭwɐm]，声母、介母和韵尾都是唇音，这个字在现代的潮州话里读作[huam]，韵尾和合口介母没有变，而唇音声母改为声门音[h]了，这是唇音声母受韵尾[m]和合口介母异化的结果。又“法”字在隋代读作[pʲĭwɐp]，声母介母和韵尾都是唇音，这个字在现代的潮州话里读作[huap]，韵尾和合口介母没有变，而唇音声母改为声门音[h]了，这是唇音声母受韵尾[p]和合口介母异化的结果。

又如古俄语вельблюдь变为现代俄语则作верблюд(骆驼)，后面的边音л把前面的边音л异化为颤音р。

又如拉丁语peregrinus(外国的)，到意大利语变为pellegrino，到法语变为pèlerin(朝圣者)，到英语则变为pilgrim(旅客，朝圣者)，都是后面的r把前面的r异化为l。

英语February(二月)，library(图书馆)，secretary(秘书)都有两个r，念起来绕口，不少美国人就把这些词中的第一个[r]丢掉，念成[ˈfɛbjuˌɛrɪ]，[ˈlaɪˌbɛrɪ]，[ˈsɛkəˌtɛrɪ]。又如，fulfill(完成)一词当中有两个[l]，不少美国人就去掉一个[l]，念成[fʊˈfɪl]，这是由于异化引起的减音。

接触异化比较少，例如：俄语лёгкий(容易)，读лёхкий，后面的塞音k把前面的塞音异化为擦音。что(什么)读作што，塞音т把塞擦音ч异化为擦音ш。至于俄语旧读或俗语中把к кому(对于谁)读作х кому，把к концу(到末尾)读作х концу，把кто

(谁)读作хто，把к тому(对于那个)读作х тому，则是不规范的读音，但这也都是后面的塞音把前面的塞音异化为擦音的例子。[①]

2. 元音的异化

如威宁苗语动词、形容词的不肯定形的构成方法是在动词或形容词的原形前面加上一个音节，这个音节的声母和动词或形容词原形的声母相同，而元音则一定是[u]；但如果动词或形容词原形的元音为[u]或以[u]为韵尾，则前面所加音节的元音就被异化为[i]。例如：

[ntsa](洗脸、手、身体等)

[ntsu ntsa](随便洗洗脸、手、身体等)

	[ts^ha](洗衣物)	[ts^hu ts^ha](随便洗洗衣物)
	[lie](红)	[lu lie](有些红)
但	[tl̥u](黑)	[tl̥i tl̥u](有些黑)
	[pau](知道)	[pi pau](略知一二)
	[xu](唱)	[xi xu](随便唱两句)

又如法语militaire(军事的)有人读作mélitaire，后面的i把前面的i异化为é。

3. 声调的异化

如北京话上声和上声相连，第一个上声被第二个上声异化为阳平。例如：

---

① 参看《俄语语法》，苏联科学院，俄文版，1953年，第79—80页，§149。

[fən ˩˧](粉)[pi ˩˧](笔)⟶[fən ˧˥ pi ˩˧](粉笔)

[ləŋ ˩˧](冷)[ʂuei ˩˧](水)⟶[ləŋ ˧˥ ʂuei ˩˧](冷水)(参看上节声调的相连变化)

又如威宁苗语两个高升调相连的时候,第二个高升调就被第一个高升调异化为高平调。例如:

[ɴɢae ˧˥](肉)[n̥u ˧˥](牛)⟶[ɴɢae ˧˥ n̥u ˥](牛肉)

[dlo ˧˥](油)[ʑaɯ ˧˥](羊)⟶[dlo ˧˥ ʑaɯ ˥](羊油)

[ndu ˧˥](天)[dʐau ˧˥](冬)⟶[ndu ˧˥ dʐau ˥](冬季)

三 弱化

语音的弱化可分辅音的弱化和元音的弱化两项来讲。

1. 辅音的弱化

我们在辅音的分类里已经讲过清音的气流强,它的噪音的成分比浊音强,因而清音又称强辅音,浊音又称为弱辅音。我们还可以拿另外一种观点来看辅音的强弱:凡是对于语音的继续阻力大的叫强辅音,对于语音的继续阻力小的叫弱辅音。噪音对于语音的继续的阻力比响音大,所以噪音就比响音强。塞音、塞擦音对于语音的继续的阻力比擦音、鼻音、边音、颤音大,所以塞音、塞擦音就比擦音、鼻音、边音、颤音强。凡是由较强的辅音变为较弱的辅音,也就是由对于语音的继续的阻力较大的音改变为对于语音的继续的阻力较小的音的变化就叫做辅音的弱化。

辅音的弱化是辅音减少(丢失)的前奏。大体说来,强辅音在丢失之前多半要经过弱化的过程。例如北京话“五个”,两个字单读时作[u][kə]，但读得快了就成为[uə]，[k]丢失了。我们可以理解，在[ukə]和[uə]之间一定还有读作[uɣə]的弱化过程。这种发音在实际上，当说话人说得不很快的时候还是可以听到的。

2. 元音的弱化

元音在非重读音节中改变了本来性质的变化叫做元音的弱化。在许多语言中，弱化后的元音多半是紧元音变松元音，前后元音变央元音（混元音），复元音改变为单元音。因为央元音的舌位不前不后，是比较自然的；松元音发音时较不紧张；发复元音时，发音器官比较发单元音紧张而不自然。元音弱化的例子很多，例如：

北京话："回来"[xui lɛ]（"来"[lai]轻读变[lɛ]）；

"脑袋"[nao tɛ]（"袋"[tai]轻读变[tɛ]）；

"了了"[liao lə]（助词"了"[liao]轻读变[lə]）；

"坐着"[tsuo tʂə]（"着"[tʂuo]轻读变[tʂə]）；

"棉花"[miɛn xuə]（"花"[xua]轻读变[xuə]）；

"笑话"[ɕiao xuə]（"话"[xua]轻读变[xuə]）；

"张家"[tʂaŋ tɕie]（"家"[tɕia]轻读变[tɕie]）；

"黑下"[xei ɕiə]（"下"[ɕia]轻读变[ɕiə]）；

"外头"[uai t^həu]（"头"[t^hou]轻读变[t^həu]）；

"打扮"[ta pən]（"扮"[pan]轻读变[pən]）。

英语：英语发音有所谓强式和弱式，弱式读音大体说来就是元音的弱化。例如：them（他们——受格）读作[ðem]，但在句中不重读时作[ðəm]；of（属于——介词）读作[ɔv]，在句中不重读时作[əv]；a（某一——冠词）读作[ei]，但在句中不重读时，读作[ə]。这都是由前后元音或复元音弱化为央元音[ə]。此外，如to[t^huː]（到）的弱式

[tʰʊ], do[duː](做)的弱式[dʊ], he[hiː](他)的弱式[hɪ], she[ʃiː]的弱式[ʃɪ]都是紧元音读作松元音的例子。

俄语：俄语中的хорошо(好)读作[xərʌˈʂo]，前两个o都由后元音弱化为央元音。часы(钟表)读作[tʃɛˈsɨ]，低元音弱化为较高的前元音(在俄语中，元音的弱化有许多情形不是由前元音变为央元音；有由央元音变为前元音的情形，часы中的a的弱化就是由央变前的例子)；шаги(步——多数)，读作[ʂʌˈgi]，低央元音弱化为舌位较高的央元音(俄语的a单读时应作[ʌ]，是最低的央元音)；делайте(做吧)读作[ˈdʲɛɫəʲtʲɪ]，其中[ʌ]→[ə]，低央元音弱化为中央的央元音，[ɛ]→[ɪ]，较低的前元音弱化为较高的前元音(俄文字母e实际上是[j]+[ɛ]的结合者，所以表示腭化辅音后面的元音[ɛ]写作[ɛ]→[ɪ]而不写作[e]→[ɪ])。

在有声调的语言中，不重读的音节的声调往往丧失本来的调值而读成轻声，这也可以说是声调的弱化。声调的弱化已在上一章轻声里讲过，所以就不再重复了。

汉藏语系藏缅语族的景颇语、阿昌语、载瓦语、浪速语和缅语等一些语言中，一部分双音节的词语，前一个音节出现弱化现象，产生弱化音节，一般读得轻而短，音值也时有变化。如盈江景颇语的sǎ^{31}nit^{33}(七)，前一音节实际读做[sɨ̌^{31}]，mǎ^{31}ʃa^{31}(人)的前一音节实际读做[mə̌^{31}]。岩帅佤语有一种附加音节，也是弱化音节，发音轻短而含糊，声母韵母都可变读，脱落，还可受后面主要音节的影响而增添辅音韵尾。例如：sǐ lot～slot(吸)，sǐ mɔk～sɔmmɔk(雾)，lǎ̱lhe̱k～lǔ̱lhe̱k(钢铁)。(a̱，e̱，u̱表示紧元音。)(根据戴庆厦、王敬骝有关文章提供的资料)

四　增音

在一串音连续发出时，常有音素增加的现象，这种现象叫做音的增加，简称增音。可分辅音的增加和元音的增加两种。

1. 辅音的增加

两个辅音中间有时增加一个过渡音。这是由于发完前一个音以后，发音部位和方法没有同时调整到第二个音的发音部位和方法的缘故。例如英语dreamt（做梦——过去时）应该读作[dremt]，但有时也读成[drempt]，[p]出现在[m]和[t]之间。这是因为发完[m]音以后应当把发音部位和方法同时调整到[t]的发音部位和方法，但当双唇还没有来得及分开的时候，软腭已上举闭住气流到鼻腔的通路，就产生了一个双唇塞音，这个双唇塞音可能是[b]，也可能是[p]，不过因为后边[t]的影响，当发完[m]以后，声带就停止颤动，所以增加的音是[p]，不是[b]。①有人把chimney[tʃimni]（烟囱）念成[tʃimblei]，这是先由异化作用把发音相同的两个鼻音的后一个鼻音念成边音（mn→ ml），又通过增音的过程在两个音当中添了一个塞音（ml→ mbl）。此外，还有人把Henry[henri]（人名）念成[hendre]或[henəri]的，前者是在发鼻音之后软腭立刻上升，然后再发颤音，因此当中增加了一个同部位的塞音（nr→ndr），后者是增加了一个元音（nr→nər）。也有历史上的条件造成的增音，如俄语любить—люблю[lʲuˈbʲitʲ—

① 参看耐达（E. A. Nida）：《形态学：词的描写分析》（*Morphology: The descriptive analysis of words*），密西根大学，1946年，第67页。

lʲuˈblʲu](爱), кормить—кормлю[kʌrˈmʲitʲ—kʌrmˈlʲu](喂养), 都增加了一个[lʲ]。希腊语的andras(男人)是由anros来的(比较它的主格: anēr)。

2. 元音的增加

元音增加的原因多半是为了适合于语言的音韵特征。例如古代的汉语有韵尾收[m]的字,现在的官话方言都丢失了这个韵尾,但在口语中还有一些字保留住[m]韵尾。保留的方法是在[m]后面加上一个元音,使单音节的字变成双音节的词。因为[m]在官话方言中既然不能作韵尾,又不能自成音节(在某些现代汉语方言中[m]可以自成音节),所以必须增加一个元音,使[m]由韵尾改为另一个音节的声母,才保留得住。例如"寻"字在隋代读作[zĭəm],现在的北京话读作[ɕyn],把[m]改成了[n]。可是在口语里作"找寻"讲的词读作"寻摸"[ɕyɛmə]就是利用增加元音[ə]的办法把古代的[m]韵尾保留住了。(和这例子相同的还有: 甚——甚么,怎——怎么。)又古代汉语中有韵尾收[p]的字,现在的官话方言丢失了这个韵尾,但在口语中也有一些字保留住[p]韵尾。保留的方法是在[p]后面加上一个元音,使单音节的字变成双音节的词。因为[p]在官话方言中既然不能作韵尾,又不能单独存在,所以只能增加上一个元音,[p]自己作声母,另成一个音节,才保留得住。例如"眨"字在隋代读作[tʂap],现在的北京话读作[tʂa],把[p]丢失了。可是在口语里把表眼睛急开急闭的动作的词读作"眨巴"[tʂa pə],就是利用增加元音的办法,保留住韵尾[p]。(和这例子相同的还有: 滦县话把"涩"叫"涩巴",因为"涩"字在古代收[p]。)我们由这两个例子可以看出北京话中在某些辅音后面增加元音[ə]，就是为了适合北京话的音韵特点。

日本借用汉语的入声字时，在韵尾后头都加上一个元音，结果本来在汉语是单音节的字，到日本都成了双音节的了，这也是为了适合日本语的音韵特征的缘故。（因为日本语也没有收p、t、k韵尾的音节。）例如："一"字在隋代读作[ʔĭĕt]，是一个音节，在现代日本语中，它读作[itɕi]，变成两个音节（增加元音[i]，[t]→[tɕ]）。"国"字在隋代读作[kwək]，是一个音节，在现代日本语中，它读作[koku]，变成两个音节，增加元音[u]。"甲"字在隋代读作[kap]，是一个音节，在现代日本语中它读作[koː]，看起来是一个音节，但[koː]是由[kaΦu]变来的，从日文"甲"字传统注音上还可以看出痕迹来（日文"甲"字的传统注音作カフ）。由[kap]变为[kaΦu]正是由一个音节变为两个音节，[p]→[Φ]，增加元音[u]。

另外有一种元音增加在辅音字母群中的情形。例如汉语没有复辅音声母，当遇到外国语中有复辅音声母时，就在辅音间加上元音，这样才合于汉语的音韵特征。例如把Stromboli（意大利火山名）译作斯特隆波里[sɿt^{h}əloŋbəli]，在[s]与[t^h]中间加上元音[ɿ]，在[t^h]和[l]（代替原文的[r]，因为汉语没有[r]音）中间加上元音[ə]；把Prague（捷克首都）译作布拉格[pulakə]，在[p]和[l]（代替原文的[r]）中间加上元音[u]。

另有一种元音增加在辅音字母群前面的情形，例如西班牙语不允许以sp，st，sk作字的首音，如果拉丁原字是以sp，st，sk（sch）作首音的，到西班牙语中就在这些字母群前面加上一个元音e，例如：拉丁字species（品种），在西班牙语作especie（比较英语species）；sterilis（不结果实的）在西班牙语作estéril（比较英语

sterile); schola(学校)在西班牙语作escuela(比较英语school)。[①]

元音增加的另一种情形发生在形态变化上面。俄语阳性短尾形容词是把阳性长尾形容词的词尾ый(或ой)取消。如красивый(美丽)的短尾形式是красив；但如果词尾前面有两个辅音并且紧挨着词尾的辅音是к、г或н、л时，则在词尾前面的两个辅音中间加上元音o或e(有重音时则为ё)，这叫“增嵌音”。例如：

близкий(近)——близок

долгий(长久的)——долог

трудный(困难的)——труден

светлый(明亮的)——светел

умный(聪明的)——умён

有一些语言不允许有两个以上的辅音连在一起，如果词干最末一个音或末两个音是辅音，而要加一个以双辅音开始的词尾时，就要在词干和词尾中间加上一个元音，以避免三个或四个辅音相连。鄂伦春语不允许有三个辅音连在一起，词干有以辅音收尾的，词尾有以双辅音开始的，于是就发生了元音增加的情形。例如：当“大”讲的词尾[mn̥Vː](V代表与词尾元音相和谐的元音[ɑ]、[ɔ]、[o]或[ə])加在以元音收尾的词干上时，不发生元音增加的现象。例如：

[kɑrɑ](树枝)——[kɑrɑmn̥ɑː](大树枝)

[urə](山)——[urəmn̥əː](大山)

[ɔlɔ](鱼)——[ɔlɔmn̥ɔː](大鱼)

[tʰokʰʃo](云)——[tʰokʰʃomn̥oː](大云)

---

① 参看耐达(E. A. Nida):《形态学：词的描写分析》，密西根大学，1946年，第40页。

但当词干末一字母以辅音收尾时，加上词尾[mȵV:]就发生在词干与词尾之间增加元音的现象，所增加的元音是与词干、词尾中的元音相和谐的前元音[i]或[ɪ]（[i]与[u]、[o]、[ə]和谐，[ɪ]与[ʊ]、[ɔ]、[ɑ]和谐）。例如：

[k^{h}tɑːr]（崖壁）——[k^{h}tɑːrmȵɑː]（大崖壁）

[əməγəl]（马鞍）——[əməγəlimȵəː]（大马鞍）

[t^{h}əm]（渡排）——[t^{h}əmimȵəː]（大渡排）

（注意：在这些例子中的[^{h}]是送气的符号，不是辅音字母，所以[k^{h}ʃ]，[k^{h}t]都不能认为是三个辅音相连。）①

五　减音

在一串音连续发出时，有时会发生音素减少的现象，这种现象叫做音的减少，简称减音。减音往往是弱化的结果，有时竟至于整个音节完全脱落。减音也可分辅音的减少及元音的减少两种。

1. 辅音的减少

辅音减少的原因很多，有时由于辅音本身很弱，在发音时容易丢失：法语做首音的h，一般不发音，例如histoire（历史）读作[isˈtwaːr]，hirondelle（燕子）读作[irɔ̃ˈdɛl]；英语不重读的字也常常有减音的现象，如him可读[ɪm]，his只要不在开头，也可读作[ɪz]，人称代词后的have、had可读作[əv]、[əd]，and有时也念作[ən]等。维吾尔语的[j]、[r]、[l]等音在另一个音节开头的辅音前常常丢失，例

① 中央民族学院鄂伦春族格根同志供给的材料。

如[qʰajsi]（什么样的）常读作[qʰasi]，[qʰarʁa]（乌鸦）常读作[qʰaʁa]，[alʁan]（拿了的）常读作[aʁan]。

有时好几个辅音连在一起，不便于发音，也会发生减音的现象。如俄语известный（出名的）读作[ɪzˈvʲɛsnəj]，t丢失；поздно（迟）读作[ˈpoznə]，д丢失；солнце（太阳）读作[ˈsontsə]，л丢失。голландский（荷兰人的）读作[gʌˈlanskʲij]，д丢失。

英语cupboard[ˈkʌpbəd→ˈkʌbəd]（碗橱），tortoise-shell[ˈtʰɔːtʰəsʃəl→tʰɔːtʰəʃəl]（龟甲），castle[kɑːstl→kɑːsl]（城堡），windmill[win(d) mil]（风车），kindness[ˈkain(d) nis]（亲切）等，都有一个辅音丢失的情况。

有时虽不是许多辅音连在一起，但说话人为减少对于语音继续的阻力，把辅音减少。例如厦门话[tɪɔŋ]（中）[kɔːk]（国）连读作[tɪɔŋɔːk]，[k]丢失；[ka]（给）[gʊa]（我）连读作[kaʊa]，[g]丢失；[tʰi]（剃）[tʰaʊ]（头）[to]（刀）连读作[tʰiaʊto]，[tʰ]丢失。①又如福州话[mi]（米）[kouŋ]（缸）连读作[miouŋ]，[k]丢失；[pwɔ]（布）[kʰou]（裤）连读作[pwɔou]，[kʰ]丢失；[twai]（大）[çi]（喜）连读作[twaii]，[ç]丢失；[sɛ]（西）[xuŋ]（风）连读作[sɛuŋ]，[x]丢失。②

有的语言虽对于古字或借来字的传统拼法不加改变，但依照当代自己的音韵特征读音，也会发生辅音减少的现象。例如现代英语不允许以[kn]作一个字的首音，遇到传统拼法以kn作首音的字就改以n为首音，把k取消，于是就把know（知道）读作[nou]，把

① 参看罗常培：《厦门音系》，第17页。

② 《闽音研究》，第17页。

knife(小刀)读作[naɪf]。英语传统拼法以ps作首音的字往往以s为首音而把p取消，于是就把psychology(心理学)读成[saɪˈkɔlədʒɪ]，pseudonym(假名)也常读作[ˈsjuːdənɪm]。

2. 元音的减少

在不重读的音节里常有元音减少的现象，元音的减少往往造成音节的脱落。又分词首减少、词中减少、词尾减少三种。

甲、**词首减少**　作首音的元音的丢失叫做字首减少。减少的原因，除去本身不重读以外，它前面的字又往往是以元音收尾的，两个元音相遇就造成不重读元音的丢失。例如威宁苗语[aˈtʂʰɥ](猫)前面加上量词[ta](只——指小称)或[tae](只)，它的作首音的元音[a]就丢失而成[ta tʂʰɥ]或[tae tʂʰɥ]；[aˈbʱo](女人)前面加上量词[la](个——指小)或[lae](个)，它的作首音的元音[a]也会丢失而成[la bʱo]或[lae bʱo]。又如英语I am 常读作I’m[aim]，let us读作let’s[lets]，在这里，把两个音节合并成一个音节了。

乙、**词中减少**　词中元音的丢失叫词中减少。这也是由于元音所在的音节是不重读的，发音时对它不甚注意因而造成丢失的现象。例如北京话“我们”有时说[uɔmn]，“们”字的元音[ə]丢失。英语popular(通俗的)有人读作poplar，u丢失，regular(正规的)有人读作reglar，u丢失；liberate(解放)有人读作librate，e丢失；history(历史)常读作histry，o丢失；eloquent(雄辩的)有人读作elkent，o、u丢失；general(一般)[dʒenərəl]常读成[dʒenrəl]或[dʒenrl]；liberal(开明的)后面两个元音(e和a)都读作弱化的ə，读成[lib(ə) r(ə) l]任一个ə或两个ə都可有可无；half and half(一半对一半)可以说做[ˈhaːfnˈhaːf], and的弱式只剩一个n。[1]又俄语以辅音收尾的阳性名词第二格是在第一格的后面加上a,但отец(父亲)的单数第二格不是отеца而是отца, рот(嘴)的单数第二格不是рота而是рта, ребёнок(孩子)的单数第二格不是ребёнока而是ребёнка。这虽是历史性的语音脱落,但也是因为元音不在重读音节而丢失的。

丙、词末减少　词末元音的丢失叫词末减少。这种元音的减少多半由于后面所接的字的首音也是元音或是不发音的辅音。例如法语l'estrade(台子)是由la estrade减去la中的a而来的; l'écriture(书法)是由la écriture减去la中的a而来的; l'hiver(冬天)是由le hiver减去le中的e而来的。英语do you读作[dju], do失去[uː]。广西壮话如武鸣话把mi ˥(没)mi ˩(有)读成m ˥ mi ˩,失去前一个[i], kai(几)laːi(多)读成klaːi(多少), pau(位)ləɯ(哪)说成pləɯ(谁)等,前一个音节都只剩一个声母了。

除去辅音元音单独丢失的减音现象外,还有比较复杂的减音现象。有的是辅音和元音同时丢失,有的是丢失元音或辅音而另外的元音或辅音发生了变化。例如北京话[sɿ](四)[kə](个)连读作[sə],失去元音[ɿ]及辅音[k]; [pu](不)[tʂʅ](知)[tao](道)连读作[puɽtao],丢失辅音tʂ,元音[ʅ]变[ɽ]; pu(不)[yuŋ](用)连读作[pəŋ],丢失元音[u]、[y],第二音节的元音[u]又变为[ə](因为北京音系唇音声母后的uŋ照例变做əŋ)。又如山东话[tsuɔ](做)[ʂa](啥)连读作[tsua],丢失元音[ɔ]及辅音[ʂ]。又如河南(开封)

---

① 参看黑夫纳(R. M. S. Heffne):《普通语音学》,英语版,威斯康星大学,1952年,第179页。

话 ɕian(先)ʂəŋ(生)连读作[ɕia ə̃ʳ],丢失辅音[n]、[ʂ]、[ŋ],元音[ə]儿化兼鼻化。北京话的"仨"、"俩"不但把"三个"、"两个"的"个"字省去了,连"三"和"两"的韵尾也丢失了。

语音减少是任何语言中都很常见的语音变化,例子举不胜举。大家不妨个人由自己掌握的语言中去找语音减少的现象,并试验着分析减少的原因,一定会感到兴趣,并且可能有新的发现。

六 脱漏

两个相同或相似的音节丢失其中一个,这种现象叫做脱漏。这种现象不常发现,原因是在一种语言或一种方言中不容易同时找到脱漏的和未脱漏的两种形式。假使在一种方言中真找到了两种形式(长形及短形),也不敢断定短形一定是脱漏的形式,而长形是本来的形式。很可能短形是本来的形式,而长形是短形的重叠形式。所以,如果要断定脱漏现象,必须依靠历史的或比较的材料才能断定。

拉丁语 vendo(我卖)是由 venundo 变来的,把和 en 相似的音节 un 脱漏。

古英语 berern(谷仓)到中世纪英语变为 bern(现代英语作 barn),脱漏一个 er。

英语 idolater(偶像崇拜者)是由希腊语 ειδωλο λατρης 变来的,把和 la 相似的音节 lo(λο)脱漏。

法语 avez-vous vu?(你曾看见吗?)在说快的时候常作 a'vous vu? 把和 vous 相似的音节 vez 脱漏。

七　换位

两个音素有时前后互易位置，这种变化叫做换位。发生这种变化的原因有的是为了在发音时避免两个相似音过分接近，使其中一个和别的音调换位置；有的是由于语言辗转借用或由古代语演变成现代语难免有以讹传讹的情形，因而造成音的换位。在后一种情形中，换位的两个音在某些特征上一定是相似的。为了避免两个相似音过分接近而以其中一个和别的音换位的例子可以举汉语江西临川话的“蜈蚣虫”三字的语音变化为例。“蜈蚣虫”三字在临川分读作[ŋu][kuŋ][tʰuŋ]，但连读时则作[ŋuŋ ku tʰuŋ]，[ŋu]中的[u]和[kuŋ]中的[uŋ]换了位置，目的是使[kuŋ]中的[uŋ]和[tʰuŋ]中的[uŋ]远离。北京话“言语一声儿”[iɛnjy iʂəʳ]常常说成[yɛnji iʂəʳ,]，“言语”一词的[i]和[y]换位。

由于语言辗转借用或由古语演变成现代语，以讹传讹而造成的换位，可以举俄语和格鲁吉亚语为例说明。俄语тарелка（碟子）来自тарель加后缀-ка，тарель是由талерь变来，р和л换位（试比较德语Teller）；футляр（盒子）是由футрял变来，л和р换位（试比较德语Futteral）。新格鲁吉亚的标准语квла（杀人罪）是由клва变来的，в和л换位；хвна（耕地）是由хнва变来的，в和н换位；дзвра（运动）是由дзрва变来的，в和р换位。

除上面所说的换位以外，还有偶然的换位，这是说话人在说话的时候由于紧张或仓促而造成的结果。例如，有人把北京话“一个阔[kʰuo ˥˩]人走到铺[pʰu ˥˩]子里去了”，说成“一个破[pʰuo ˥˩]人走到裤[kʰu ˥˩]子里去了”。“阔”和“铺”的声母换位（kʰ～pʰ），听起来是很滑稽的。在英语中也有这种偶然换位。例如有人把He has just received a crushing blow(他刚刚受到一个重大的打击)说成He has just received a blushing crow(他刚刚接到一个红了脸的乌鸦), cr和bl换位; 把well-oiled bicycle(上好油的脚踏车)说成well-boiled icicle(煮沸过的冰柱子)之类,以致使句子表现为不合情理的事,会使听话人发笑。

八 代替

假使借用的外国词中的某一个音是自己语言中所没有的,这时就用自己语言中和那个音相似的音去代替,这种语音变化叫做代替。汉语中没有[r]音,当翻译外国人名、地名遇到居于元音前面的[r]音时,就以[l]代替。例如把Romania译为罗马尼亚[luə ma ni ia],把Kairo译为开罗[kai luə]; 汉语中一般没有[z]音,当遇到外国人名、地名有[z]音时,就以[ts][tʂ]或[s]代替,例如把Zola译为左拉; 把Зоя译为卓娅; 把Brazil译为巴西。有许多中国人把英语的then(然后)读成[tsən], teeth(牙)读成[tʰiːs],因为汉语大多数方言里没有[ð]、[θ]; 也有许多官话方言区的人把good(好)读成[kut], deep(深)读成[tipʰ],因为汉语官话方言中没有浊塞音。俄语中没有[h]音,当借用含有[h]的外国词时,就用г代替,例如把Hitler(希特勒)转写成гитлер; 没有[θ],就用[f]代替,如кафедра(讲座)来自希腊的kathedra, рифма(韵)来自rythm, Феодор(人名)来自Theodor,其实,俄文里的Ф也是后起的音位。

语音的代替如果发生在文字上,是为了适合于自己语言的音系,是为了使一般不懂外国语的人读的,这种代替是容许的。但是在学习外国语的时候，不注意外国语的发音方法和发音部位而以自己语言中的相似的语音代替，则是不容许的。我们学过语音学的人学习外国语的时候，更应当避免这种代替。

九 转换

转换也叫交替，就是用一个音替换另一个音。有的语言利用音的转换在形态变化（包括屈折变化和构词变化）上起一定的作用。语言的转换大致总是历史的音变。有人说汉语在古代有些形态的变化是以单音词内的语音转换方式来进行的，例如：

见（看见）*kian：现（现出）*g'ian

勿（不要）*mĭwət：未（未曾）*mĭwəd

堂（厅堂）*d'ɑŋ：廷（宫廷）*d'ieŋ

入（进入）*ńĭəp：纳（使入）*nəp：内（在内）*nwəb

有的是声母的转换，有的是元音的转换，有的是韵尾的转换。可是在现代汉语中，音的转换主要表现在声调方面，以非去声与去声的转换居多。所谓"四声别义"，例如：

阴平和去声转换的：

担负：挑担　　钻研：铁钻

看守：看见　　中间：中意

胜任：得胜　　应声：反应

阳平和去声转换的：

难受：困难　　测量：数量

上声和去声转换的：

买：卖　　散漫：分散

积累:劳累　　　　好人:好学

多少:老少　　　　碰倒:倒出来

声调、声母一同转换的，往往跟古音浊声母的历史演变有关。

长短:生长　　　　收藏:宝藏

重复:重量　　　　传达:传记

投降:下降

也有元音转换的，这种转换在现代汉语里不大流行，例如：

银行，外行:行为

省心:反省

恶霸:可恶

在俄语里也有这种语音转换的例子，例如：

бегать（奔，不定态）——бежать（奔，定态）（[g]—[ʐ]）

писать（写）——пишу（我写）（[s][ʂ]）

искать（找）——ищу（我找）（[sk]—[ʃ:]）

кликать（大呼）——клич（叫唤）——восклицать（感叹）（[k]—[tʃ]—[ts]）

смерть（死，名词）——умирать（死，动词）——мор（疫病）——вымаривать（灭亡）——умру（我死）（[ɛ]—[i]—[o]—[a]—[缺元音]）①

把语音转换跟同化的音变加在一起，同一词根的词可以有以下一系列的语音变化：

друг（朋友）——лодруга（女友）——подруги（女友们）——друзья（朋友们）——дружок（小朋友）——дружка（一

① 关于俄语语音转换的例子，可参看苏联科学院:《俄语语法》，1953年，第88—89页。

对，男傧相）（[k]——[g]—[gj]—[zj]—[ʐ]—[ʂ]）

在英语里也有这种音的转换例子，如：

man（人）——men（人—复数）（[æ]—[e]）

tooth（牙）——teeth（牙—复数）（[uː]—[iː]）

drink（喝）——drank（喝—过去时）——drunk（喝—过去分词）（[ɪ]—[æ]—[ʌ]）

defend（保卫—动词）——defence（保卫—名词）（[d]—[s]）

bathe（洗澡—动词）——bath（洗澡—名词）（[ð]—[θ]）

lose（丢失—动词）——loss（损失—名词）（[uːz]—[ɔs]）

十　其他

语音变化除去上面讲的九种以外，最常见的还有腭化、唇化和鼻化。造成这三种变化的原因多半是由于同化作用的关系，所以我们没有单列出来叙述。不过这三种变化并不都是由同化作用引起的，在这里应当补充说明一下。先说腭化。腭化只限于辅音，有三种意义：（1）常见的腭化音是在发某一个辅音的同时，舌面前部接近前硬腭，以致使那个音具有舌面音的色彩，我们用某辅音后面上方加一个小j，或者用加j的形式表示，如龙州壮话[pja]（鱼），[kja]（秧），[mjaːk]（路滑）；也可以用非腭化音的音标右上角加一个小的j来表示腭化音，如p^j，k^j，m^j，s^j，r^j，d^j等。还有一种后腭化音，是在发某个辅音的同时，舌面后部接近后硬腭，带有某音同舌面后擦音ɣ并发的音色，用某辅音后加ɣ的形式表示，如来宾壮话[pɣa]（鱼），[kɣa]（秧），[mɣa]（五眼果）。不过像上面所举壮语的腭化声母是壮语音系中本来就有的音位，那就是方音对应而与同化作用无关。也有受邻近腭化音的影响引起舌位升高的现象，那就属于同化范畴，例如俄语две(二)读作[dʲvʲɛ]，其中[dʲ]是受腭化音[vʲɛ]的同化才变做腭化音的。(2)同一个辅音在发音时因接元音的舌位高低不同，以致它也就受到元音的影响而使舌位也有高低的区别，舌位较高时发出的音可以叫做腭化音。这虽然可以看做同化，但与一般所说的同化不一样，一般所说的同化是一种可以在甲语言中发生而不一定在乙语言中发生的语音变化；这里辅音受邻近元音影响而变更舌位，是在任何语言中都有的现象，在标音时不作任何特殊符号。如英语key[kiː](钥匙)中的[k]比kind[kaɪnd](和蔼)中的[k]舌位较靠前，key中的k可以叫做腭化了的[k]。(3)在某种语言的历史过程中，本来不是舌面音的后来改为舌面音了，这种变化也叫做腭化。发生这种变化的辅音本来差不多都是舌面后音或舌尖音，如北京话的"希"和"西"的声母[ɕ]，分别来自[x]和[s]，这种腭化在前面讲同化时已经说过，在这里就不多讲了。

其次讲唇化。唇化不限定辅音元音，它也有两种意义：(1)在某种语言的历史过程中，本来嘴唇没有参加发音的音，到后来变成嘴唇参加发音的音，这种变化叫唇化。例如古英语stan(石头)到中世纪英语变成ston[stɔːn]，不圆唇的元音[a]变成圆唇的元音[ɔ]；到近代英语中又变成了stone[stoun]，半开的圆唇元音[ɔ]变成圆唇程度较大的复合元音[ou]，这种唇化不一定是由同化作用引起的。(2)在发某一个音时，加上嘴唇的动作，我们就说那个音是唇化的音。发生这种作用的原因是由于受邻近音影响的缘故，所以这种唇化属于同化范畴。例如英语的twinkle(眨眼)，quick(快)，swing(动摇)等字中的[t]、[k]、[s]等音都参加有嘴唇的动作，因此可以叫做唇化了的[t]、[k]、[s]。表示的方法是在它们的右上角加一个小w（如t^w，k^w，s^w等）。

再就是鼻化。鼻化多半限定在元音上，在很少的情形下辅音也有鼻化。鼻化的意思是当发口音时，软腭下垂一点，使气流由鼻腔和口腔同时流出，因而使口音带有鼻音的色彩。鼻化表示的方法是在原来音上面加上一个“~”，如ã，ɛ̃，d̃。发生鼻化的原因有两种，一种是在某语言中有鼻化音的独立音位，发元音时自然把鼻腔通路打开，并不是受邻近音的影响，这种鼻化不属于同化范畴（在历史上也许是由于同化造成的）。现代法语中有许多鼻化的元音音位，不过在文字上是用在元音后面加上鼻音n或m的办法来表示，例如，main（手）读作[mɛ̃]，faim（饿）读作[fɛ̃]。另一种是由于受邻近音的影响使口音变为鼻化音，这是同化作用的一种，关于元音的鼻化已在前面讲同化时说过。辅音也可以有同样的变化，例如，英语goodnight（晚安）中的[d]就受了后面的[n]的同化而成为[d̃]。

第七章　音位和音系学

一　音位

前面咱们讲元音和辅音时把语音分析为最小的单位——音素，是就这一个个音素本身来观察的。在描写音素的时候，咱们可以从生理的观点来具体描写它们确定的发音部位和发音方法，从物理的观点和它在人的听感上所显示的特点来断定它的性质。但在实际的语言里所出现的声音情形是很复杂的，绝不像咱们前面所谈的那么简单。一方面，一个语言或方言中的a, o, i, t, ʃ, x……跟另一个语言或方言中同一些符号所代表的音素，它们的发音位置和物理性质等等未必能完全一致；另一方面，语言是许多时代的产物，是人类社会几百代的努力所创造的，它在自己历史发展的过程中经历了无数次不知不觉的变化，同一个语言不同时代的语音结构或者同源的若干个亲属语言或方言彼此之间的语言成分，咱们可以看到其中有许多凝集和分歧，对立和对应的现象。要对一些语言或方言进行科学的历史比较研究，在语言方面应该充分地注意这些现象。就拿同一个地点、同一个时代的语音材料来说，咱们知道，一个语言的声音不是一团乱糟糟的音，音跟音之间是有一定的关系的。在构成一个语言的音节、语词等的时候，各个音都有它一定的位置，一定的功用。在语音的结合中，因为环境的影响，会使一个声音发生发音位置的变化和物理性质的变化，这些变化可以用这个音出现的条件来解释。这就是说，研究一个语言的语音，咱们不但应该仔细观察在各种情况之下出现的各种语音现象，分辨各种细微的音值，而且应该找出这许多音当中的关系来。也就是说，语言里的声音是有系统的。语音在语言学上的意义，也就是它在人类社会交际过程中的作用，应该引起咱们很大的注意。

前面（第二章第二节）说过，有的声音音值上的细微的差别，在某个语言里并不引起人们的注意，而在另一个语言里，人们却能很敏锐地觉察出这种差别来。为什么有这种不同呢？要看这些有差别的音是否出现在同样的条件下，有没有辨义的作用。

比方：北京人说“给”、“糕”、“果”，仿佛这三个字的声母都是一样的〈g〉[k]，其实仔细分析起来，并不完全一样；舌头跟上腭相接触的部位，“给”的声母较靠前，“糕”较靠后，而“果”的声母常常是圆唇的。可是大家不认为它们是不同的声音。为什么可以不认为它们是不同的声音呢？因为说话并不是简单地一个音连另一个音，一点变化也没有的；实际上语音流畅地变化着，相邻的声音互相影响着，语言里实际出现的声音要比咱们所归纳出来的语音单位多得多。假如咱们看一看上述这些个字的韵母前后开合的情况，立刻就可以明白为什么它们的声母会有这一些差异变化了。同样地，“贪”、“胎”、“他”、“滔”、“汤”五个字的主要元音，“贪”和“胎”比较靠前，“滔”和“汤”比较靠后，“他”在它们的当间儿，“胎”比“贪”以及“滔”比“汤”的主要元音往往又都高一点儿，而在宽式记音符号或拼音字母上都可以用同一个a来表示，这个a的音值变化可以从它所处的位置找到解答（韵尾不同或没有韵尾）。咱们还可以拿“团”和“田”做例子，汉语拼音用tuan和tian来标写这两个字的声音，这两个an在音值上的差异，就可以拿介音的条件来解释。

咱们再看：北京话跟广州话的“瓜”，读音完全一样，可是，北京话的kua，圆唇成分归韵母，而广州话的kwa，圆唇成分归声母，这是因为它们的声韵系统不一样，这待以后再谈。

再看看广州话的“隔”[kak]跟“肩”[kin]：“肩”的声母靠前得多，差不多跟舌面中的[c]一样，因为两个字的韵母不同，声母就不用区别。又如：俄语的как(怎样)跟кино(电影)两个词起头儿的к其实也不比广州话这两个k的差别更大些，但在俄语就必须加以分辨。他如：俄语суда[suda](“法庭”的第二格形式)跟сюда[sʲuda](这儿)，датель[datʲelʲ](赠与者)跟дятел[dʲatʲeɫ](啄木鸟)，брат[brat](兄弟)跟брать[bratʲ](拿)，мел[mʲeɫ](粉笔)跟мель[mʲelʲ](浅滩)等等的不同，都是在辅音不腭化(硬音)和腭化(软音)的对立上。

北京话“拔”跟“爬”、“动”跟“痛”、“割”跟“刻”……意思不一样，它们别的什么条件都相同，就是声母有不送气跟送气的分别，所以声母的送气不送气必须加以区别。再看英语的pie[p‘ai](馅儿饼)、tone[t‘oʊn](音调)、ketch[k‘etʃ](二樯帆船)的p、t、k照样也有一些送气成分，而spy[spai](间谍)、stone[stoun](石头)、sketch[sketʃ](写生)的p、t、k是不送气的，可是说英语的本地人却意识不到辅音的送气不送气，因为英语不送气的清塞音只出现在一定的条件之下(比方说，在s后面)。

北京话里没有[s]跟[θ]的对立，假如有人把“三”“岁”念成[θan][θuei]，咱们只觉得这个人咬音不准；但在莒县话里，[san][suei]是“三”“岁”，[θan]是“膻，扇”，与[san]不同(也跟[ʂan]“山”不同)，[θ]则不能跟[uei]相拼，反正是[s][θ]对立，不能相混。在英语同样也不成，因为[sin]（sin）是“罪”，[θin]（thin）是“薄”；[siŋ]（sing）是“唱”，[θiŋ]（thing）是“事物”，一音素之差，意思全变了。外国人说中国话，把汉语不送气的清塞音念成浊塞音，咱们只说他是外国口音，觉得有点儿特别，倒还将就能懂。俄语和法语里，可就错不得，因为，比方俄语балка（桁梁）跟лалка（棍儿），дело（事情）跟тело（身体），галька（小圆石子儿）跟калька（透写纸），ваза（花瓶）跟фаза（阶段），等等，就靠辅音清浊的不同来区辨词义。

从上面的例子可以看出：语音从物理音响学或生理器官位置上分析出的特点跟语言学上辨别词义的特点不一定是完全一致的。从物理学或生理学的观点分析出来的现象，在不同的语言里，可以有不同的处理。有的现象在这一个语言里必须加以区辨，而在另一个语言里却可不加区辨，主要看它有没有区别词义（包括词汇意义和语法意义）的作用，换句话说，假如用另一个声音来代替这一个声音，会不会引起语意的变化或误解。我们把某个语言中能够区别词义或词的形态的一组有关的声音的最简单语音单位称做这个语言的“音位”（phoneme）。国际语音学协会给“音位”下的定义是：“某个语言里不加分别的一族相关的声音叫一个音位。”[①]两个声音不论差别大小，假如在一个语言的同样的语音环境下都能出现，有区别词义的作用，那么这两个声音的社会功能是不相等的，因此就不能归做一个音位。同一音位中出现在不同条件下的一些发音位置或发音方法不尽相同的声音是这个音位的一些变体，

① 《国际语音学协会的原则》，1949年，第4页。按这个定义是不完整的，因为它没有说出“某个语言里不加分别”所依据的标准是什么。不应该忽略音位区辨词义的功能。

我们管它叫“音位变体”或同位音(allophone)。音位的变体彼此之间没有区别词义的作用,因此它们就并为一个音位。

可是如果根据以上的叙述,以为语言当中声音的作用只是为了用它来区别词和词的不同的,区分音位的条件只是看它们有无“对立”,完全不管声音本身的性质,那也不妥。北京音系中的两个辅音m和ŋ,一个只出现在音节的开头,一个只出现在音节的末了,两者决没有“对立”,然而不能把它们并做一个音位。因为它们的音质相差很远,并且还要考虑跟其他语言或方言的比较研究和相互学习。英语中的h和ŋ也一样:h只出现在音节首,ŋ只出现在音节末尾(汉语同),但它们各是不同的音位。语词是概念存在的必要形式,而语音是语词的“自然物质”,是词的物质外壳,语音的功能首先是使词存在。语音不仅是咱们区别语词的凭借,它首先是咱们认识语词的根据。为了词和词之间可按声音的组合而有所区别,首先这些词就得有本质上确定的声音的组合。语言具有复杂的结构,结构中的各部分有机地联系在一起,它们相互依赖,相互制约。语言结构的个别要素一方面有它自己的特征,另一方面又经常处在复杂的相互影响中。因此同一个音位可以包含若干个同位音,也就是说,同一个音位由于所处的地位和受前后音位的影响,实际上会发生一些变化,这种变化称为该音位的同位音。这些同位音从物理学或生理学的观点看来是有一些差异的,但是从它们的社会功能来看,却可以并做一个单位。也就是从听话(也包括说话人)的心理映象来说,他们觉察不到那些微小的差异。每个语言都有它自己的音位系统,可是,不能离开一个具体语言的具体语音,来谈它的音位成分。

在这里有几种情况应该附带地说明一下。

一个是自由变音：一个音素不管它的声音环境怎样，可以随便用另一个音素来替换，而说话的人不能意识到这两个音素的差别，这叫自由变音。比方长江流域南京、重庆等地，l、n不分，所有念l的字都可以念n，反过来也一样（恼怒＝老路，泥＝犁……）。那么尽管这些方言l、n两个音素都有，并且能出现在同样的语音环境下，可是这些音对于这个地方的人来讲，没有辨别词义的作用，这也是同一个音位的变体，我们管它叫变异音。事实上这两个音素虽然发音方法不同，可是发音部位大致是相同的，所以这些方言地区的人觉得这两个音在听感上是一样的。此外，如日本的r，有时候像英语的r[ɹ]，有时候像个闪音[ɾ]，有时候像一卷舌的d[ɖ]，有时候像一种l，有时候又介乎这些声音之间。同一个kore（这）可以念koɹe，koɾe，koɖe，kole等，那么这个音位就包括以上五个变异音。

跟这个稍有不同的是条件变音：如厦门话的“里”[li]和“耳”[nĩ]，后面的元音鼻化，声母就读n-；元音不鼻化，声母就读l-，n和l的区别有一定的条件，而一般本地人不能意识到它们的区别，这叫条件变音，也可以用上面所说的音位的变化来解释。

此外，还有一种情况，跟上面不同的，像北京人说“波浪”、“枇杷”、“琵琶”，“波”、“杷”、“琶”的声母可以一会儿念p，一会儿念p^h；“耳朵”的“朵”、“糊涂”的“涂”，声母也能t～t^h互换；“馨”、“槟”、“禀”、“劲”等字的韵尾可以n～ŋ互读；“弄”字除“里弄”读luŋ以外，口语音有nəŋ～nuŋ两读；“涛”、“帆”、“微”、“锋”等字可以阴平～阳平互读……，以上的“又读”是没有规律的，可以随便念。但是像p跟p^h、t跟t^h等等在北京话都是不同的音位，北京人也能够知道他念的是两个不同的音（当然可以这样随便念的只是有限的几个字)[①]，这就不能把p和p^{h}、t和t^{h}等等认为一个音位了，这不过是某些字有两种读法(我们称它为“又读”)罢了。在规范读音时，往往需要从中优选一个作为正音。

还有一种现象应该在这里提一下：俄语里读做[ɫuk]的有两个字：лук(葱)、луг(牧场)；读做[prut]的也有两个字：прут(树条儿)、пруд(水池)。可是它们的第二格各加了一个词尾a，情形就不同了：“葱”是[ˈɫukə]，“牧场”是[ˈɫugə]，“树条儿”是[ˈprutə]，“水池”是[ˈprudə]——原来“相同”的辅音尾变成了不同的辅音。而我们知道，在俄语里辅音的清浊是区分音位的条件之一。根据大量的材料，咱们归纳出，原来俄语在清辅音之前或在词尾的浊辅音要变为清音，而在两个元音之间的却不变化，所以луг的г(k～g)和пруд的д(t～d)，它们的分布是有规则的。德语也有同样情况。从语源学和形态学的观点来看，它们应该分别算做g音位和d音位的一种条件变体。有人管它叫“超音位”或“原型音位”，或称“混合音位”。两个音的混同是有条件的(比如说，在词末)。这也是条件变音。

此外，英国的琼斯(D. Jones)把同一语言不同的说话人的个人语音差别叫做重合音(diaphone)。比方北京有人把“狗”念做[kəu]，有人念做[kou]，也有人念做[kɤu]的；“婆婆”有人念做[p^{h}uə p^{h}uə]，有人念做[p^{h}o p^{h}o]；有人把“天”念做[t^{h}iɛn]，也有人念做[t^{h}iæn]，也有人念做[t^{h}ien]；这都可以认为同一个韵的变体。至

① 但是这跟以下的情况不同：“炮(肉)”读pao˥、“炮(制)”读p^{h}ao˧˥；“大”ta˥˩～“大(夫)”tai˥˩；“会”xui˥˩～“会(计)”k^{h}uai˥˩；“薄pao˧˥～“薄(荷)”po˥˩；“喷”(阴平)～“喷(香)”(去声)……，因为后者不是两个音可以随便读，而是某个词里的“特字”，有它特别的读法。

于像“星期”、“期望”的“期”，有人念阳平，有人念阴平等等，就只能看做“又读”（又读应该予以规范，以利社会的交际），不能把又读和音位变体混为一谈。各人的读音是难免有一些差别的。琼斯说，这种差别可能是音质的不同，各人的嗓子不同，但也可以是音素的不同。比方英国南方人念yesterday（昨天）：ˈjestədi～ˈjestədei；direct（直接）：diˈrekt～daiˈrekt；accomplish（完成）：əˈkɔmpliʃ～əˈkʌmpliʃ等等。可以是音长的不同，比方英语的room（房间）：rʊm～ruːm；可以是重音的不同，比方南部英语的exquisite（精妙的）：ˈekskwizit～eksˈkwizit；也可以是词调的不同……。甚至一个人在不同的体裁中，读音也有不同：严肃地宣读、普通交谈、亲切地快说〔比方fire（火）：[faĭə~]faə～fa〕，或者强读式、弱读式〔比方and（和）：ænd～ən(d)～n(d)；have（有）：hæv～(h)əv～v〕等等，都有差别。这只说明，在实际言语活动中，语音的表达形式是很复杂的，需要随时注意，否则会影响理解。有时候，语音的规范是必不可少的。

二　归纳音位的原则和方法

归纳音位的原则和方法要考虑以下几个方面：(1)音质的近似性和当地人语感的认同性；(2)分配上的对立互补性；(3)音系的整齐简洁性。附带地最好还要考虑到历史上的音韵演变和方言上的语音对应。看来，最后提到“附带”的一点，要求上是比较高，但注意及此大有好处。下面分别说明。

1. 音质的近似性

所谓“归纳音位”就是把音质近似而没有辨义作用的若干音素归并成一个语音单位，即“音位”。

怎么知道哪几个音素可以归纳成一个音位呢？一是凭语音记录材料，总是先用严式音标标音为好，等记录了相当材料以后，就可以初步整理；用对立、互补的方法把近似的音归在一起，再跟当地发音人核校。这时要考虑当地人的语感。记录上不分的，当地人说“不对”，很可能是记音材料还不够准确细密，就应再次听辨，看在记音时有无疏忽。记音有别而当地人听不出有分别的，很可能在当地是不分音位的。例子见下。总之，原始材料要可靠，才能得出经得住考验的结果。

2. 对立

“对立”和“互补”都是讲语音的分布，是一件事的两个方面：近似或不近似的语音在相同的环境中出现，而有分辨意义(词汇意义或语法意义)的功能的，是“对立”。对立的语音不能归在一个音位里。例如，普通话里的“罢，怕，大，骂”，同韵，同调，就是声母各不相同，这四个字的四个声母 /p, p^h, t, m/ 就分别是不同的音位。

“罢”pa和“怕”p^ha，“罢”pa和“大”ta，和“骂”ma，“怕”p^ha和“大”ta……是“最小区别对”，即“最小对”。

3. 互补

近似而有差别的语音在不同的语音环境里出现，不会形成对立，叫做“互补”。例如，北京话的“儿”[ə˞]和“二”[ɐ˞]，出现在不同的声调里，本地人认为，那仅仅是声调上不同，咱们也发现它们处于互补的地位，所以完全可以归做一个音位。写做/əʳ/。（把音位写在一对斜线//里，以区别于作为音位变体的音素；音素写在方括号[ ]里。）又如日语假名タ行“タ　チ　ッ　テ　ト”的罗马字母拼写法，黑奔式是ta，chi，tsu，te，to；而训令式则是ta，ti，tu，te，to。黑奔式是依西方拼音文字的发音习惯拼写，日本政府颁布的训令式则采取了互补的原理：日语元音[i]前面不出现[t]，正好用[tʃi]来补[ti]的缺，[tʃi]就是/ti/的音位变体。日语的/u/是个展唇的后高元音，相当于[ɯ]，训令式的tu，发音像是北京话的“雌”[tsʰɿ]，这也是采取了互补的原理。这样的拼写和读音对外国人来说，好像不太习惯，但对日本人来说，他们觉得挺自然。这就是互补的认同。再如，朝鲜文有个辅音字母ㄹ，它从来不出现在固有词的词首，但是可以出现在词末或词中；在词末时读做[l]，在词中，出现在元音前它念闪音[r]，在辅音前也就是在前一个元音后，它念边音[l]，例如：mul（水），silkwa（水果），saram（人），uri（我们）。实际也就是说，它在音节首是闪音[r]，在音节末是边音[l]，由于出现的地位不同，[r][l]互补，是一个音位的两个同位音，写做/r/或/l/都是可以的，一般是写做/r/，就不写做/l/了。再如英语的/p，t，k/，在词首或重读时读送气音，在/s-/后面读不送气音；那么，英语里的送气音和不送气音互补，就不区分音位，例如top（顶）和stop（停止）两个词里的两个t，它们是同一音位/t/的两个条件变体。英美人士不觉得它们的发音有什么不同，或者觉得有点差别也不重要。英语里的l也一样：在词末是舌根抬起的“暗l”[ɫ]，如tell[teɫ]（讲）；而在其他地方（不在词末）就读舌尖中边音，即普通的[l]，如teller[telə]（讲话人）。那么，英语里的l也就只有一个/l/音位。

汉语普通话“鸡、期、西”的声母[tɕ, tɕ^{h}, ɕ]只出现在细音韵母的前面，跟只出现在洪音韵母前面的三套声母[k, k^{h}, x]、[tʂ, tʂ^{h}, ʂ]、[ts, ts^{h}, s]都有互补关系；它们是中古音见组声母([k, k^{h}, x])和精组声母([ts, ts^{h}, s])的腭化音，而与来自知照两组的声母[tʂ, tʂ^{h}, ʂ]无关，而且舌面音同卷舌音在听感上距离也挺远。过去国语罗马字按互补的原则把它同卷舌音[tʂ, tʂ^{h}, ʂ]合为一套，是考虑它跟西方常见的舌叶音[tʃ, tʃ^{h}, ʃ]近似，但不符合汉语历史演变的事实；北方新文字把它同舌根音[k, k^{h}, x]合为一套，也只照顾了来源的一半。既然从注音符号以来大家都已经习惯于把“鸡、期、西”[tɕ, tɕ^{h}, ɕ]一组声母独立出来，形成大家认可的语感上独立的一套，所以汉语拼音方案沿用注音符号的办法还是有利于学习使用的。

因此，**互补的语音可以作为归并音位的条件来考虑，但并不是凡互补的语音都必须归并为一个音位**。

4. 音位系统的匀整简洁

通常咱们说：“归纳音位，整理音系。”实际在归纳音位的时候就要考虑整个调查点的语音系统。**匀整是讲系统性，简洁是讲经济性原则，即所谓当分就分，该合就合，以少为贵。实际是以便用为贵**。

让我们来看广州音系的声母表和韵母表：

声母表

p	p^{h}	m	f	t	t^{h}	n	l
k	k^{h}	ŋ	h	tʃ	tʃ^{h}		ʃ
k^{w}	k^{hw}	w	j				

以上声母表中，声母j管18个韵母，k^{w}, k^{hw}, w管15个韵母；换言之，如果去掉这4个声母，就得增加33个带介音的韵母。从系统、简洁、经济的原则来看，广州音系声母系统里的j, k^{w}, k^{hw}, w 4个声母是必要的，其实，不仅是为了经济简洁，声母w和j都略有摩擦，k^{w}和k^{hw}是圆唇的舌面后声母，这样的声母系统也符合它本身的音韵结构模式。

韵母表（按记音材料排列）

韵母 \ 元音长短	长 短	长 短	长 短	长 短	长 短	长 短	长
单韵母	a	ε	œ	ɔ	i	u	y
元音韵尾的韵母	aːi ɐi aːu	ei	øy	ɔːi ou	iːu	uːi	
鼻音韵尾的韵母	aːm ɐm aːn ɐn aːŋ ɐŋ	εːŋ	œːŋ	ɔːn ɔːŋ	iːm iːn ɪŋ	uːn ʊŋ	yːn
塞音韵尾的韵母	aːp ɐp aːt ɐt aːk ɐk	εːk	øt œːk	ɔːt ɔːk	iːp iːt ɪk	uːt ʊk	yːt

以上韵母表中值得注意的有以下几点：

1）元音分长短是粤方言的特点，但本表中仅有长短a（[aː-]、[ɐ-]）各韵是相互对立的。其他6个元音组成的各韵都是互补而不相对立，尽管长短元音有音质上的微小区别。这样就可把广州音系的元音归纳为8个元音，而不是13个。6个短元音构成的ei, ou, øy, ɐn, øt 5韵的短元音都比该栏长元音ε, ɔ, œ舌位高一些，ɪŋ, ɪk, ʊŋ, ʊk 4个韵的短元音又比该栏长元音i, u的舌位偏低一些。长短a也有音质上的差别。可以分别写做aa-（aː-）和a-；也可以不标长短，而仅标其音质，如a-，ɐ-。不必像上表那样，又标长短，又用不同的音标。

2）同部位的鼻音韵尾跟塞音韵尾如-m/-p，-n/-t，-ŋ/-k在跟元音搭配的特点方面有共同性。例如圆唇元音不拼-m尾，同样也就不拼-p尾；从-ŋ和-k尾能拼哪些元音，或者它前面的元音有什么特点，可以看出其共同点。这也反映出它的系统性。

5. 尊重当地人的语感

咱们再来看看福州音系的韵母系统，这在汉语方言中，有其特殊性；但可引人思考。请注意下表括号内的音跟括号前的音属于同一韵母：

i（ei）	iʔ（eiʔ）	iŋ（εiŋ）	εiŋ（aiŋ）	
基 记	亦 乙	宾 并	灯 垫	
ie（iε）	ieʔ（iεʔ）	ieŋ（iεŋ）	iu（ieu）	
鸡 继	捷 迹	天 电	优 耀	
u（ou）	uʔ（ouʔ）	uŋ（ouŋ）	ui（uoi）	
孤 故	族 卒	春 寸	杯 背	
y（øy）	øy（ɔy）	yŋ（øyŋ）	øyŋ（ɔyŋ）	
须 赐	催 碎	斤 近	东 洞	
yʔ（øyʔ）	øyʔ（ɔyʔ）	yo（yɔ）	yoŋ（yɔŋ）	yoʔ（yɔʔ）
俗 宿	或 角	桥 阅	香 献	若 约
o（ɔ）	uo（uɔ）	uoŋ（uɔŋ）	uoʔ（uɔʔ）	
歌 告	锅 过	光 倦	局 国	
ε（a）	εiʔ（aiʔ）	εu（au）	au	
西 细	拔 八	沟 购	交	
ouʔ（ɒuʔ）	ouŋ（ɒuŋ）	ɔʔ	œ	
滑 骨	缸 杠	桌	初	
aŋ（ɑŋ）	iaŋ（iɑŋ）	uaŋ（uɑŋ）	ua（uɑ）	uaʔ（uɑʔ）
山 散	声 定	欢 万	花 话	活 括
a ia	ai uai	aʔ iaʔ	ŋ̇（m̩~n̩~ŋ̩）	
家 遮	开 歪	鸭 额	怀	

注：上表括号中的韵母是括号外的韵母在阴去（213）、阳去（242）和阴入（23）声调条件下的变韵。

这表明福州话的韵母系统同声调系统有互相依存的关系：

1）在阴入（升调）、阳去（升降调）和阴去（降升调）的情况下，单元音韵的高元音变成复合元音，而以原来的高元音为韵尾：i→ei, u→ou, y→øy；二合元音韵或单元音韵中的非高元音舌位进一步降低，如ie→iɛ, øy→ɔy, o→ɔ, ɛ→a；低元音的变韵是舌位后缩，如ua→uɑ, aŋ→ɑŋ等。在福州人听起来，"音、人、引"（ɛiŋ）跟"印、泳"（ɛiŋ）是"同韵、异调"，而"印"（ɛiŋ）跟"莺"（ɛiŋ）是"异韵、异调"。"文、稳、温"（uŋ）跟"问"（ouŋ）是"同韵、异调"，"问"（ouŋ）跟"恩"（ouŋ）是"异韵、异调"，"壹"（eiʔ）与"亦"（iʔ）同韵，而与"夹"（keiʔ，文）不同韵。这样，整个韵母是作为一个整体、而且跟声调密不可分的单位。

2）辅音韵尾共有2个：-ŋ, -ʔ。高元音韵尾和辅音韵尾可在同一音节中共存，可以有aiŋ, øyŋ, ouŋ, aiʔ, øyʔ, ouʔ这样的韵母。这在汉语中是比较特殊的。但它自成系统。

3）单字变韵的，在双音词的前一个音节中，随着连读变调中声调的变化，韵母又变回本调，如：

记号 $kei^{213}xɔ^{242} \rightarrow ki^{52}ɔ^{242}$　　八十 $paiʔ^{32}sei^{5} \rightarrow pɛiʔ^{21}seiʔ^{5}$

故事 $kou^{213}søy^{242} \rightarrow ku^{52}løy^{242}$　　事故 $sy^{52}kou^{213}$

4）这启示我们：汉语（以及其他汉藏语）的声韵调分析法，把韵母作为一个整体是有道理的，它要我们注意字音的内部联系，不能孤立地看问题。我国语言（方言）里有很多复杂的语音现象，等待我们去发掘、研究。例如福州话的阴入、阴去、阳去调值中恰好都有升的成分；但是福清话也有同样的变韵，而其阴入、阴去、阳去调值并不含有升的成分。如何解释这类现象，还需进一步研究。

6. 符号的选用

语音学的记音要求准确，使用统一的音标对于研究、交流都有好处；音位学的标音，要求简单、方便，便于信息传递。特别是现在信息社会，还在大量使用键盘式电脑，最好尽可能使用常见的符号，拉丁字母。过去强调音素记音“一音一符”，现在恐怕要强调尽可能避免用新符号、复杂的符号和附加符号。例如汉语、蒙古语、满语等，闭塞音（塞音、塞擦音）有清无浊，但分不送气和送气音，由b d g和p t k分别表示不送气和送气音就比用p t k和p^h t^h k^h方便。如果元音只有ɛ和ɔ，而没有e和o，用e来代替ɛ，用o来代替ɔ，是完全可以的。甚至于用两个字母表示一个音段单位也比用附加符号方便得多。例如，上海话（市区）有ʌ无a，有ɛ无e，就可以用a、e代替ʌ、ɛ；它有ɔ又有o，就不能以o代ɔ了。当然，高频率出现的音最好用单字母，同时，也不宜过分违背国际习惯。像日本语罗马拼音，用u表示展唇的后高元音，当然可以。即使你把它念成[u]，也不影响理解。

为了语言或方言比较（共时的或历时的），还应该照顾比较研究的需要，选择适当的符号。

还有一点，尽量避免容易混淆的音标。比如声调符号如果采用5度记调法，某方言既有33调˧，又有44调˦，就不妨用˧和꜉来区分它，21调˨˩和54调˥˦这类只差一度的调号，排印阅读都不便，如果没有对立矛盾，不妨21˨˩改为31˧˩，54˥˦改为53˥˧，事实上只要不混入别调，是可以把它适当调整一下的，因为这跟语音学记音描写不同，能够表示相对音高的走向也就行了。

三　音位归纳的多种可能性

前面讲到，归纳音位主要是从语音的对立和互补中分辨出这个语言中的音位，有对立的音必为不同的音位，互补的两个音可以归纳成一个音位，但并不一定非得是一个音位，还要看当地人的语感，要看这个语言的语音结构系统。

咱们日常说话，语音千变万化，懂这个语言的人能够不费劲地理解说话人的意思。这就是说，咱们平常说话，说出来的是连续的音流，由此切分出来的语音单位或最小音段是音素；音位是从音素归纳出来的更概括或者说更抽象的单位。严式记音记录下的几个音，在不同的语音或方言中，分合的情况是不一样的。这就是音位处理。音位是某个语言系统中的语音单位，这跟人对此语言系统的理解也有关系。所以，同一个语言，不同的人来处理，可能得出不同的结果。通过不同的途径也可能得出相同的结果。比如，英语元音，有人说它有6个元音，有人说它有14个，也有人说它有20个元音音位（包括复合元音）的。分析的方法不同，结果可以相差很远。但是总是要做到：该分则分，当合则合。

汉语也一样：关于汉语的元音，低元音分歧不大，高元音和中元音就有不同的看法。现在让我们进行一些观察和讨论。

汉语拼音方案里，单元音韵母中的高元音有3个：i, u, ü，其中/i/有3个变体：一个是舌尖前元音[ɿ]，只出现在舌尖前声母[ts ts^h s]的后面，一个是舌尖后元音[ʅ]，只出现在舌尖后元音[tʂ $tʂ^h$ ʂ]的后面；出现在其他情况的都是舌面元音的高元音[i]。这3个元音互补，所以归为1个音位。

有人说，汉语普通话的韵母分“开，齐，合，撮”四呼，是汉语韵母系统的重要特点。声母[ts, ts^h, s]和[tʂ, tʂ^h, ʂ]两组声母只拼开口、合口(洪音)，不拼齐齿和撮口呼(细音)，可见这两组声母之后的元音应该是开口呼的元音，现在舌尖元音和舌面元音用同一个形式i来表达，就是把它归为一个音位，这就混淆了洪细音，破坏了声韵母搭配的规律性。再拿它们的儿化音来看：“字儿”[tsə˞]，“汁儿”[tʂə˞]，“鸡儿”[tɕiə˞]，前两个不带i介音，后一个带i介音，更明显地显示它们的儿化音的洪细来，而舌尖前元音[ɿ]，舌尖后元音[ʅ]和舌面前元音[i]的音质也相距较远，可见应该是3个音位。

也有人说，在开口呼的范围内，[ɿ]和[ʅ]可以依声母条件把互补的两个音素合并为一个音位/ï/，把/ï/和/i/分开，共为2个不圆唇的前高元音音位。

这样说，就有了3种意见：说它是一个音位含有3个变体，就是拼音方案的做法；另外是上述2种意见。

我们认为，在理论上，主张分别洪细音的意见是能够成立的；不过从实用的观点来说，拼音方案的办法也还是可取的，因为既然承认它们之间的互补关系，而且肯定它是高元音，要在现有的字母范围内再为它另找一个合适的字母是有困难，也很不经济。

普通话里的中元音有几个音位？让我们先看它们的分布情况：

分布条件 / 音素	声母后，零韵尾		韵头后，零韵尾			韵尾前			
	唇音	非唇音	i-	u-	y-	-i	-u	-n	-ŋ
e						+			
ɛ			+		+				

（续表）

条件 / 分布 / 音素	声母后，零韵尾		韵头后，零韵尾			韵尾前			
	唇音	非唇音	i-	u-	y-	-i	-u	-n	-ŋ
ə								+	+
ɤ		+							
ɔ	+			+					
o							+		

这6个音素应该归纳成几个音位，大致有以下几种意见：

（1）完全根据互补条件，把它们归做1个音位/e/，如："鹅"/e/，"也"/ie/，"月"/üe/，"黑"/ei/，"欧"/eu/，"我"/ue/，"恩"/en/，"哼"/eŋ/。

（2）前元音[e]和[ɛ]并为一个音位，后元音[ɤ]和央元音[ə]并为一个音位，圆唇元音[o]和[ɔ]并为一个音位，像过去注音符号那样，分别用ㄝ、ㄜ、ㄛ3个符号代表这3个音位。

（3）韵尾前的[ə]和[e]归为一个音位/e/，如"威"/uei/、"温"/uen/、"翁"/ueŋ/；不带韵尾的[ɤ][ɛ][o]归为一个音位/ɤ/，如"鹅"/ɤ/、"夜"/iɤ/，"月"/yɤ/，"我"/uɤ/。

（4）不圆唇的[e]、[ɛ]、[ə]、[ɤ]并为一个音位/e/，圆唇的[o]和[ɔ]合为一个音位/o/，共有2个音位。汉语拼音方案就是采取这样的处理办法。

以上四种处理办法，有的侧重互补分布，有的侧重语音近似，有的侧重语言的系统性，可以说各有短长，也难说哪一种是唯一的优良正确。这就足以说明音位归纳的多种可能性了。

普通话里的低元音只有一个/a/，没有什么争论。其中"先"和

“玄”的韵母，过去外国传教士把它拼成-ien和yen，因为其主要元音同“业”“月”（ie, üe）的主要元音相近；但是这不符合普通话的语音系统，也不符合中国人的语感。

声母方面，有争论的就是“鸡，期，西”的声母[tɕ, tɕ^{h}, ɕ]它同3组辅音形成互补关系：

			开	齐	合	撮
tɕ	tɕ^{h}	ɕ	−	+	−	+
k	k^{h}	x	+	−	+	−
ts	ts^{h}	s	+	−	+	−
tʂ	tʂ^{h}	ʂ	+	−	+	−

就是说，它们形成1对3的互补关系。过去国语罗马字采取[tɕ tɕ^{h} ɕ]同[tʂ tʂ^{h} ʂ]共用一套的办法，都用j ch sh来表示：jiao“交”，jao“招”，chiao“敲”，chao“抄”，shiao“消”，shao“烧”……；北方话拉丁化新文字采取1对2、分尖团的办法，即当今[tɕ tɕ^{h} ɕ]声母的一部分字用[ts, ts^{h}, s]、一部分字用[k, k^{h}, x]来表示：zian“尖”，gian“间”，cing“青”，king“轻”，sin“新”，xin“欣”……。从照顾历史来源讲，北拉新文字似乎比国语罗马字强一些；但是，音位系统只能是共时的，只依一时一地，而不是历时的，必须依从一个活口语做标准。现代北京话是不分尖团的。哪些字该写g k x，哪些字该写z c s，对于不分尖团的地区的人，可就让人为难了。因此，汉语拼音方案采取注音符号所用的办法，给舌面前辅音自己一套独立的字母j, q, x，这也符合中国人的语感，便于学习，已经为大家所接受。在理论上，语音分布的互补关系仅仅能说是为音位的归并提

供了一种条件，但并不是凡有互补关系的语音必须合成一套，这是大家都知道的。

实际上，我国自古以来所通行的反切法向来是把一个字分做声母、韵母两部分的，韵母还兼顾声调，这已通行了1000多年，是中国人容易掌握的办法。仅仅因为汉字不表音，才需要再有一套拼音方案。注音符号实际就是一套音位字母，只是在国际交流上它跟国际通行的字母相去太远，所以拉丁字母的拼音方案成为必要。早在1934年，赵元任先生在他的名著《音位标音法的多能性》一文中就明确指出，“一切动态语音，如复元音、塞擦音、送气音，和通常带有过渡音的其他的音，都是作为单位而行动的复音，可以处理为音位。”他还明确指出，作为音位标音，“用两个符号表示一个音并没有什么不妥”。因此，像注音符号那样，用单个符号把动态音处理成音位固然可以，用字母组合表示单个音位也是可以的。对两个或几个音进行“不足分析”，把它们处理成一个音位，或者对一个音进行“过度分析”，把它处理为一串音位，在现行的标音中，实际都在使用。对汉语方言和汉藏语民族语言，用声母、韵母和声调来处理其音位系统，是方便的；同时也要指出，在字母符号的使用上，为了适应今天信息社会的国际交流，最好用不带附加符号的拉丁字母。那么，用几个字母表示一个声母或韵母就更加不可避免了。

四　音位的组合

每个语言或方言中的辅音和元音组合的能力是不相同的。所以，一个语言的特点，不仅表现在它有多少音位，其中哪些音位有自己的特点，还可以从音位组合的特点上显示出来。每个语言的音位组合都要服从自己的音位组合规则，又叫音位配列学或音位序列规则，有人管它叫音位结构学(phonotactics)。

同样的音位在不同的语言或方言里，跟其他音位的配合关系不一定相同。例如，北京话的舌尖元音[ɿ][ʅ]只能分别出现在/ts, tsʰ, s/和/tʂ, tʂʰ, ʂ/的后面，跟不能出现在这些声母之后而能出现在/tɕ, tɕʰ, ɕ/后面的舌面元音[i]，形成互补关系，因此这三个元音可以合并成一个音位，用一个/i/来拼写它。

合肥话也有这两个舌尖元音，卷舌音声母/tʂ, tʂʰ, ʂ/的后面既出现舌尖后元音[ʅ]，也出现舌面前元音[i]，如：知tʂʅ，痴tʂʰʅ，诗ʂʅ；遮tʂi，车tʂʰi，赊ʂi。这样，[ʅ]和[i]就不互补了，就不能合并为一个音位了。又，合肥话的舌尖前元音[ɿ]不但出现在/ts, tsʰ, s, z/的后面，还能出现在唇音声母/p, pʰ, m/的后面，如：比pɿ、皮pʰɿ、米mɿ等，不过合肥话的/i/韵母却不跟/p, pʰ, m/相拼；另外，合肥也有声母t, tʰ, l(n并于l)，但是不拼i，所以，合肥的“地，提”和“你，里，以”拼做tsɿ, tsʰɿ和zɿ(比方“地”字的演变，应该是di→ȶi→tçi→tsɿ，声母和元音都“前化”了)；合肥有tçi, tçʰi, çi，不过它的“鸡，其，西”也拼做tsɿ, tsʰɿ, sɿ，“姐，且，写”才拼tçi, tçʰi, çi(元音“高化”)。所以，不能单看有哪些音位，还得看音位与音位拼合的情况。这里有历时的音位演变规律，也有共时的音位结合中的变化及音位配合规律。

青岛话又不一样：青岛话有四套塞擦音：/ts, tsʰ, s/, /tʂ, tʂʰ, ʂ/, /tç, tçʰ, ç/, /tʃ, tʃʰ, ʃ/。多了三个音位(“支，齿，示”与“知，侈，示”不同音，这与古今原音演变情况有关)。同时，青岛话分尖团音，中古音精系细音字如“即，妻，西”(尖音字)读[tsi, tsʰi, si]，跟见系细音字“鸡，其，希”（团音字）[tɕi, tɕʰi, ɕi]有对立，舌尖前阻音/ts, tsʰ, s/既拼舌面前高元音[i]（“即，妻，西”），又拼舌尖前元音[ɿ]（“资，此，四”），这样，[i]跟[ɿ]就成为不同的音位了。

当然不是说北京话的[ɿ][ʅ][i]就非得合并成一个音位；不过由于三个元音互补，在拼音方案的设计上，就给这三个音合并为一个音位提供了可能。但是，合肥话的[ʅ]和[i]，青岛话的[ɿ]跟[i]分明是不能合为一个音位的了。这是说这三个点的三个元音音素跟辅音在拼合能力上的不同引起归纳音位上不同的可能性。

汉语方言至今没见哪个方言有复辅音声母，能做韵尾的辅音也不出m, n, ŋ, p, t, k, ʔ几个。少数民族语各语言情况不一，有的有复辅音声母，但汉藏语能做韵尾的辅音总还是有限。印欧语就大不一样了。首先，能出现在词末的辅音就多得多，而且各有特点，变化也多。

普通话只有两个鼻音韵尾，声母韵母都简单，有人主张就把声母和基本韵母作音位（如过去的国语注音符号，近来钱乃荣的《汉语语言学》也这样处理），我们认为是可以的。但是碰到声韵母复杂的方言，这样做就不大方便。那就可以把声母、韵母作为一个层次，称为“声位”、“韵位”，而把其中的辅音和元音称做“音位”，这就是“音素-音位分析法”，就是：音节——声位、韵位——音位（如有声调，则声调当属音节这个层次的超音段韵律单位），结果是一样的。

下面我们拿南亚语系的佤语为例，看看它的音位组合规律。

佤语音节有两种：一种是一般的音节，或可称主要音节；一种是附加音节，是附加在主要音节前面的弱化音节。我们先说这个语言的音位和一般音节。

辅音音位：36个

p	p^h	b	b^h	m	m^h	f	v	v^h				
t	t^h	d	d^h	n	n^h	s			l	l^h	r	r^h
tɕ	$tɕ^h$	ȡ	$dʑ^h$	ȵ	$ȵ^h$		j	j^h				
k	k^h	g	g^h	ŋ	$ŋ^h$							
ʔ						h						

声母52个：(1)上述36个单辅音音位都可以单独做声母；(2)另有16个复辅音声母，塞音+流音，可以把它归纳成C_1C_2，其中C_1=p，p^h，b，b^h，k，k^h，g，g^h；C_2=l，r。

pl	p^hl	bl	b^hl	kl	k^hl	gl	g^hl
pr	p^hr	br	b^hr	kr	k^hr	gr	g^hr

元音音位：元音9个，各分松紧，共为18个元音音位。

i　e　ɛ　a　ɔ　o　u　ɤ　ɯ

韵母162个（不计紧松）。包括：（1）上述9个单元音，都可以独立当韵母，我们把它写作V_2；（2）带辅音韵尾的单元音韵母V_2+C_3共69个，韵尾辅音C_3=m，n，ŋ，p，t，k，ʔ，h；（3）二合元音V_1V_2如ia，ua等，共6个，或V_2V_3如ai，au等，共9个（V_1=i，u，V_3=i，u，ɯ；ɯ尾的仅1个aɯ）；（4）三合元音2个：iau，uai；（5）复合元音带辅音韵尾的韵母$V_1V_2C_3$，$V_2V_3C_3$，$V_1V_2V_3C_3$如iaŋ，aiŋ，iauŋ等共67个。

这162个韵母各分松紧，总数就要加上一倍。

因此，佤语一般音节可以归纳成如下的总型式：

$C_1(C_2)(V_1)V_2(V_3)(C_3)$+G　以上（ ）内的音位是可有可无的。

（C_1=任何辅音；C_2=辅音l，r；V_1=元音i，u；V_2=任何元音；V_3=

元音i, u, ɯ; C_3=辅音m, n, ŋ, p, t, k, ʔ, h; G=紧松）音节的紧松同时体现在声、韵、调三个方面，有紧或松的一致性。在音位处理上，可以仅仅标出元音的松紧。

附加音节有两类：一类只有构词的作用，其形式有si, tɕi, dʑi, ri, la, pa, ta, ka, ʔa等，si最常用；另一类则有构形的作用，其结构形式如下：Cagr + Vu + Gagr。Cagr表示它的声母（辅音）跟主要音节的声母（辅音）是一致的，即：它们是“双声”的，Vu表示它的韵母是u，Gagr表示这个附加音节的松紧跟主要元音的松紧是一致的。后一类附加音节可以加在动词和一些形容词之前，表示多次重复或匆忙、草率之意，或形容程度的加深等。如：dik（踩），du dik（踩来踩去，匆忙草率地踩踩），lan（湿），lu lan（很湿，湿淋淋）。两类附加音节都是弱化音节，读轻音，读音比较含糊而不稳定，与主要音节不同。第一类附加音节也可不标元音。上述佤语音系和音位组合规则很有特色。材料是王敬骝和陈相木参考罗季光的未刊稿整理出来的。（摘自王敬骝主编《佤语研究》）

印欧语情况又有所不同。比方说，它们的辅音绝大多数都能在词末出现，这就与汉藏语、南亚语大不相同。在音位配列方面也各有特点。

英语、法语、德语、俄语辅音都分清浊，除了发音上的细微差别以外，各音位在不同位置上的特点也不同。如：德语和俄语的浊音（阻音）在词末要变读做清音，英语和法语则不变，法语词末的浊辅音在发音的情况下除阻还很明显。英语、俄语、法语的s能出现在词的任何位置，但法语词末的s常常不发音（例外比较多，在联诵中以及在两个元音字母之间或在少数词当中却又读做[z]），英语s同许多辅音组成复辅音；而德语固有词中，s在元音之前往往读做[z]，如saal[zaːl]（大厅）s处于词首时，在p，t之前不能读[s]而要读[ʃ]，如Spiel[ʃpiːl]（游戏），Sturm[ʃtʊrm]（风暴）。下边让我们看看英语的音节结构规律。

A. C. Gimson在*An Introduction to the Pronuciation of English*第9章中给出了英语音节中元音和辅音相组合的详细配合表及说明。从中可以看出：英语音节中的元音可以有V和VV，双元音必定是主要元音在前，第二个元音是非音节性的，如ai，ou，ei，iə，ʊə等。音节首的辅音，单辅音除了ŋ，其他辅音都可以出现在元音前。

双辅音出现在元音前的（CCV-）有以下几种：

（1）阻音+/l，r，j，w/，即：

/p，b，f/+/l，r，j/;　/t，d，th/+/r，j，w/;

/k，g/+ /l，r，j，w/;　/ʃ/+/r/;

/m，n，l，v，h/+ /j/

（2）/s/+/l，j，w，p，t，k，m，n，f/

以上全部Cj都只跟/uː，ʊ，ʊə/相拼。

词首的三合辅音$C_1C_2C_3$V-：/s/+/p，t，k/+/l，r，j，w/，就是说：第一辅音必为/s/，第二个辅音必为/p，t，k/，第三个辅音一定是/l，r，j，w/之一。即：/s/+{ /p/+/l，r，j/; /t/+/r，j/; /k/+/l，r，j，w/ }。

音节末最多可以有4个辅音。先说二合辅音（-VC_1C_2）：

（1）C_1=阻音（清），C_2=/s，t，θ/

（2）C_1=阻音（浊），C_2=/z，d/

(3) C_1=s,　　　　C_2=/p, t, k/

(4) C_1=/l/,　　　　C_2=/p, t, k, b, d, ʧ, ʤ, m, n, f, v, θ, z, s/

(5) C_1= 鼻音：/m/+/p, d, f, θ, s, z/;　/n/+/t, tʃ, ʤ, θ, s, z/;

/ŋ/+ /k, d, z/。

音节末的三合辅音(-$VC_1C_2C_3$), C_3必为/s, z, t, d, θ/之一, C_1C_2不出前述-VC_1C_2中的C_1C_2范围。分述如下：

(1) {/p+t, s, θ/,　/t+θ/,　/k+t/,　/m+p, f/,　/n+t, θ/,　/ŋ+ k/,

/l+p, t, k, f, θ/,　/s+ p, t, k/}+s

(2) {/n+d/,　/l+b, d, m, v/}+z

(3) {/p, t, k, d+s/,　/d, l+s/,　/m+p/,　/n+s/,　/ŋ+k/,　/l+s,

p, k, ʧ/,　/s+p, k/}+t

(4) {/n+ʤ, z/,　/l+ʤ, m, v/}+d

(5) {/k+s/,　/n+t/, /ŋ+k/,　/l+f/}+θ

音节末4个辅音$VC_1C_2C_3C_4$的C_4只可能是/t/或/s/, $C_1C_2C_3$不出前述-$VC_1C_2C_3$的范围。例如/-mpts/ prompts(提款单), /-mpst/ glimpsed(看了一眼), /-ksts/ texts(文本), /-lkts/ mulcts(罚款), /-ksθs/ sixths(六分之几), /-ntθs/ thousandths(千分之几), /-lfθs/ twelfths(十二分之几)等词的词末辅音丛, 都是由于加后缀的结果。咱们还可以看到这里ts是作为两个音位的连续体, 而在汉语、藏语、朝鲜语、德语、俄语等语言中ts却是一个塞擦音音位。这是因为在英语中ts, dz从来不在词首出现, 而德语的z[ts], 俄语的ц在词首正是读[ts], [ts]也是汉语、藏语、朝鲜语等语言的声母。听感上完全相同的音在不同语言中的音位价值和地位是不一样的。

五　语素音位

1. 什么是语素音位？

语素音位又称形态音位，是在语素或形态层次上对相关音位的处理，是在把语音同语素或语法形态相结合的基础上建立的一个新的单位，表示同一语素的相关音位构成语素音位。通常放在大括号里用大写字母来表示。如{R}表示“儿”；也可以用一个带*号的音位符号放在一对双斜线当中来表示。例如普通话的“儿化音”，也可以写做//*ər//。

2. 普通话的儿化音

以普通话的儿化音为例，也有人管它叫“儿化韵”。——如果不按语素音位的原则来处理，就有可能使普通话音韵结构的总格局产生较大的变化。比如说，在韵母方面，将因增加一个r韵尾而需要增加10个新韵母，而且要使一批儿化的字词各产生两个变体，一个是书面语的读音，另一个是口语音，却又是在原有的“文白异读”之外的另一种带口语风格的读音。而这种带“-r韵尾”的“新韵尾”的字又非常有限。从语素音位学的原则出发，保留原字的语音拼写形式，而把儿化的“儿”作为一个语素音位{R}（它有3个变体：-ə^{r}，-r，-r̃，详下），这样处理是比较经济的。也符合普通话的音系模式。现在把普通话里的儿化韵列表如下：

开口呼	合口呼	齐齿呼	撮口呼
ɿ　丝儿 ʅ　事儿 əi　ə^{r}　杯儿 ən　根儿	 uəi　uə^{r}　柜儿 uən　棍儿	 i　鸡儿 iə^{r} in　今儿	 y　鱼儿 yə^{r} yn　云儿
ɤ　ɤ^{r}　歌儿		iɛ　iɛ^{r}　结儿	yɛ　yɛ^{r}　月儿
o　o^{r}　沫儿	uo　uo^{r}　窝儿		
a　扒儿 ai　a^{r}　牌儿 an　盘儿	ua　瓜儿 uai　ua^{r}　拐儿 uan　管儿	ia　家儿 ia^{r} ian　尖儿	 yan　ya^{r}　院儿
	u　u^{r}　箍儿		
au　au^{r}　羔儿 ou　ou^{r}　沟儿		iau　iau^{r}　条儿 iou　iou^{r}　球儿	
aŋ　ã^{r}　塘儿	uaŋ　uã^{r}　筐儿	iaŋ　iã^{r}　浆儿	
əŋ　ə̃^{r}　声儿	uəŋ　uə̃^{r}　瓮儿	iŋ　iə̃^{r}　瓶儿	
	uŋ　ũ^{r}　空儿		yuŋ　yũ^{r}　熊儿

根据以上情况，我们可以归纳出以下的音变规则：

(1) 儿化韵是原韵母和/ə^{r}/音的融合：舌尖元音为[ə^{r}]所取代；舌面前高元音/i, y/+[ə^{r}]；非高元音/a, o, ɤ/等及后高元音/u/+[r]，化为一体，韵腹儿化（有卷舌音音色）；注意舌尖元音/ï/和前高元音/i/的儿化结果不一样！

(2) 介音不变。(3) 带前元音韵尾[-i]和前鼻音韵尾[-n]的韵母儿化时，韵尾[-i]、[-n]丢失，韵腹+[r]。(4) 后鼻音韵尾/-ŋ/丢失，韵腹鼻化并儿化，等于是韵腹元音与[r̃]的融合。

3. 山东诸城县的儿化音

我们再来看看山东诸城县的儿化音（依据陈章太、李行健主编《普通话基础方言基本词汇》曹志耘调查材料）：诸城方言儿化音的语音变化跟声母、韵母都有关：

（1）韵母方面同北京话基本相同，但介音 i-、y- 消失，y- 变为 u-；也就是说，儿化后的韵母只有洪音，没有细音；

（2）声母方面，一些声母带有滚音，例如（下列音节的前一个 r 表示滚音，后一个 r 表示卷舌动作）：

p（拼细音）→ pr　　小鳖儿 ꜂ɕiɔ ꜁prər；

pʰ（拼细音）→ pʰr　　眼皮儿 ꜂iã ꜁pʰrər；

m（拼细音）→ mr　　面儿 mrɛr꜄；

t → tr　　单儿 ꜀trɛr；　　tʰ → tʰr　　兔儿 tʰrur꜄；

n → nr　　鸟儿 ꜂nrɔr；　　tθ → tθr　　小组儿 ꜂ɕiɔ ꜀tθrur；

tθʰ → tθʰr　　村儿 ꜀tθʰruər；　　θ → θr　　小锁儿 ꜂ɕiɔ ꜂θruər；

ȶ、ȶʰ 按中古汉语端组和精组分别变为两套声母：t、tʰ 和 tθ、tθʰ，ɕ 为 θ。并带滚音。如：

ȶ → { tr 小刁儿 ꜂ɕiɔ ꜀trɔr ； tθ 小焦儿 ꜂ɕiɔ ꜀tθrɔr }

ȶʰ → { tʰr 帖儿 tʰrər꜄ ； tθʰr 小钱儿 ꜂ɕiɔ ꜂tθʰruɛr }

ɕ → θr　　小徐儿 ꜂ɕiɔ ꜁θrur

l 声母变为舌尖后边音 ɭ，如：

l → ɭ　　梨儿 ꜁ɭər

零声母拼细音，韵母前增加或变为卷舌半元音 ɹ，如：

树叶儿 ʃu꜄ɹər꜄　　电影儿 tiã꜄ ꜂ɹɔ̃r

这更说明儿化音是整个儿原字音失去 i 介音后同“儿”音的融合了。

4. 普通话的“一”和“不”的特殊变调

普通话“一”字，单念是读阴平声，如“一，二，一！”；在双音词的第一个音节中，去声前面的“一”字读阳平，如“一定，一度，一半……”；在其他声调前面的“一”字读去声，如“一心一德，一早，一年”。这跟一般的变调规律不一样。因为它是一个极为常用的数词，我们说这也是一个语素音位。

还有普通话的“不”字，是个极常用的否定词，单念时它读去声，在去声字前面它读阳平，如“不去，不会，不做……”；在其他声调前面它读去声，如“不听，不来，不好……”。别的去声字没有这样的变调法。所以说它也是个语素音位。

5. 福州话的否定副词“伓”

让我们再来看看福州话的否定副词“伓”。

福州话的否定词“伓”不独用，只同别的词或词素结合出现。语句中强调型的“伓”读做iŋ^{53}：“不去”iŋ^{53} k^{h}o^{213}，“不是”iŋ^{53} nεi^{242}。语句中常态读法的“伓”在语流中一般发生音变，读做自成音节的鼻音，由后一个音节声母的发音部位确定它的读音，同时它又使后一个音节声母变音。

例如：m^{53} pouŋ^{213}　伓放→m^{53}mouŋ^{213}

n^{44}li^{53}　伓来→n^{44} ni^{53}

n^{53} k^{h}o^{213}　伓去→ŋ^{53}ŋo^{213}

规律如下：

“伓”的变读　“伓”后音节声母　后音节声母变音

$$\{N\}\text{“伓”}\left\{\begin{array}{lll} \text{m̩}/\text{——} & p,\ p^{h},\ m & \to \text{m-} \\ \text{n̩}/\text{——} & t,\ t^{h},\ n,\ l,\ s,\ ts,\ ts^{h} & \to \text{n-};\ \text{ʒ-} \\ \text{ŋ̍}/\text{——} & k,\ k^{h},\ \text{ŋ},\ x,\ 0 & \to \text{ŋ-} \end{array}\right\}$$

变化的序列是：{ N }→/m̩, n̩, ŋ̍/ 在前，然后“伓”后面的音节再变为 /m, n～ʒ, ŋ/。

这样一个多变的表示否定的语素，把它处理为一个语素音位是恰当的。

类似的例子还有广东增城的畲语。它的否定副词{ ʔa^{35} }（不），一般轻读，而且常常变为鼻音，其音值随后面音节声母的发音部位而变。例如：

ʔa^{35}ma^{31}（无）→ m̩^{35}ma^{51}，ʔa^{35}t^{h}u^{35}（不咬）→ n̩^{35} t^{h}u^{35}

ʔa^{35} kwən^{33} nu^{53}（不出来）→ ŋ̍^{35} kwən^{33} nu^{53}。

6. 英语表示名词复数的语素音位 { Z }

英语的例子，表示名词复数的语素{ Z }，在cat（猫）、muff（皮手筒）后面是[s]，在dog（狗）、girl（女孩）、bee（蜜蜂）后面是[z]，在horse（马）、dish（碟子）后面是[iz]。其出现的条件是：

{ Z }（复数）→
- [iz]/咝音，s，z，ʃ之后；
- [z]/咝音之外的浊辅音或元音之后；
- [s]/咝音之外的清辅音之后。

7. 阿尔泰语系语言中的语素音位

阿尔泰语系语言多数现在还不同程度地保留着元音和谐律。形态语素中的元音跟词根中的元音，在前/后、圆/展或阴性/阳性元音方面要有照应，另有不受限制的叫中性元音。随着元音和谐，辅音也有相应的变化。例如西部裕固语，表示名词复数的后缀用6种形式：

-lar/-ler/-dar/-der/-nar/-ner

ɢoj 绵羊→ɢojlar，kəsi 人→kəsiler（在元音或浊辅音之后用 -lar

～ler）

boz身躯→bozdar, derek树→derekder（清辅音或-z之后，用-dar～der）

aŋ关节→aŋnar, eren男人→erenner（鼻音之后用-nar～ner）

这就可以把表复数的语素写做{LAR}；规律如下：

{LAR}→
- （1）元音a～e/在前元音之后，a→e
- （2）辅音l～d/清辅音或z之后，l→d
- （3）边音l～n/鼻音之后，l→n

同样，西部裕固语的名词有主格、领格、向格、宾格、位格、从格6种格后缀，我们单举向格做例子，它有6个形式：

-ɢa/-ge/-ɣa/-ɣe/-ŋɢa/-ŋge　　　　例如：

tala草滩　　talaɣa向草滩（元音）

goŋʈʂaŋ工厂→goŋʈʂaŋɢa向工厂；kelən媳妇→kelənge向媳妇（鼻音）

jer地→jerɣe向地里（浊辅音）；gədək小狗→gədəkge向小狗（清辅音）

在带第三人称附加成分sə～ə的名词后：

anasə他的母亲→anasəŋɢa向他的母亲；səŋnəsə他的妹妹→səŋnəsəŋge向他妹妹

jysə他的家→jysəŋge向他的家；

我们可以把与格的形式写作{GA}，再用几条规则说明它：

{GA}与格 →
- （1）a～e/后元音之后是ɑ，前元音之后是e；
- （2）ɢa～ge～ɣa～ɣe/塞音和鼻音之后是ɢa～ge，元音和其他辅音之后是ɣa～ɣe；
- （3）ŋɢa～ŋge/在第三人称后缀[sə～ə]之后。

这样，一个语素音位{GA}代表6个形式，就使语法单位简单化了。（举例取自陈宗振、雷选春《西部裕固语简志》，1985，民族出版社）

至于用哪一个做基本形式的问题，我们可以把容易解释的，条件简单的作变体，拿见得最多的，经常出现的作基本形式。这样可以用语素音位来解决一个看来复杂，实际上可以简单化的问题。

语素音位是一个有用的概念。

六 区别性特征理论和生成音系学

1. 描写音系学的区别性特征理论

区别性特征是20世纪50年代以来音系学的重要理论基础和分析语音的新手段。自从有了区别性特征理论，传统音位学面临新的挑战，有了新的研究重点，更加着重通过区别性特征来研究音段在整个语音系统中的地位和作用，音和音的关系，一些语言之间语音系统的共性和个性，语音的层级性和联系性，以及语音变化的规则和规律等。这门学科的名称起初是“音位学”(phonemics)，同“音系学”(phonology)并用，后来音系学的名称就取代了音位学。

什么是区别性特征？可以起到区别音位作用的语音特征就叫做区别性特征，或称区别特征(distinctive feature，或作DF)。区别性特征理论的基本原则就是二分法——每一个音都从不同角度用“二中择一”(不是+，就是-)的办法把这个音放在这种话的系统中加以分析，找出它的对立项，每一种对立都有它区别于一切其他的对立的特有性能。

1939年，布拉格学派的代表人物特鲁别茨柯伊(N. S. Trubetzkoy)的《音系学原理》提出了音位的对立、对立的偶分原则以及对立的类型，等等，他把音位定义为“能用来区别词汇意义和语法意义的音位对立体的综合”，音位是“一个语言体系中最小的语音单位”，但“起主要作用的不是音的本身，而是能分辨意义的对立”。特鲁别茨柯伊第一次勾画了比较完整的音位学体系，他的《音系学原理》成为音系学作为一门科学理论的一部里程碑式的先驱性著作。

但是把这个理论具体化并把它推进到一个新阶段的还是特鲁别茨柯伊的好友、布拉格学派的核心人物雅柯布逊(R. Jakobson)。他提出了特征的二项对立处理办法。他说：“语音学分析及其得出的不能再分解的音位特征的概念，同现代物理学的研究成果有惊人的相似之处。物理学也表明，物质具有粒子状结构，因为它是由基本粒子构成的。”传统语音学往往把一个音段(如a, n, s, p)看成语音的最小单位；而区别特征理论则认为，一个音段固然在时间上是最小单位，但是作为一个语言的语音系统中语音结构的一个成分，它还不是最小单位。音段是由好几个区别特征组合起来的，区别特征才是最小单位。就像基本粒子代替了分子原子一样，区别性特征取代了音位成为音系学理论的最小单位。

1951年，雅柯布逊、方特(G. Fant)和哈勒(M. Halle)发表《语音分析初探——区别性特征及其相互关系》①，这一著作是现代音系学和实验语音学发展相结合的产物，是音位学过渡到音系学的奠基之作。作者们指出，在一个给定的语言里，用来区分词与词的区别性，如果不能再行分解，就叫做最小的区别性。语言交际中，任何最小区别性都使听话人面临二中择一的情况。若干个区别性

① 有王力译文，刊《国外语言学》1981年第3、4期。

特征结合成同时共现的一束，这种共现束就构成一个音位，可以用一组二元特征矩阵来表示。任何语言代码都有一套有限的区别性特征，而且有一套有限的规则把它们组织成为音位，并且形成音位组织的序列。这一套复合的东西，叫做“音位模式”。信息论应用二元选择的序列，作为分析各种通讯过程的最合理的基础。这种二元选择其实是交际过程本身所固有的，它是语言代码加于言语事件参加者双方（言语的编码者和解码者）的限制。言语的表达和感知，是由我们都熟悉的音位模式来决定的。作者们说，区别性特征可以分为两类：（1）固有的；（2）韵律的。固有的就是音段的，韵律的就是超音段的；后者叠加在前者上面，它和前者结合在一起成为音位。文章的第二部分着重分析音段的固有的区别性特征。

他们以语音的声学分析为主，发音生理为辅，把世界上一切语言的本质特征分成12项对立体，归为3类：基本的声源特征，次要的辅音声源特征，共振特征。这12项特征是：

1 基本的声源特征：

（1）元音性/非元音性 元音性不等于元音。元音性在声学上有清晰的共振峰结构；生理上对带音的气流在声道上没有阻碍。

（2）辅音性/非辅音性 辅音性在声学上只有强频区，没有共振峰；生理上声道有不同程度和不同方式的阻碍。

特征＼音	元音	流音	滑音	辅音
	a, i	l, r	ʔ, h, j	ɔ, ts, s
元音性	+	+	−	−
辅音性	−	+	−	+

元音发音时，口腔的中央线没有障碍；发辅音时则有不同方式的障碍，有不同的噪声源。在典型的元音和辅音之间有流音和滑

音。所谓流音，就是边音l和各种断续的r音，它们既有元音的特征，又有辅音的特征。所谓滑音，就是喉音ʔ和h以及半元音或无擦通音，它们同元音和辅音的特征都有一些区别。元音是音节性的，就是可以作音节的核心，辅音则否。

2 次要的辅音性声源特征：

(3)暂音/久音 阻音中的暂音闭塞音是急剧开始的，借此区别于久音——擦音。在流音里，区别不是用起始的衰没的情况来表现，而是用声音过程的中断与否来表现：久音l和暂音r(一次中断的闪音或多次反复出现短暂中断的颤音r)相对立。

(4)急刹/非急刹 声门化辅音对非声门化辅音的对立。滑音中喉塞音跟其他滑音的区别是急刹/非急刹的区别。挤喉音和缩气音也都是声门化塞音。

在声谱图里，急刹音呈现为突然的收尾。声门的闭塞或压缩，制住了气流。如：aʔ/a，ɓ/p，p'/p。

(5)粗糙/柔润 声门具有不规则的波形的是粗糙音，有较规则的波形的是柔润音。粗糙音的噪音比较强。擦音比塞音粗糙，塞擦音比塞音粗糙，擦音中也有糙/柔的区别。如：f/ɸ，s/θ，ʃ/ç，χ/x。

补充的声源：

(6)带音/不带音 即我国常说的浊/清。看声门部位声带是否颤动。

3 共振特征：

(7)集聚/分散 集聚音的特征是一个位于中央的共振峰区域占着相当优势，分散音占优势的是一个或一个以上的非中央共振峰或共振峰区域。在发音上，发音部位在软腭或硬腭的辅音(舌根音或舌面音）比发音部位在口腔前部的辅音集聚度高些。元音则开元音是最集聚的，闭元音是最分散的。例如：e/i, a/ə, o/u; k/p、t, ʃ/s、f, ŋ/m、n。

音调性特征

(8) 函胡性/清越性　也就是通常所说的钝/锐或洪/细的对立。声学上指声谱图的低（或高）的部分的能量占优势；生理上“函胡性”指后元音、唇辅音，以及和舌面音对立的舌根音；“清越音”指齿音、舌面音和前元音。

在听感上/k/、/p/与/t/之间的关系跟/a/、/u/与/i/之间的关系相似，就因其钝/锐的属性。

(9) 降音性/平音性　降音性在声学上是共振峰的过渡音征向下，在生理上主要由于嘴唇开孔的缩小或软腭化使咽腔收缩（圆唇/非圆唇，软腭化/非软腭化）如 y/i, u/ɨ, o/a。

(10) 升音性/平音性　升音性声学上是共振峰的过渡音征向上，在生理上由于舌的一部分翘向硬腭以缩小口腔，这叫腭化。俄语里软辅音同硬辅音的对立是升音性/平音性对立最明显的例子。普通话/y/是[+降，+升]，/w/是[+降，−升]。

在一些语言里，圆唇辅音（降音性）和腭化辅音（升音性）可以并存，例如仫佬语腭化音辅音与唇化辅音并存，唇音与舌根音的前腭化还与后腭化并存。这里所说的降音性和升音性与声调曲线的升降无关。

(11) 紧张性/松弛性　紧元音的发音比起相对的松元音来，具有更大的明显性和更大的压力。肌肉的拉力影响舌头、声道壁和声道门。我国藏缅语的元音分松紧，朝鲜语辅音中阻音 p, t, k, s, ts 分松紧，都是很具特色的。

补充的共振器：

（12）鼻音/口音　口音是来自喉头的气流只通过口腔冲出；而鼻音则相反，发音时软腭下降，以致气流分为两路，口腔共鸣得到鼻腔的补充。鼻音和鼻化元音是[+鼻]，其余都是[-鼻]。

作者们说，没有一种语言包含这些特征的全部。

2. 生成音系学的区别性特征理论

1968年美国的乔姆斯基(N. Chomsky)又同哈勒合写了一部名著《英语音型》(*Sound Pattern of English*)，常常简写为SPE，SPE是现代音系学研究的奠基石。作者把重点放在DF理论和音系规则上，又拟订了一套区别性特征，主要根据发音部位、发音方式、发音机制，来定义区别性特征。增加了若干对立体；区别性特征成为连接音系表达和语音表达的纽带(音系表达通过音系规则，推导出语音表达)，作为生成语法的组成部分的语音规则，对句子的表层结构做出语音解释，就利用他们拟订的区别特征系统的公式来描写语音变化的条件和规则，称为"生成音系学"。所以SPE在语言学界有很大的影响。我们参照乔姆斯基-哈勒的特征类别作以下的分类：

（一）语音的主要分类：

1）响音性/非响音性(阻音性)　阻音包括塞音、擦音、塞擦音；其余都是响音。它打破了语音学元音和辅音截然划分的界限，元音也是响音性的。

2）元音性/非元音性　元音性包括元音和流音，其余是非元音性。

3）辅音性/非辅音性　辅音性包括滑音、鼻辅音、阻音以及流音和无擦通音。高元音与半元音的区别，除了半元音略有轻微摩擦外，主要就在于后者不成音节。所以，乔姆斯基又定出一项特征：

4）音节性/非音节性　音节性又称“成音节”，就是成为音节的核心。鼻音m，n，ŋ和流音l，r一般是辅音性，但有时也能成为音节核心（切主）；甚至于浊擦音v，z等在有的语言里也可以做音节核心，就具有了音节性；复合元音中的非主要元音是非音节性的元音（介音和元音韵尾），有人就把它写成半元音。有时还有不带音的元音（清化元音），往往是音节性元音的变体。

（二）发音部位方面的特征：

5）舌冠/非舌冠　舌冠是舌尖舌叶从自然位置抬高发出的音；舌冠留在自然位置的是“非舌冠”。舌头是发音器官中最活动的部分，“舌冠/非舌冠”同下述“前/非前”在区别辅音方面是常常用到的区别性特征。

6）前/非前　口腔上部以龈腭区为界：齿龈以前为“前”，硬腭以后为“非前”，又称“龈前/非龈前”。

7）分布性/非分布性　与辅音间隙的长短有关：分布音延伸的间隙较长，非分布音间隙较短。例如双唇擦音/ɸ，β/是分布音，唇齿擦音/f，v/是非分布音；齿间擦音/θ，ð/是分布音，尖齿擦音/s，z/是非分布音。

8）声门音/非声门音　声门音就是/ʔ，h，ɦ/，其余是非声门音。

9）高/非高　高是舌体从自然位置抬高向硬腭或软腭靠拢所发的音；不抬高的是非高。

10）低/非低　低是舌体从自然位置降低所发的音；不降低的是非低。舌面后音k与小舌音q的区别，小舌音是“低”，舌面后音是“非低”。

11）后/非后　后是舌体从自然位置后缩所发的音；非后则不后缩。就元音而言，后元音属“后”，前元音属“非后”。又有央元音时，就只好前元音属“+前”，后元音属“+后”，央元音便属“-前，-后”了。三级区分改变为两对“偶分对立项”。舌尖元音与前元音怎样区分呢？同是[+前]，还有[+舌冠/-舌冠]呢。舌尖元音是[+前，+舌冠]。

同样，有了“高/非高”和“低/非低”，那么，“-高，-低”就是“中”了，这就打破了二元的概念了。那么，如果元音分4级怎么办呢？可以把“低/非低”改为“中/非中”：高是“+高”；低就是“-高”；次高是“+高，+中”；次低是“-高，+中”。元音不一定分4级，也可以分3级。也不一定照国际音标的元音图来定级，可依该语言的语音系统来安排。

唇状特征：

12）圆/非圆　圆唇元音和唇化辅音都是“圆”。唇辅音p，f是[+前，-舌冠]，w才用上[+圆]。

（三）发音方法特征：

13）鼻/非鼻　鼻音是软腭下垂，使气流能从鼻腔流出；非鼻音是口腔音，软腭上抬。[+鼻]同样适用于辅音和元音。元音[+鼻]就是鼻化元音。

14）延续/非延续　闭塞音（塞音和塞擦音）是非延续音；其余都是延续音。这也就是通/塞或久/暂之分。

15）即除性/缓除性　这一“对立项”专用于区别塞音和塞擦音。例如/t/是即除，/ts/是缓除。擦音与此无关，擦音属延续音。

16）边/非边　主要用来区别流音中的边音和非边音r。边音是舌的中段（前部或后部）两侧或一侧留出气流通道，发出的音；而非边音则无这样的边缘可通过。

17）粗糙性/非粗糙性　粗糙性的音噪音较强，非粗糙性则相反。参见雅柯布逊同条。

18）钝/锐　参见雅柯布逊的函胡性/清越性。即洪/细之分。

19）浊/清　浊音是声带颤动发出的带音的音；清音是声带不颤动的。响音如鼻音、边音、闪颤音、半元音通常带音，是浊音；但它们也能有不带音的清音。阻音都有可能分清浊。

20）送气/不送气　送气在有些语言里是重要区别特征，如汉语；有些语言送气不区别音位，如英语、德语，送气是冗余特征。维吾尔语、哈萨克语等，闭塞音分清浊，清塞音都送气，送气就不是区别特征，因为主要区别在清浊。

21）紧/松　这一特征说明发音时声门上的肌肉活动情况。紧音发音时肌肉紧张，松音则否。这一对特征在元音和辅音都有可能区别意义，视语言而定。

22）长/短　元音和辅音的长短都有可能区别意义，不辨别意义的长短是冗余特征。

23）卷舌/非卷舌　卷舌音发音时将舌头前部向前腭翘起，元音和辅音都可以有卷舌音。

24）腭化/非腭化　实际是硬腭化与非硬腭化的区别。

25）舌根化/非舌根化　也就是软腭化与非软腭化的区别。

3. 韵律特征

韵律特征又叫“超音质特征”或“超音段特征”，是说它同音质或音段音位不是同一个层次的东西。确实如此。事实上，超音段特征还有不同的层次。例如语调是句子层的韵律特征，汉语里的轻声和变调现象是词语层的，跟音节层的字调不属同一个层次。现在咱们单说字调。

早在一千多年前，我国的韵书就按四声分卷，然后再分韵部，韵内再按声母分“小韵”收字。从韵目的编排来看，四声相承，各卷不同韵目的韵次相同，反切下字兼顾字韵和字调。这说明我国音韵学家对字音的分析，是声、韵、调三者并重的。现在更应该明确，汉语音节的音位分析应该分两个层次：声调是涵盖整个音节的，可称“调位”；是跟音段层平行的韵律特征。

我国上百种语言和方言，其中声调语言居多数，为研究声调提供了极其丰富的资料。尽管近几十年来，国外语言学在韵律音系学方面取得了很大进展，我们认为汉语方言的声调记音，还是赵元任先生发明的五度标调法最切实好用。如果要用偶分矩阵分析法来处理汉语方言以及类似的语言调型，还数王士元在他所发表的《声调的音系特征》一文中提出的一套声调特征（包括“拱度、高、央、中、升、降、凸”7对特征）特别有用。照录如下：

声调及其特征

	1	2	3	4	5	6	7	8	9	10	11	12	13
	˥	˩	˦	˨	˧	˧˥	˩˧	˥˧	˧˩	˥˧˥	˧˩˧	˧˥˧	˩˧˩
拱度	−	−	−	−	−	+	+	+	+	+	+	+	+
高	+	−	+	−	−	+	−	+	−	+	−	+	−
央	−	−	+	+	+	−	−	−	−	−	−	−	−
中	−	−	−	−	+	−	−	−	−	−	−	−	−
升	−	−	−	−	−	+	+	−	−	+	+	+	+
降	−	−	−	−	−	−	−	+	+	+	+	+	+
凸	−	−	−	−	−	−	−	−	−	−	−	+	+

注：虚线范围内的是各调的最低限度的特征规格，范围以外的是冗余值。是无标记成分。

[-拱度]把平调与非平调划分开来。平调最多有5个，可用“高、央、中”三项特征来区别。如果平调少于5个，就用不着三项区别特征了。表上第6-13号调型，“升、降、凹、凸”各有2个，有[+/-高]就够了。音系学上声调格局的区分不需要像语音学上调值描写那样的过度细分，关键是把区别性的语音差别从非区别性的变体中分离出来。这种非区别性的变体是说话者之间或说话者本身的语音差异，或者反映了语音学家不同的记音习惯。王士元举《江苏省和上海市方言概况》中所载的前8个地点的声调资料如下：

	1	2	3	4		1	2	3	4
1.	213	55	35	52	5.	313	55	24	52
2.	212	55	35	52	6.	213	54	24	52
3.	313	55	35	51	7.	213	55	24	51
4.	313	55	24	51	8.	213	55	24	42

以上第1至第8点，虽然第6点第2调54较之其他点的55有微降，各点有213/212/313/，35/24，52/51/42之差，其实各点四个声调的格局是一样的，是非区别性的，可以用“升”和“降”两个特征，也可以用“高/低”和“升/降”两对特征来区别这四个声调。王氏还举两份记录苏州声调的调值来说明问题：

	1	2	3	4	5	6	7
9.	44	13	52	412	31	5	2
10.	44	24	41	513	331	4	23

这两份记录同一个点的调值格局，是不是一样的呢？331正是慢下来的31，末一行的23跟2都是短调，短调的2和23恐怕是差不多的。所以，第9行和第10行七个声调中几乎每个声调的语音

描写都有差异，但它们却表明了同一个声调格局。

广州话有9个调类，6(7)个调值(入声以其韵尾辅音区别于非入声)：

	阴平 上阴入 55/53	阳平 11/21	阴上 35	阳上 13	阴去 中阴入 33	阳去 阳入 22
高/低	+	−	+	−	+	−
央/极	−	−		−	+	+
升/平	−	−	+	+	−	−
降/平	−/+	−/+				

而北京话的声调格局，也只消有2项特征，就足以区分了：

	55	35	214	51
高	+		−	
升		+		−

55是[+高]，214是[−高](低)
35是[+升]，51是[−升](降)

在普通话教学中，掌握阴平的特点是“高”，上声特点是“低”，阳平是“升”，去声是“降”，这样掌握是有效的。

4. 自主音段音系学

20世纪70年代中期以后，美国John Goldsmith提出“自主音段音系学”的理论，把表达式分为两个平行的“音层”，一个是由音段序列组成的音段层，一个是由声调的序列组成的声调层，两个音层互不依附，都是独立自主的，由连接线把声调和音段层中的元音这两个音层中同时发生的各特征连接起来，用来表示音段序列中的超音段变化。主要是研究语音的声调系统，又叫“调位系统学”，或叫“调系学”。例如普通话的“并”/pìŋ/，用传统的音系表达式再加上调系表达式的H(高)L(低)变化，导致出自主音段表达式：

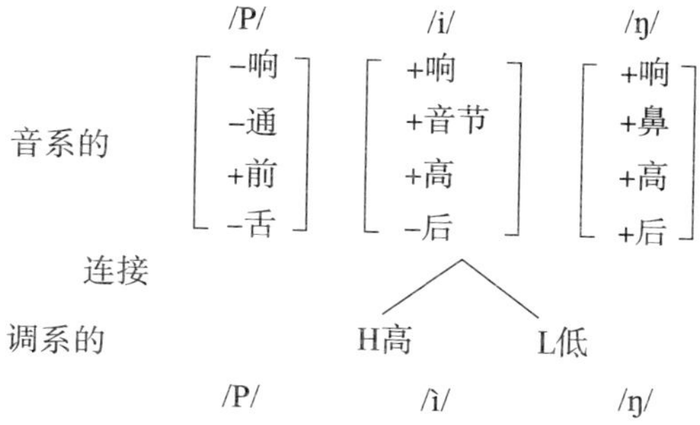

Goldsmith为自主音段分析法订立了几条规则：

(1)每一声调同有的音节连接；

(2)每一音节同有的声调连接；

(3)连接的路线不能交叉。

音调高低的特征，他只用H(高)、L(低)来连接，但也承认除平调外，还有升调和降调，但“升”可以说是L与H的连接，而“降”是H与L的连接，因此不另设“升”与“降”的特征。后来其他学者又增加了“中”(M)、“升”、“降”等特征，也就更细密一些了。

七　区别性特征的运用

1. 音位的描写和分类

每个音段音位都由一束区别性特征组成，因而可以用特征的矩阵来表示。每个特征标出+/−号。这是对音位的描写。所有在一项特征下标着同样+/-号的语音就属那个特征类。这是对音位的分类，这就是以共同特征为标准的分类聚合。我们采取以下的方法给汉语普通话的语音逐步分析：

第一步分声母、韵母，用[±成音节]、[±辅音]、[±动的]和[±响音]分大类(特征[±动的]采钱乃荣说)：

1)[+成音节]是韵母；[-成音节]是声母和介音。(因为用介音可以使37个韵母减少到20个，在汉语，介音是不成音节的元音，有人把它处理成"半元音"，实际上它是元音，只是不成音节。介音在声母跟韵母的配合关系方面，起着重大的作用。)声母是[+辅音]，也是[-成音节]；[+辅音]必然是[-成音节]。([-成音节]可以不标。)介音则是[-成音节，-辅音]，介音需要这两个特征。

2)[+动的]是复合音段，包括送气音、塞擦音声母和带元音或鼻音韵尾的韵母；[-动的]是单纯音段。([-动]有时可省，只标[+动的]，[+动的]是"标记成分"。)

3)声母再分[+响音]和[-响音]；[-响音]就是阻音(塞音、塞擦音和擦音)；其余都是[+响音]。[+成音节]的音必为[+响音]，所以，[+响音]对[+成音节]的音来说，也是冗余特征。就是说：[+成音节]就不用再标[+响音]，[响音]成为"无标记成分"。

第二步，在第一步的基础上，加[±通音]、[±鼻音]、[±边音]、[±送气]这样的特征：

1)声母当中，擦音是[-响，+通]；塞音是[-响，-通]；塞擦音是[-响，(-通，)+动]；鼻音是[(+响，-通)，+鼻]([+响]和[-通]是[+鼻]的冗余特征，可以不标；非鼻音也可不标[-鼻])；流音是[+响，+通]，除了/l/([+边])，就是/ɽ/，/ɽ/是响音中的无擦通音。所有的送气音都是[+送气]，对于不送气音，除非与[+送气]对比，[-送气]是冗余特征，可不标。在阻音([-响])之中，[±浊]往往很重要，但也因语言而异，汉语普通话闭塞音不分清浊，所以用不着它。

2)韵母有三类：一是单纯元音韵，可以用[+音节，-动，±高，±低，±后，±圆]几个特征来区别描写它。二是二合元音韵，是[+动的]，主要元音在前，必然是[-高]，既是“必然”，就可以不标，只用[±低]来区别；元音韵尾必然是[+高]，/i/或/u/，用[±后]来区别。[+音节，+动，-鼻]的韵母，[±后]只管无音韵尾。三是鼻尾韵母，主要元音同上，韵尾/n/或/ŋ/，用[+鼻]，[±龈前]就可以了。[+音节，+动的，+鼻，±龈前]，其中的[±龈前]主要是就鼻音韵尾的前后而言。鼻尾韵母的主要元音是高元音的，主要元音用[+高，±后，±圆]描写。其实是介音占据了原主要元音(央元音)的位置。

第三步，声母还得再分析，用[+龈前](包括唇音，舌尖前，舌尖中)、[+舌冠](包括舌尖、舌叶)、[+高](舌接近上腭，包括前后腭)、[+后](舌面后和小舌音)：唇音是[+龈前，-舌冠]，也可以立一项[+唇音]特征；/t/和t^h，ts，ts^h的区别是[±动]，它们都是[-通]，[+龈前，+舌冠]；/tʂ，$tʂ^h$，ʂ，ɽ/是[+舌冠，+卷舌]；/tɕ，$tɕ^h$，ɕ/是{+高，-后}；/k，k^h，x/则是[+高，+后]。

请看普通话音段音位的区别性特征(见下页)。

普通话音段音位区别性特征矩阵

	成音节	辅音	动的	响音	高	低	后	圆	通	边	鼻	唇	龈前	舌冠	卷舌	送气
p		+	−	−					−			+	+	−		−
p^h		+	+	−					−			+	+	−		+
m		+		+					−		+	+	+	−		
f		+	−	−					+			+	+	−		
t		+	−	−					−			−	+	+		−
t^h		+	+	−					−			−	+	+		+
n		+	−	+					−		+	−	+	+		
l		+	−	+					+	+		−	+	+		
ts		+	+	−	−				−				+	+	−	−
ts^h		+	+	−	−				−				+	+	−	+
s		+	−	−	−				+				+	+	−	
tʂ		+	+	−	+				−				−	+	+	−
tʂ^h		+	+	−	+				−				−	+	+	+
ʂ		+	−	−	+				+				−	+	+	
ʐ		+	−	+	+				+	−			−	+	+	
tɕ		+	+	−	+		−		−				−	−	−	−
tɕ^h		+	+	−	+		−		−				−	−	−	+
ɕ		+	−	−	+		−		+				−	−	−	
k		+	−	−	+		+		−				−	−		−
k^h		+	+	−	+		+		−				−	−		+
x		+	−	−	+		+		+				−	−		
	音节	辅	动		高	低	后	圆			鼻		龈前	舌冠	卷舌	
ï	+		−		+		−	−					+	+		
i	+/−	−	−		+		−	−					−	−		
y	+/−	−	−		+		−	+						−		
u	+/−	−	−		+		+	+						−		
e	+		−		−	−		−								
ə^r	+		−		−	−		−							+	
o	+		−		−	−	+	+								
a	+		−			+										
ai	+		+			+	−				−					
ei	+		+			−	−				−					
ɑu	+		+			+	+				−					
ou	+		+			−	+				−					
an	+		+			+					+		+			
ən	+		+			−					+		+			

（续表）

	音节	辅	动	高	低	后	圆	鼻	龈前	舌冠
ɑŋ	+		+		+			+	−	
əŋ	+		+		−			+	−	
in	+		+	+		−	−	+	+	
yn	+		+	+		−	+	+	+	
iŋ	+		+	+		−	−	+	−	
uŋ	+		+	+		+	+	+	−	
yŋ	+		+	+		−	+	+	−	

2. 自然类

在语音分析描写的基础上，从不同角度、不同层次上的归类，使人类言语行为中的语音构成和语音变化的解释，符合简洁性和自然合理性的原则，自然类的概念是必要的。区别性特征能最灵活适度地满足简洁、自然地说明问题的要求。自然类是以共同特征为标准的分类聚合。如元音和辅音是两大自然类，元音可充音节的核心（成音节），而辅音不能。区别特征：[± 辅音] 或 [± 成音节]。[− 响音] 就是阻音，包括全部塞音、塞擦音和擦音。这是一种自然类。[− 响，− 通] 是塞音和塞擦音（不包括擦音），统称“闭塞音”。是比 [− 响] 范围略小的自然类。它们在词首复辅音中是辅音丛的核心。出现在闭塞音前后的擦音和响辅音可以看作闭塞音的前后附加音。

[− 响音，+ 通音] 包括各种发音部位的全部擦音 /f, v, s, z, ʂ, ʐ, ɕ, ʑ, ç, ʃ, ʒ, θ, ð, x/ 等；[− 响音，+ 通音，+ 舌冠] 就排除了非舌冠音 /f, v, ɕ, x/ 等，只剩 /θ, ð, s, z, ʃ, ʒ, ɮ, ʂ, ʐ/ 几个；[− 响音，+ 通音，+ 舌冠，+ 卷舌] 就只剩 /ʂ, ʐ/ 了。区别特征上的项目越多，范围越窄。

[−舌冠]可以包括唇音和舌面前以后的全部辅音。为什么有些地方fu～hu互混呢？因为它们都是后高圆唇元音前面的[−响，+通，−舌冠]。唇音和舌面后擦音都有听感上的“函胡性”。在有些语言中，常常有“塞音+流音”构成的复辅音如pl，pr，kl，kr等，其塞音往往是唇音和舌面后音，即：[−响，−通，−舌冠]。

[+响音]也包括元音。元音是[+成音节]，对于成音节的元音来说，[+响音]是理所当然，是无标记成分，前面已经说过了。标记成分和无标记成分是指区别特征中选其在说明问题中需要的成分，也是为了说明问题的简洁性。

[−辅音，+高]是/ɨ，i，y，u/，[−辅音，−高]即非高元音，包括中元音/e，o，ə˞/和低元音/a/，它的范围又比中元音或低元音大一些。在汉语里，高元音同非高元音组合成复合元音时，音节的核心一定是非高元音（中元音或低元音），所以，非高元音的类别概念很重要。

[+辅音，+响音，−鼻音]是流音或半元音，即/l，r，j，w，ɥ/，多数有复辅音的语言里，在音节首的复辅音中，“塞音+流音或半元音”是最常见的。这样的分类对说明音系规则或语音规则是有用的。

汉语、蒙语、朝鲜语的辅音，送气与不送气的区别很重要，朝鲜语的阻音除了送气音还有紧辅音。英语、法语、德语、俄语、维吾尔语、彝语、苗语等辅音的清浊特征很重要。英语、德语、维吾尔语虽然清塞音也带送气，但送气是无标记成分；彝语、苗语则清浊和送气都是标记成分，汉语吴方言也一样，这都依音系特点而异。俄语辅音的软硬（腭化与非腭化）跟清浊同样重要。法语和拉萨藏语元音中的鼻化音，彝语支语言的元音分松紧，壮侗语元音分长短，突厥语族、蒙古语族、满-通古斯语言元音和谐律还在不同程度地起作用，汉藏语的声调，印欧语的重音……不同的语种，在自然类的聚合方面，又各有特点。

3. 音系规则的表达

音系规则表达的基本形式是：

A→B/C__D

A, B, C, D都是语音表达的单位，它们可以是区别特征，也可以是音位、音节等。箭头→表示变化；斜线/表示“在……环境下”，是变化的条件；下横__表示A变化时的位置。这条规则包含所需的三种信息：A是受影响的音类或音位，CAD是输入的音位表达形式，C__D是变化条件，A→B是语音变化，CBD是输出的语音表达形式。这里是：[音位输入]→[语音输出]/[条件]。

A→B/C__D的意思就是说：在C和D之间的A要读成B。例如，汉语双音节的后一个音节读轻声时，其不送气清闭塞音往往浊化。如：他的[t^{h}adə]，孩子[xaidzɿ]，糍粑[ts^{h}ɿba]。有时联结很紧的词组也有此现象。如：五个[ugə, uɣə]……这后一清音读做浊化的声母，可以写做：

(1)[-通，-浊，-送气]→[+浊]/[-辅]__[-辅，+轻声](意思是：[不送气清塞音]变成[浊塞音]，条件是：它在两个元音之间，且在轻声音节之首)。

从“语音表达”的形式来看，后一音节的声母是浊化了，但从“音系表达”的角度来看，我们原本想说的是音系中的清声母跟元音韵母构成的那个音节(轻声)，这种变化在言语过程中不自觉地发生了。音系规则常常可以从语音学上得到解释，而这些音类是由语音特征来定义的。

用区别特征来写公式，为的是更概括地说明问题。例如上面的[-通，-浊，-送气]就包括不送气的清闭塞音/t, ts, p, k/等，"→[+浊]"是说它们的浊化，成为[d, dz, b, g]等，不成音位的音，往往觉察不到。[-辅]就是元音，不必赘言了。

以上总公式里，A，B，C，D的任何一项都可以是个空项Ø(零)：

(2)A→Ø/C__D就是CAD→CD。这叫"删除规则"。CD间的A被删除(减音)。

(3)Ø→A/C__D就是CD→CAD。这叫"插入规则"。CD之间插入了个A(增音)。

规则中的C或D如果是空项，可以不把Ø写出来。例如A→B/__D，是说D前面的A要读成B。A→B/C__，是说C后面的A要读成B。

先说A→B/__D：

例如普通话前高元音(细音)前面的舌根音变成舌面音：[k, k^h, x]→[tɕ, $tɕ^h$, ɕ]/__[i-, y-]，我们可以写作：

(4) [-响，+高，+后]→[-后]/__[-辅，+高，-后]。

上面(4)揭示了"在[-辅音，+高，-后]前面"(这是变化条件：即在前高元音之前)的阻音([-响])发生了"[+后]→[-后]"的变化。这就是音系规则。

舌面前高元音的前面，舌尖前擦音和塞擦音变为舌面前音：[ts, ts^h, s]→[tɕ, $tɕ^h$, ɕ]/__[i, y]，我们写：

(5) [−响, +龈前, +舌冠, −高]→[−龈前, −舌冠, +高, −后] /__[−辅, −舌冠, +高, −后]。

请注意(5)所表述的“龈前, 舌冠, 高”三项信息中有关音段的区别特征前面正负号的变化和相关关系。

至于A→B/C__, 仍以普通话为例, 例如舌尖元音之是否卷舌:

(6) [−辅, +舌冠]→[+α卷舌]/[+辅+α卷舌]__。

这里有个α是个变项, 就是它可以是+或−; 如果α是+, 则[+α]是+, [-α]是−; 如果α是−, 则[+α]是−, [-α]是+。

上式的意思是: 舌尖元音在舌尖辅音之后, 视后者是否卷舌音而表现为卷舌或非卷舌元音, 即二者同为卷舌或同为非卷舌音。也就是: /i/→[ɿ]/[ts, ts^h, s]__; /i/→[ʅ]/[tʂ, tʂ^h, ʂ]__。这是讲/i/的音位变体。

普通话里的中元音在不同情况下有不同的表现:

(7) $$[-\text{辅},-\text{高},-\text{低},-\text{圆}]\rightarrow[+\text{后}]/\left\{\begin{array}{l}[+\text{辅},-\text{唇}]\\ \text{Ø}\end{array}\right\}\_\_\#$$

这就是说: 在没有介音的情况下(“[+辅]__”表示紧接在辅音(除去唇音)之后; “Ø__”表示前无声母, 且无介音; #表示音节界限), 非圆唇中元音/e/读成后元音[ɤ]。也就是/e/→[ɤ]/(无介音)__#(例如: /te/, /le/, /se/, /ke/, /e/的/e/都读[ɤ])。

(8) [−辅, −高, −低, −圆]→[−后]/[−辅, −成音节, +高, −后]__。这就是说: 在前高元音的介音后面, 非圆唇中元音读做前元音。也就是: /e/→[ɛ]/[i-, y-]__。(/ie/, /ye/读做[iɛ], [yɛ]。)

(7)和(8)是说普通话非圆唇中元音/e/有[ɤ]和[ɛ]两个变体。

汉语普通话的三合复元音介音跟韵尾的关系, 可以这样表述:

(9)［−辅，−成音节］→［-α后］/__［+成音节，+动的，−鼻，+α后］。

［−辅，−成音节］就是介音；［+成音节，+动的，−鼻，+α后］就是非鼻音尾的复合元音，"α后"是就其韵尾而言。

这里，α前面的+/−号不相同，这就是说：复合韵母前面的介音跟韵尾不能同为前元音或同为后元音。即：只有iao，uai，iou，uei，没有iai，uau，uou，iei；也就是我们曾经说过的：

$V_1V_2V_3$的韵母，韵头≠韵尾，$V_1 \neq V_3$

再看增音（插入规则）的例子：

(10)Ø→［−成音节，−辅，(+高)，+后］/［+辅，−唇］__［−辅，−高，+圆］。

这是说：在"非唇音"声母和"圆唇非高元音"韵母/o/之间，要增加一个圆唇后高元音的介音/u-/。就是说，可以有bo，mo，fo，不能有to，so，go，而必须说tuo，suo，guo……（普通话介音必为高元音，介音之"［+后］"必也为"［+圆］"，所以特征［−成音节，−辅，+后］就是/u-/，对介音（［−成音节，−辅］）而言，有了"后"，则"高"和"圆"都成冗余了。元音之圆唇非高元音必为中元音/o/，这对掌握普通话音系的人也是不言而喻的。）

再讲讲外国人名地名的译音规则。过去已经说过，汉语没有复辅音声母，能在音节尾出现的辅音也极为有限（普通话只限-n和-ŋ）。因此，在翻译外国人名地名时，常常要增音。例如：把Bloomfield翻成"布龙菲尔德"，Fromkin翻成"弗罗姆金"，Swift译成"斯威夫特"，Straus译成"斯特劳斯"，等等。于是：

$$(11)\ \varnothing \rightarrow [-\text{辅}]/\left\{\begin{array}{ll} [+\text{辅}]\_\_[+\text{辅}] & \text{（两个辅音之间）} \\ \left.\begin{array}{l}[+\text{辅},-\text{鼻}] \\ [+\text{辅},+\text{鼻},+\text{唇}]\end{array}\right\}\_\_\# & \begin{array}{l}\text{（非鼻音的辅音之后）} \\ \text{（唇部鼻音之后）}\end{array} \end{array}\right.$$

至于具体加什么元音，改换哪些音，那要看条件，可以另写公式。总之要服从汉语语音配列规则，这里且不细说。

普通话的中元音带鼻音的韵母/en, eŋ/，在前高元音介音/i-, y-/后面，其原来的主要元音/e/被原先当介音的元音/i, y/所取代，原来的韵头（[−成音节]）变成韵腹（[+成音节]）。实际是元音的丢失与替换。即：/i-, y-/+ /en, eŋ/→/in, yn, iŋ, yŋ/。/e/丢失了，为/i-, y-/所替换。这就产生了以高元音为主要元音带鼻音韵尾的几个韵母，可以表述如下：

（12）[+成音节，+动的，−低，+鼻]→[+高，−后，+α圆，+鼻]/[−辅，−成音节，−后，+α圆]__。

（13）汉语普通话的复合韵母的儿化韵有以下变化：

$$\text{a.}[+\text{成音节},+\text{动的},+\alpha\text{低},\left\{\begin{array}{l}-\text{鼻},-\text{后}\\+\text{鼻},+\text{龈前}\end{array}\right\}]\rightarrow[+\text{成音节},-\text{动的},+\alpha\text{低},+\text{卷舌}]/\_\_\{\text{er}\}$$

b.[+成音节，+动的，+鼻，−龈前]→[+成音节，−动的，+鼻，+卷舌]/__{er}

c.{er}→Ø/[+成音节，+卷舌]__

这里，a和c，b和c两组公式得连起来看，而且次序不能颠倒。其实，a+c就是说：带前元音[-i]或前鼻音韵尾[-n]的复合韵母/ai, ei, an, en/儿化时，丢失韵尾[-i]或[-n]，同时儿化。[+成音节，+动的]就是复合韵母，其主要元音不能是高元音，[+α低]就是

[低或非低]。箭头前后都是+，说明主要元音是低或非低，前后相同：箭头前面的[-鼻，-后]是指韵尾是前高元音[-i]，[+鼻，+龈前]是指前鼻音[-n]。[+成音节，+动的]→[+成音节，-动的]是说复合元音变成单纯元音，就没有韵尾了。[+卷舌]是说元音儿化。那么，c条是说：既然元音儿化了，语素音位{er}当然也就不存在了。这也是语音的删除和替换。b+c也一样，不过是说，后鼻音韵尾的韵母儿化的结果是：鼻音韵尾丢失，元音鼻化并儿化。同样是{+鼻}，在[+成音节，+动的]即复合韵母里，它是鼻音韵尾；在[+成音节，-动的]即单纯韵母里，它是鼻化，而非鼻尾。用语段音位表达，那就是：

a+c： /ei, en/+{er}→[ə˞]；/ai, an/+{er}→[a˞]（失去原韵尾，元音儿化）

/an, ian, uan, yan/+{er}→[a˞, ia˞, ua˞, ya˞]（介音不变）

b+c： /eŋ, iŋ, uŋ, yŋ/+{er}→[ə̃˞, ĩ˞, ũ˞, ỹ˞]，

/aŋ, iaŋ, uaŋ/+{er}→[ã˞, iã˞, uã˞,]（失去后鼻音，元音鼻化，同时儿化，介音不变）

（14）合口呼韵母前面的卷舌音声母/tʂ, tʂʰ, ʂ, ʐ/在西安话里变成唇齿音[pf, pfʰ, f, v]，[pf, pfʰ, f, v]后面原来韵母中的u-介音消失。例如：tʂu→pfu（猪），ʂu→fu（书），tʂua→pfa（抓），tʂuo→pfo（桌），ʐuo→vo（若），tʂuei→pfei（追），tʂuã→pfã（专），tʂʰuẽ→pfʰẽ（春），ʂuang→fang（双）……，可以写成以下的公式：

a [+辅，-响，-龈前，+舌冠]→[+龈前，-舌冠]/__[-辅，+高，+后，+圆]

b [-辅，+高，+后，+圆]→Ø/[+辅，-响，+龈前，-舌冠]__[-辅，-高]

再举几个非汉语的例子：

彝语声母[−响，−通]即闭塞音有四套：清不送气，清送气，浊不送气，鼻冠浊音，例如/p，p^h，b，mb/，/t，t^h，d，nd/等（据陈士林等《彝语简志》）。鼻冠浊音mb，nd，ndz，ɳdʐ，ȵdʑ，ŋg，其各组成成分的区别特征是：

	b	m	d	n	dz	dʐ	ɳ	dʑ	ȵ	g	ŋ
响	−	+	−	+	−	−	+	−	+	−	+
通	−	−	−	−	−	−	−	−	−	−	−
动	−	−	−	−	+	+	−	+	−	−	−
浊	+	+	+	+	+	+	+	+	+	+	+
鼻	−	+	−	+	−	−	+	−	+	−	+
龈前	+	+	+	+	+	−	−	−	−	−	−
舌冠	−	−	+	+	+	+	+	−	−	−	−
后	−	−	−	−	−	−	−	−	−	+	+

我们可以用以下公式来表达这些鼻冠音中的语音实体：

（15）[+鼻]→[+α龈前，+β舌冠，+γ后]/__[−响，−通，+浊，+α龈前，+β舌冠，+γ后]。就是说，鼻音的发音部位同跟在它后面的浊闭塞音完全相同。用一个/n/来表达就可以了。可以认为/n/若的变化是后一个浊闭塞音的逆同化作用所致。这种发音部位的完全一致甚至于就可以把它写成下式：

（16）[α[+鼻]][α[−响，−通，+浊]]。

苗语支巴哼语（湖南隆回县的唔奈语）有不送气和送气的两套清塞音及其鼻冠音，如[p，p^h，mp，mp^h]等。也是鼻音与闭塞音同部位，但它还有小舌[q，q^h，ɴq，$ɴq^h$]，q与k的区别是：k[+后，+高]，

q［+后，−高］；ɴ 与 ŋ 的区别跟 q 与 k 的区别一样，所以就要加一个“+/−高”的特征。（据毛宗武、李云兵《巴哼语》）

普米语的复辅音声母分两类：1)/p，p，b，m/+/ʐ，ʒ/，就是/pʐ，p^hʐ，bʐ，mʐ，pʒ，p^hʒ，bʒ/7个复辅音声母。我们写做：

（17）［+α响，−通，+唇］［−响，+通，+舌冠，−龈前，+β卷舌］。

/p，p^h，b/是［−响，−通，+唇］，/m/是［+响，−通，+唇，+鼻］，/ʐ/是［−响，+通，+舌冠，−龈前，+卷舌］，/ʒ/是［−响，+通，+舌冠，−龈前，−卷舌］。这些复辅音的前一个成分，/m/是响音，其余不是；后一个成分/ʐ/是卷舌，而/ʒ/不是。［响］和［卷舌］都是变数，分别用α和β来表示。（mʐ是［+响，+鼻，+唇］［−响，+通，+卷舌］，此时，［+响］与［+卷舌］都是“+”，即α=β；但是还有［−响］［+卷舌］的/pʐ，p^hʐ，bʐ/，这两个特征的正负号不一样了（［−鼻］［+卷舌］）。所以要用α和β两个变数。）

普米语第二套复辅音是前加擦音的闭塞音，前后发音部位相同，唯有舌面后音是前加s，发音部位不同（据陆绍尊《普米语简志》）。先看有关音位的特征，再看写出的公式：

	f	p	p^h	v	b	s	t	t^h	z	d	ʃ	tʃ	$tʃ^h$	ʒ	dʒ	χ	q	q^h	ʁ	ɢ	k	k^h	g
响	−	−	−	−	−	−	−	−	−	−	−	−	−	−	−	−	−	−	−	−	−	−	−
通	+	−	−	+	−	+	−	−	+	−	+	−	−	+	−	+	−	−	+	−	−	−	−
浊	−	−	−	+	+	−	−	−	+	+	−	−	−	+	+	−	−	−	+	+	−	−	+
龈前	+	+	+	+	+	+	+	+	+	+	−	−	−	−	−	−	−	−	−	−	−	−	−
舌冠	−	−	−	−	−	+	+	−	+	+	+	+	+	+	+	−	−	−	−	−	−	−	−

后	−	−	−	−	−	−	−	−	−	−	−	−	−	−	−	+	+	+	+	+	+	+	+
高	−	−	−	−	−	−	−	−	−	−	+	+	+	+	+	−	−	−	−	−	+	+	+

根据以上特征，写出实际读音的公式如下：

(18)［−响，+通］→［+α浊，+β龈前，+γ舌冠，+δ后，+ε高］/____［−响，−通，+α浊，+β龈前，+γ后+ε高〈−［+后，+高］〉］。

这就是说：前后两成分成音部位及清浊特征都相同，但后一个成分的“+后”要减去［+后，+高］，即不包括/k，k^h，g/（它们读做[sk，sk^h，sg]），其他声母实读[fp，fp^h，vb，st，st^h，zd，ʃtʃ，$ʃtʃ^h$，ʒdʒ，χq，$χq^h$，ʁɢ]，但在音位的系统整理时，声母的第一个成分可以统统写做/s/，区别表现在后面的闭塞音上。

壮语浊塞音只有两个：/ʔb/和/ʔd/（也有地方把它读做b和d的），/ʔb/是［−响，−通，+紧喉，+龈前，−舌冠，+浊］，/ʔd/是［−响，−通，+紧喉，+龈前，+舌冠，+浊］。（紧喉关系到声调配列。）这两个声母可以合并写做：

(19)［−响，−通，+紧喉，+龈前，+α舌冠，+浊］。

撒拉语有元音清化现象：词首元音在送气清塞音或清擦音前边时清化，同时元音前边也带上了声门清塞音ʔ；在清送气音与另一个清辅音之间，元音也清化。例如，at^h（马）读[$ʔḁt^h$]，et^h（肉）读[$ʔe̥t^h$]，$øt^h$（胆）读[$ʔø̥t^h$]，ot^h（火）读[$ʔo̥t^h$]，ux（磨）读[ʔu̥x]，$tʃ^h$ix（生的）读[$tʃ^h$i̥x]，sat^h-（卖）读[$sḁt^h$-]。清化元音[i̥]在不送气清塞音前面时，一般还伴随有舌叶清擦音[ʃ]的依附音成分，如：

pʰit（虱子）读[pʰi̥ʃt]，iki（二）读[ʔi̥ʃki]。（根据林莲云《撒拉语简志》的材料。）

不妨用两组公式来描写撒拉语的元音清化及其伴随现象：

（20）a.［－辅］→［－浊］/#__［＋辅，－浊，＋送气］

b. Ø→［－通，＋喉］/#__［－辅，－浊］

a讲词首元音的清化规则，b讲元音清化伴随生成起始喉塞音。

c.［－辅］→［－浊］/［＋辅，－浊，＋送气］__［＋辅，－浊］

d. Ø→［－响，＋通，＋舌冠，－龈前，－浊］/［－辅，＋高，－后，－浊］__［＋辅，－通，－浊，－送气］

c讲在两个清辅音之间的元音清化，d讲与清化[i̥]共生的伴随音[ʃ]的生成。

俄语词末阻音的浊辅音一律清化，例如：дуб（橡树），сад（花园），миг（瞬息），лов（捕获），раз（一次）等词，词末的浊辅音应该读做清辅音，而将上举诸词依次读成[dup]，[sat]，[mik]，[lof]，[ras]等。这就造成[b]和[p]、[d]和[t]、[g]和[k]、[v]和[f]、[z]和[s]音位中和的现象。但是，清化的浊辅音（称做“超音位”）加上后缀，变为不处在词末的地位时，它又恢复为浊辅音。可以用以下的公式来表达这种词末浊辅音清化的现象：

（21）a.［－响，＋浊］→［－浊］/__#

俄语词中清辅音前面的阻音，浊音也要清化。例如лодка[lotka]（小船），резко[rʲɛskə]（急剧地），всюду[fsʲudu]（到处）等。可以用以下公式表达：

b.［−响，+浊］→［−浊］/__［−浊］

以上ab两条合并起来就是：

(22)［−响，+浊］→［−浊］/__ $\begin{cases} \# \\ [-\text{浊}] \end{cases}$

俄语软辅音前面辅音软化的情况比较复杂，但舌尖前擦音c和з在和ть，дь，ль，нь的组合中必须软化，例如：косьти（骨头），гвозьди（钉子），есьли（如果），песьня（歌曲）（以上语词中的“软音号”ь在文字上并不出现）等，这些词要读成[kos^{j}t^{j}i]，[gvoz^{j}d^{j}i]，[jɛs^{j}l^{j}i]，[p^{j}ɛs^{j}n^{j}a]等。可写语音表达式如下：

(23)［−响，+通，+龈前，+舌冠，−高］→［+高］/__［+龈前，+舌冠，+高］

法语元音鼻化有两种情况：

1)V→Ṽ是在另一个辅音前的鼻辅音之前，例如：nombre[nɔ̃:br]（数目），pince[pɛ̃:s]（钳子）

2)在词末鼻辅音之前，如：fin[fɛ̃]（末尾），savon[savɔ̃]（肥皂），plan[plɑ̃]（平面）。用#表示词的界限，可以写做：

a.［−辅］→［+鼻］/__［+辅，+鼻］［+辅］

b.［−辅］→［+鼻］/__［+辅，+鼻］#

a和b两条规则可以合写为一条：

(24)［−辅］→［+鼻］/__［+辅，+鼻］$\begin{cases} [+\text{辅}] \\ \# \end{cases}$

这个规则集中地表现在enfant[ɑ̃fɑ̃]（儿童）的发音中。

鼻辅音在元音鼻化时消失，这是元音与鼻音的融合。可以写做：

(25) $[+辅,+鼻] \rightarrow \varnothing / [-辅,+鼻]\_\_ \left\{ \begin{array}{l} [+辅] \\ \# \end{array} \right.$

(24)(25)两条规则可以合写为一条，如下：

(26) $[-辅][+辅,+鼻] \left\{ \begin{array}{l} [+辅] \\ \# \end{array} \right. \rightarrow [-辅,+鼻] \left\{ \begin{array}{l} [+辅] \\ \# \end{array} \right.$

附录

国际音标

（修订至1993年，1996年订正）

一 肺气流辅音

	双唇音	唇齿音	齿间音	齿龈音	齿龈后音	卷舌音	硬腭音	软腭音	小舌音	咽喉音	声门音
塞音	p b			t d		ʈ ɖ	c ɟ	k ɡ	q ɢ		ʔ
鼻音	m	ɱ		n		ɳ	ɲ	ŋ	ɴ		
颤音	ʙ			r					ʀ		
闪音				ɾ		ɽ					
擦音	ɸ β	f v	θ ð	s z	ʃ ʒ	ʂ ʐ	ç ʝ	x ɣ	χ ʁ	ħ ʕ	h ɦ
边擦音				ɬ ɮ							
通音		ʋ		ɹ		ɻ	j	ɰ			
边通音				l		ɭ	ʎ	ʟ ɫ			

二 非肺气流辅音

搭嘴吸气音	内爆缩气音	挤喉音
ʘ 双唇	ɓ 双唇	’ 例如：
ǀ 舌尖	ɗ 舌尖	p’ 双唇
ǃ 龈后	ʄ 硬腭	t’ 舌尖
ǂ 硬腭	ɠ 软腭	k’ 软腭
ǁ 龈边	ʛ 小舌	s’ 齿龈挤擦

三　其他音标

ʍ	清圆唇软腭通音	ɕ ʑ	齿龈硬腭清浊擦音
w	浊圆唇软腭通音	ɺ	齿龈边闪音
ɥ	浊圆唇硬腭通音	ɧ	ʃ和x两音同发
ʜ	清会厌擦音		
ʢ	浊会厌擦音		双部位或塞擦音需用时可用连线
ʡ	会厌塞音		k͡p　t͡s

四　附加符号

附加符号也可以放在一个符号的上面，如：ŋ̊

̥	清化音	n̥ d̥	̤	浊送气音	b̤ a̤	̪	齿音	d̪
̬	浊化音	s̬ t̬	̰	紧喉浊音	b̰ a̰	̺	舌尖音	t̺ d̺
ʰ	送气音	tʰ dʰ	̼	舌唇化音	t̼ d̼	̻	舌叶音	t̻ d̻
̹	唇更圆	ɔ̹	ʷ	唇化音	dʷ	̃	鼻化音	ẽ
̜	唇不太圆	ɔ̜	ʲ	硬腭化音	dʲ	ⁿ	鼻除阻音	dⁿ
̟	舌位略前移	u̟	ˠ	软腭化音	dˠ	ˡ	边除阻音	dˡ
̠	舌位略后缩	i̠	ˤ	咽音化音	dˤ	̚	不除阻音	d̚
̈	舌位央化音	ë	̴	软腭化或喉壁化音　如　ɫ				
̽	舌位中央化音	e̽	̝	舌位升高	e̝　ɹ̝			
̩	成音节音	ɹ̩	̞	舌位降低	e̞　β̞			
̯	不成音节音	e̯	̘	舌根略前伸	e̘			
ʳ	卷舌化音，儿化音	əʳ	̙	舌根略后缩	e̙			

五　元音

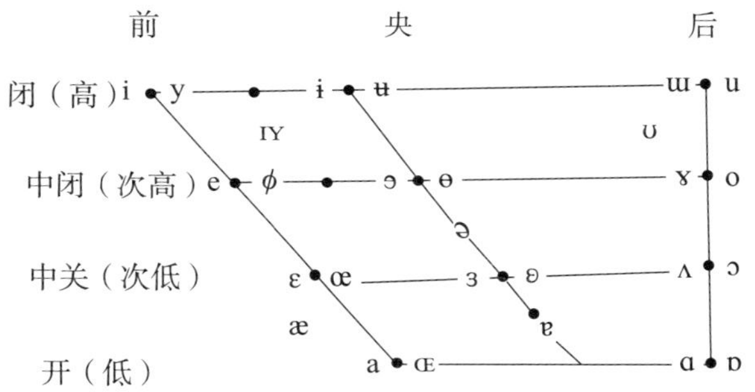

成双的音标，右方是圆唇的。

六　超音质音标

ˈ　重音(左上)

ˌ　次重音(左下)ˌfoʊnəˈtɪʃn(直杠)

ː　长(居中)eː两三角尖相对

ˑ　半长(居中上)eˑ三角尖朝下

˘　特短(在上)ĕ

ˌ　分音节处(在下)ɹiˌækt

|　小音步

‖　大音步

‿　连结

七　声调

平调		非平调	
e̋ 或˥	特高	ě 或˩˥	升
é　˦	高	ê　˥˩	降
ē　˧	中	e᷄　˧˥	高升
è　˨	低	e᷅　˩˧	低升
ȅ　˩	特低	e᷈　˧˥˧	升降
↓	降阶	↗	全升语调
↑	升阶	↘	全降语调

后　　记

这本书的产生经过，莘田师已经在序言中作了介绍。1978年，商务印书馆提出，拟用科学出版社的原纸版作必要的挖补，再出一版。显然本书初版时——50年代，我们一切学苏联，而把西方学者的理论和方法都斥之为“资产阶级”的东西，一律批评。那当然是不恰当的。本书原第七章第三节《对资产阶级学者音位理论的批判》就是这样的情况(现已抽出)。在重印新1版时，我以出版社索稿甚急为由，原封未动，仅仅加了两段文字作为附录(原附录四:《音位的“区别特征”和“生成音系学”》)，对当时的必要知识做了简单的介绍。现在对这一部分做了彻底改写。

新1版在1981年出版后，国际上声学语音学、实验语音学以及种种新的语音实验仪器包括电子计算机在语音学上的应用如语音的人工合成、声控技术等，都有了飞速的发展(就连过去仅仅偶尔提及的感知语音学，也已有了长足的进展)，从音位学到生成音系学、后生成音系学或音韵学、韵律音系学等的发展进步，更是一日千里。国内近20多年来的研究、介绍，有关专书、专文及译著、译述，先后迭出，研究的深度和广度均非当年可比，反映出我国学术界一派兴旺气象！有关内容的介绍，当然也不可能是本书的任务。本书由于出版较早，内有先生普及语音学知识的不少心血，所以我们在不作大改的基本原则下，做了必要的修订。新

1版出版后，伍铁平、张学曾两位曾对书中某些例解提出修订意见，谨对他们表示感谢。

王 均

1998年6月